Sur l'épreuve de l'antisémitisme

ROBERT BADINTER

SUR L'ÉPREUVE DE L'ANTISÉMITISME

Postface d'Aurélien Veil
Notes de Marc Grinsztajn

le cherche midi

Ce livre est publié à l'initiative de Marc Grinsztajn.

Photo de couverture : © Antonio Ribeiro / Getty images
Graphisme de la couverture : Jeanne Mutrel
Composition : Peter Vogelpoel

Vous pouvez consulter notre catalogue général
et l'annonce de nos prochaines parutions sur notre site :
www.cherche-midi.com

92, avenue de France
75013 Paris
info@lisez.com

Dépôt légal : octobre 2025
ISBN 978-2-7491-8456-2

Mémorial du martyr juif inconnu, 8 octobre 1989. Robert Badinter et le professeur de médecine Ady Steg. Le grand chirurgien, à la tête du CRIF au début des années 1970, est à cette époque président de l'Alliance israélite universelle.

« Sur l'épreuve de l'antisémitisme* »

ENS de la rue d'Ulm
10 mars 2015

Si vous regardez l'antijudaïsme et l'antisémitisme, vous voyez bien que, dans la continuité de l'Histoire, depuis la dispersion des Juifs, donc à partir de la victoire de Titus, vous avez ce qui a été le plus long, le formidable antisémitisme chrétien : la haine des Juifs comme peuple déicide. Disons un antisémitisme religieux, qui vise ceux qui n'ont pas voulu croire. C'est très très clair dans les écrits de saint Paul. Il faut passer au-delà, il n'y a rien à espérer des Juifs, il faut aller vers les Grecs. Parce que les Grecs, c'est la totalité à ce moment-là de la Méditerranée orientale. Là, nous trouverons des disciples. Des Juifs, il n'y a rien à attendre. En outre, s'ils n'ont pas crucifié le Christ, ils l'ont fait crucifier, ce qui revient au même.

---

*Transcription de Marc Grinsztajn. L'enregistrement est disponible ici : https://share.google/taVg2U8p7SrgwB9b6

Voilà donc le point de départ, et c'est ensuite fort long. Il n'y a pas besoin de rappeler pendant combien de siècles l'Église catholique a poursuivi de sa haine les Juifs. Vous en trouvez les dernières illustrations, très virulentes, jusqu'à la guerre de 14, et même un peu au-delà. Il n'est pas besoin de rappeler quels étaient les écrits que l'on trouvait dans la presse catholique au moment de l'affaire Dreyfus. Vous avez au départ ce rejet. Plus que cela : cette haine et ces persécutions religieuses de la chrétienté, mais surtout de l'Église catholique, à l'encontre des Juifs déicides. Une haine qui imprégnait évidemment les mentalités.

Juste un rappel : avec beaucoup de difficultés, vraiment beaucoup, les Juifs ont pu obtenir la reconnaissance de la qualité de citoyen, ce qui allait de soi après l'adoption de la Déclaration des droits de l'homme. Ils ont été les derniers. On a pris d'abord les protestants, puis les comédiens, enfin le bourreau, mais il restait les Juifs, qui attendaient toujours. Je vous raconterai cette histoire, elle est singulière : c'est l'avant-veille de la séparation de l'Assemblée constituante qu'on a voté l'émancipation. Et dans une lettre extraordinaire à une cousine autrichienne, Madame, c'est-à-dire la sœur du roi, écrit en 1791 : « L'Assemblée a mis le comble à ses folies. Elle a fait des Juifs des citoyens… » Fin de citation.

C'est pour dire ce qu'était l'état d'esprit général au moment de la Révolution. Je ne vais pas faire du tout un cours, mais simplement ce rappel prégnant. Vous avez donc, dans un pays fondamentalement catholique, la haine constante de l'Église contre les Juifs, qui ne se tempérera que dans les épreuves que l'on connaît à partir du XXe siècle. Mais avec quelles difficultés ! Il n'est pas indifférent de le rappeler. Cela imprègne profondément l'enseignement catholique, j'en suis convaincu, mais c'est derrière nous.

Vous avez ensuite, et vous avez bien fait de le dire, le racisme, ce qu'on appelle « le racisme à la mode » de la fin du XIXe siècle, notamment dans sa version allemande. Je vous rappelle les propos prononcés à la Chambre au moment de l'affaire Dreyfus, et vous avez Barrès, l'un des grands leaders, et certainement l'un des plus éloquents, des députés de la droite, qui apostrophera, on connaît bien cet épisode, Reinach, en lui disant : « Vous n'avez pas le droit de parler de la France, je vous interdis de parler de la France, monsieur Reinach, vous n'êtes pas de notre race. »

Il s'agit de la confusion qui se fait à l'époque entre race et nation. Ce qui signifie qu'ici – et on en trouvera bien d'autres exemples jusqu'à l'arrivée au pouvoir de Léon Blum en 1936 et cette autre apostrophe : « Vous n'avez pas assez de terre de France à la semelle de vos souliers » – le racisme se greffe directement sur le nationalisme. Finalement, race et nation, à cet instant, pas seulement en Allemagne mais en France aussi, se rejoignent, et le patriotisme, ai-je besoin de rappeler l'affaire Dreyfus, implique pour certains, et notamment pour ceux qui ont fréquenté les jésuitières, un rejet des Juifs comme un élément inabsorbable.

J'ai eu à cœur d'étudier dans le détail, dans les archives, ce qu'avait été, pendant l'Occupation, à la cour d'appel de Paris, le comportement de l'Ordre à l'égard des avocats juifs. C'est stupéfiant. Et quand je présente les faits à leurs jeunes confrères d'aujourd'hui, ils n'en reviennent pas. Comme aurait dit Khrouchtchev, « ils en ont les bretelles coupées ». Car ce qui peut être dit est tellement révélateur.

On compte aujourd'hui cinquante mille avocats en France, il y en avait alors deux mille cinq cents à Paris, pas plus. Vous aviez là un milieu typique, nationaliste. La plupart étaient plutôt, en effet, du côté de l'Action française, et il s'agissait d'un milieu très représentatif d'une certaine culture, développée aussi, j'en ai déjà parlé, dans les jésuitières. Pour eux, et c'est le mot inouï du Bâtonnier Charpentier, il y a toujours « une question juive au Barreau ». Pourquoi y a-t-il une question juive au Barreau ? Ne serait-ce pas plutôt une question d'antisémitisme ? Non, comme l'écrit après la guerre, en 1947, le Bâtonnier Charpentier, gloire du Barreau – « parole de liberté », dit-il.

Qu'est-ce que cette question juive ? Qu'il y a trop de Juifs au Barreau. C'est-à-dire qu'il existe une vision selon laquelle le Juif n'est tolérable qu'à doses homéopathiques. Quel pourcentage ? 2 %, 4 %, 6 %, 8 % ou 10 %, on varie. Le Conseil d'État n'aura pas la même opinion à cet égard que la cour d'appel, mais peu importe. Ce qu'il faut retenir, c'est qu'il y en a trop, encore trop, toujours trop. Il y a trop de Juifs en politique, trop de Juifs dans la presse, trop de Juifs dans la finance, trop de Juifs partout. Et l'on se demande alors où les mettre, où les parquer. On retrouve cette même vision dans le Statut des Juifs.

Quand même, cette expression ! Elle témoigne bien de la sensibilité de la droite française maurrassienne, longtemps refoulée, mais très présente et qui va exploser. Il est quand même fou de penser que l'expression surgit dans les *Mémoires* de Baudouin, ministre des Affaires étrangères de Pétain, en juillet 1940.

Je suis un survivant de cette époque, je l'ai vécue. J'avais 12 ans en juillet 1940. La France vient de connaître la plus terrible défaite de son histoire. Elle est en morceaux. Des millions de réfugiés, plus de ponts, plus rien. Et près de deux millions de prisonniers. C'est un État détruit. Et de quoi s'occupe le nouveau sous-secrétaire d'État à la présidence du Conseil, ancien directeur du cabinet civil du maréchal Pétain et censé assumer la responsabilité de remettre un tout petit peu le pays en ordre ? Il s'occupe de rédiger, raconte Baudouin, un statut. « Vous allez voir, explique Alibert le 1er juillet, je leur prépare un statut aux petits oignons. » Je ne sais pas ce qu'est exactement un « statut aux petits oignons ». Alibert deviendra d'ailleurs, quelques jours plus tard, le 12 juillet, ministre de la Justice.

C'est-à-dire que c'est obsessionnel. On attend ça, on veut ça, on désire ça. Et quel est le principe du statut? C'est la mise à l'écart. Il ne s'agit pas d'un mode de pensée génocidaire, ce n'est pas exact, on ne peut pas leur prêter ça. Mais ce qu'ils veulent, c'est ramener les Juifs à l'état qui était le leur dans l'Ancien Régime, c'est-à-dire un élément extérieur à la nation, tolérable seulement à dose homéopathique et incapable d'exercer une influence sur le destin national. C'est exactement la vision qui était dominante, celle qu'on va retrouver à l'Action française et, ensuite, dans ce statut avec les développements qu'on sait.

Rappelez-vous que, dans le statut de l'université, on instaure un *numerus clausus*. Il n'est rien de plus révélateur que ce mot de *numerus clausus*. On peut tolérer des étudiants, mais jusqu'à quel chiffre? 2 % ou 5 %? On a beaucoup débattu de ce seuil, mais au-dessus de 5 %, c'était insupportable. Et Xavier Vallat, commissaire aux Questions juives et donc théoricien qualifié, d'insister : l'antisémitisme à la française, c'est cela. On peut tolérer un petit pourcentage de Juifs, mais pas plus. Au-dessus de ce chiffre, ils sont un poison. Comme le poison en effet, ils peuvent être utiles à petite dose, mais à forte dose, on en meurt.

J'ai retrouvé une conférence formidable datée de 1941, dans laquelle on explique que ce qui menace la France, c'est un « transport juif au cerveau ».

C'est ainsi. On ne peut pas ne pas prendre en compte cette histoire. J'ai l'infortuné, le très infortuné privilège d'être de très loin votre aîné. Je suis ce qu'on appelle « un vieux Juif français » ou « un vieux Français juif ». J'avais 12 ans quand, pour la première fois, j'ai vu arriver les Allemands. J'en avais 16 à la fin de l'Occupation. C'est dire que j'ai vécu cette période sinistre à un âge où, croyez-moi, on mûrit très vite, très très vite. Vous n'avez pas besoin d'être un *Wunderkind* pour comprendre très vite ce qui se passe, et, encore une fois, très vite. À la fin de la guerre, j'étais déjà un adulte, et plus vieux sur bien des points que les adultes que je connaissais. Mais peu importe.

Parler de Janson-de-Sailly n'est pas non plus ce qui importe. Mais j'ai pu ainsi comprendre ce qui était en train d'advenir. Premier temps : l'avant-guerre. Je revois très bien, écrit à la craie sur les murs du lycée : « Mort à Blum, mort aux Juifs. » Le nom de Léon Blum, notamment depuis 1938, était presque toujours associé à ces traits de haine symbolique contre les Juifs. « Mort à Blum, mort aux Juifs. » « Mort aux Juifs, mort à Blum. » Ça, c'était pour le parcours vers le lycée Janson-de-Sailly. Un lycée très bourgeois, qui faisait partie de ce qu'on aurait pu appeler le ghetto juif du XVIe arrondissement.

J'avais là un condisciple de deux ans mon aîné, qui vit encore et dont l'acuité intellectuelle et la mémoire sont excellentes. Je veux parler du président Giscard d'Estaing, qui me répète souvent [Robert Badinter imite sa diction très particulière et reconnaissable] :

> « Vous parlez toujours d'antisémitisme. Mais il n'y avait pas d'antisémitisme à Janson-de-Sailly.
> — Pas d'antisémitisme ? Pour vous, évidemment. »

Car, pour moi, je considérais différemment les choses.

> « Vous croyez, vraiment ? Il faut qu'on parle de ça un jour… »

Je veux simplement tracer les limites de cet antisémitisme alors vivace, de cet antisémitisme à la française, sans entrer à nouveau dans les détails. 1940 a permis son explosion. 1940 a marqué la libération des antisémites, en attendant celle qui allait venir plus tard. Je ne reviendrai pas sur la période tragique de l'Occupation. C'est tout à fait différent. Il ne faut jamais oublier qu'il y a eu plus de Juifs sauvés en France, en proportion de leur nombre total, que dans aucun autre État européen occupé par les nazis.

Si vous voulez cependant revivre avec moi, pendant un instant, cette période, il faut se souvenir que ce n'est pas uniquement l'immatriculation au commissariat de police qui était devenue obligatoire dès le mois de septembre 1940. Non seulement vos papiers d'identité étaient marqués *Juif*, mais, par un esprit d'une férocité extrême, on avait décidé que les cartes d'alimentation, j'ai conservé la mienne, que vous deviez présenter chez vos commerçants porteraient une mention identique. Pour quoi faire ? Pour vous verser le quart de lait auquel vous aviez droit si vous aviez moins de 15 ans ? Non. C'était tout simplement parce qu'ainsi, dans la boutique où vous étiez obligé d'aller chercher de quoi survivre, on savait que vous étiez juif. Ce qui tissait évidemment autour de vous un filet propice à la dénonciation.

Pourtant, avec ce filet, et malgré lui, vous avez quand même beaucoup plus de Juifs survivants que dans la plupart des pays d'Europe centrale, et même d'Europe occidentale. Je rappelle toujours les chiffres. Comme la quasi-totalité des Juifs se sont fait immatriculer, on connaît leur nombre au début de l'Occupation : plus de trois cent mille. Soixante-quinze mille ont été déportés, dont soixante-treize mille sont morts. Soit moins d'un quart. Plus des trois quarts ont survécu. S'ils ont survécu, ce n'est pas sans raison.

Pour apprécier ce chiffre, il faut que vous preniez en compte une donnée complètement méconnue aujourd'hui. Personne ne parle plus juif avec ce qu'on appelait « l'accent juif ». Dans mon enfance, évidemment, sur ces trois cent mille Juifs, cent cinquante mille étaient étrangers. Sans compter que sur les cent cinquante mille Juifs français, cinquante mille étaient naturalisés, comme on disait, « de fraîche date ». Ce qui représentait un ensemble très important de Juifs s'exprimant avec un accent. Ça n'a l'air de rien, mais c'est tout en période d'occupation et de chasse aux Juifs…

J'ai grandi avec cette musique dans l'oreille. Avant la guerre, à l'intérieur de la maison, on parlait yiddish. Mais ma grand-mère, qui vivait avec nous et se faisait pourtant très bien comprendre, ne parlait, n'écrivait ni ne lisait même aucune langue. Elle s'exprimait dans un idiome particulier, un mélange de yiddish, de français, mêlé d'un peu de russe. Donc, pour qu'avec cet accent-là vous surviviez malgré tout, il vous fallait un réseau de protection.

Je ne vous parle pas des Justes, eux sont des héros, c'est autre chose. Mais de ceux qui détournaient les yeux, évitaient de vous poser des questions, tout en sachant très bien qui vous étiez. À cet égard, je pourrais facilement raconter comment, certes pas tous, mais la plupart des membres de ma famille ont survécu. C'est grâce à ce filet de protection et d'humanité discrète, à l'honneur de la société française pendant cette période, même si ce n'était pas ce qu'on trouvait, évidemment, quand on allait, malgré la défense de ma mère, au palais Berlitz en 1941, pour y voir cette fameuse exposition dont je me souviens très bien.

Eh bien, les choses étant ce qu'elles sont, la caractéristique si intéressante de la période suivante, c'est le long silence. Silence des Juifs. Et silence à propos de ce qui était advenu aux Juifs. Les non-Juifs ne voulaient pas entendre parler de ce qui était arrivé aux Juifs. J'ai un souvenir très précis à ce sujet. C'était la première fois de ma vie que je mettais les pieds dans un tribunal. Ma mère essayait de reprendre son appartement, qui avait été, comme il se doit, mis à la disposition de collaborateurs par les Allemands. Il y avait donc quelqu'un chez nous. Le procès commence. Et ma mère me dit : « Viens. »

Je l'accompagne. Je venais d'avoir 17 ans. Et j'entendrai toujours cette phrase formidable pour un enfant de cet âge-là. À un moment, l'avocat de ma mère a dit :

> « M. Badinter a disparu. Il est en Allemagne dans un camp de concentration. »

Nous étions en avril 1945. Il était mort depuis longtemps, mais elle ne le savait pas. Et le tribunal, en la personne du président, a eu ce mot extraordinaire, qui était aussi pour moi l'une des premières phrases que j'entendais dans un prétoire :

> « Ça n'intéresse pas le tribunal. »

C'est fantastique. Fantastique d'entendre ça au sortir de l'Occupation, quand vous avez le cœur qu'on a à 17 ans.

Ça n'intéresse pas le tribunal de savoir que votre père est dans un camp de concentration en Allemagne. Il s'agit de débattre d'un point de droit civil. Vous ne pouviez pas ne pas ressentir qu'on considérait qu'au fond, vous aviez beaucoup de chance d'être en vie. Par conséquent, taisez-vous. Parce que ce n'était pas ce qui aurait dû vous arriver. Vous aviez beaucoup de chance. Donc, pas la peine de venir ensuite réclamer des comptes, puisque vous étiez en vie. Voilà.

Du côté des Juifs, c'était l'inverse. On n'en pouvait plus. J'insiste : ils n'en pouvaient plus. Ils avaient tellement entendu parler des Juifs. Encore les Juifs. Toujours les Juifs. Les Juifs sont les rats de l'humanité, etc. Vous ouvriez une radio, voilà ce que vous aviez entendu pendant des années. Constamment. Je me rappelle Lyon en 1942, cette citadelle de l'antisémitisme où l'on entendait cela constamment. Donc, l'emportaient la douleur et la volonté de ne plus en entendre parler et de redevenir un comme les autres, parmi les autres. D'où le silence juif. Le silence sur les Juifs et le silence des Juifs. Pas partout, certes. Il y avait déjà des universitaires consciencieux qui, heureusement, avaient commencé des travaux qu'on a conservés.

Mais ce qui intéressait surtout à l'époque, c'était de réintégrer la communauté nationale comme la sortie d'un cauchemar. D'où le silence, et des blessures si profondes qu'on ne tenait pas à en parler au-dehors.

D'où le fait que le destin d'Israël passionnait les Juifs à ce moment-là, mais pas le reste du public... Nous sommes au moment de sa Première Guerre. Alors, 1947-1948 pour les Juifs ? Est-ce qu'Israël naîtrait, vivrait ou serait écrasé par les forces arabes conjuguées ? C'était là le centre d'intérêt. Mais ça ne passionnait pas le reste du public.

Ont suivi également un long, très long silence, des décennies de silence des antisémites. L'antisémitisme ne se manifestait plus. Bien sûr, il n'avait pas disparu, mais rappelez-vous le slogan « Mort aux Juifs ». C'est devenu ensuite la mort des Juifs. Difficile donc, à ce moment-là, de le reprendre. Et cela a duré jusque dans les années 1980. La suite, vous la connaissez aussi bien que moi, donc je n'ai pas besoin de la rappeler. Et c'est pourquoi je tenais absolument à être là...

Je vous remercie de m'avoir invité. Moi, à mon âge et ayant vécu ce que j'ai vécu, je n'en suis pas revenu de ce qui est advenu. Jamais, vous m'entendez, jamais je n'aurais cru que j'entendrais à nouveau crier dans les rues de Paris « Mort aux Juifs ». Je ne pouvais pas arriver à croire, mais vraiment, qu'il y eût des voyous pour hurler « Mort aux Juifs » dans les rues de Paris après ce qui était advenu à Paris aux Juifs. Je ne le pouvais pas. Et, cependant, c'est arrivé.

Un collègue qui habitait sur le parcours de cette manifestation m'a dit : « Je suis descendu. J'étais avec une étudiante, je voulais qu'elle voie ça et qu'elle se rende compte… » On ne les a pas montrés à la télévision, mais des rangs successifs de fascistes, de gros bras, d'antisémites classiques sont passés en criant, rangée après rangée, « Mort aux Juifs », « Mort aux Juifs », « Mort aux Juifs ». Là, ce n'était pas la même chose que le djihad. Mais c'était une réapparition, la libération de la parole. On criait à nouveau « Mort aux Juifs ». J'en suis resté stupéfié.

Je finis en hâte par un dernier point. Je ne veux pas parler ici de la permanence du conflit israélo-palestinien et du rôle que, par une sorte de psychodrame, on s'imagine jouer en transformant certains quartiers de Paris en une annexe de la Palestine et d'Israël, là où s'affrontent les uns et les autres. Je laisse cela de côté.

Mais, indépendamment de ceux-ci, on a tué en France des Juifs parce qu'ils étaient juifs. C'est une réalité. Quand l'assassin de Toulouse poursuit une petite fille de 7 ans et l'attrape, se rend-on bien compte ? On n'a jamais voulu montrer non plus ces images, mais elles sont dans les dossiers. Car il avait une machine, un instrument photographique pour prendre ce qu'il faisait. Donc, on voit sur les films qu'il a pris comment il poursuit cette petite fille, comment il la saisit par les cheveux. Il faut mesurer ce que cela signifie humainement que de la saisir par les cheveux et de l'abattre. C'est exactement le geste des *Einsatzgruppen* dans les ghettos. Exactement le même, reproduit. Commence alors l'impression de cauchemar. Mais ce n'est pas possible, il y a encore des êtres humains qui tuent des enfants juifs parce qu'ils sont juifs. Une petite fille de 7 ans qu'on poursuit, qu'on attrape et qu'on tue. Et pourquoi ? Parce qu'elle est juive. C'est inimaginable. C'est là, pour moi, le vrai visage de l'antisémitisme.

Il faut avoir le courage de le dire. Et ça se passe où ? À Toulouse. Et qui fait ça ? Un citoyen français. Le même qui ira tuer, d'ailleurs, un jeune musulman qui, lui, appartient à l'armée. Mais l'armée, si je puis dire, c'est encore une force symbolique et ce sont des adultes. Mais une enfant de 7 ans ? Une petite fille qu'on tue comme ça, de sang-froid ? C'est fou de se dire que c'est donc reparti, que ça recommence.

Où allait l'assassin de l'Hyper-Cacher ? Il n'allait pas à l'Hyper-Cacher. Il allait dans une école, dans une école juive. Simplement, il y avait deux policiers devant la porte. Il s'est donc dit que c'était préférable de choisir le supermarché. De toute façon, pas besoin d'être un grand anthropologue pour savoir que dans un supermarché casher, un vendredi matin, il y a plus de chances de trouver des Juifs que ceux qui préparent la cuisine des prélats catholiques. Franchement, qu'on y trouve des Juifs n'était pas une surprise. Mais ce qui m'a stupéfié également, c'est qu'on n'ait pas voulu le dire. On n'a pas voulu le dire. C'est ce silence qui m'a tellement meurtri.

On ne l'a pas dit puisqu'on a préféré parler d'« otages ». Mais des otages, pourquoi ? Qu'est-ce que demandait le « preneur d'otages » ? Rien. Il voulait les tuer, purement et simplement. Il ne demandait pas la libération de complices en échange. Ce n'était pas une prise d'otages, c'était une prise de victimes pour se préparer à les tuer. Et c'était son seul dessein.

Le lendemain matin, j'ai entendu à la radio des hommes de qualité que je connais très bien parler à leur tour d'« otages », mais sans employer le mot « Juif ». On ne protestera jamais assez contre ce qui est arrivé à *Charlie*, on l'a fait et on continuera. Mais ce n'est pas ici le problème de la liberté d'opinion, c'est le problème de l'antisémitisme.

Souvenez-vous aussi de cette monstrueuse affaire de Créteil : vous êtes chez vous, on sonne à la porte, deux – il faut bien le dire – antisémites forcenés se précipitent, vous battent, cassent les murs, violent votre femme. On n'a jamais dit le nom de ces auteurs, pourtant arrêtés. Jamais. Et pourtant, quand vous mettez aujourd'hui les pieds au Quai des Orfèvres, le lendemain matin, c'est dans tous les réseaux sociaux. Pas là. À ce jour, on ne sait pas qui c'est. Mais ils sont venus là parce que tous les Juifs sont riches.

Je n'ai pas besoin de reprendre la longue liste qui porte les noms d'Ilan Halimi et des autres victimes. Donc, en France, on tue des Juifs parce qu'ils sont juifs. Impossible d'éviter de se poser la question de la renaissance de l'antisémitisme sauvage. Il faut avoir le courage de regarder ces questions avec lucidité et d'essayer de comprendre.

Je pars bientôt pour Washington pour d'autres raisons. J'y rencontrerai sans doute des membres du Congrès juif, qui me diront sans doute que la France est un État antisémite. « La preuve est faite. Vous l'avez été pendant la guerre, vous l'êtes redevenu. » Il y a, hélas, d'autres exemples en Europe, mais le fait est là. Le fait est là, qui m'a poussé à accepter votre invitation.

Car ce qui m'intéresse, ce n'est pas ce que je dis. Ce que je dis, pour moi, n'a aucune importance puisque je le sais, à force. Mais ce qui m'intéresse, c'est ce que, vous, vous pensez. Et je me tourne là vers les étudiants.

Qu'est-ce qu'ils pensent face à cet antisémitisme renaissant ? Pas seulement avec des craies sur les murs comme lorsque j'étais un jeune garçon. Cet antisémitisme renaissant où on ne veut pas permettre aux professeurs d'étudier la Shoah, où l'on préfère sortir de la classe. Où, au nom d'un conflit qui est tout à fait hors de notre contrôle et du leur, et qui se déroule à des milliers de kilomètres, est ici revendiqué sous le nom d'antisionisme ce qui n'est qu'une des formes de l'antisémitisme.

Comment expliquez-vous qu'on en soit là et que pensez-vous que l'on devrait faire ?

Ce sont vos réactions qui m'importent.

« Le Barreau de Paris et les avocats juifs, 1940-1944* »

Palais littéraire et musical
23 février 2015

Merci, mes chers amis, merci messieurs les Bâtonniers et présidents, ou messieurs les présidents et Bâtonniers, comme vous voudrez, de ces paroles de bienvenue. En vous écoutant, je me disais avec un demi-sourire que ma mère, en tout cas, aurait été très contente de les entendre. Elle aurait même trouvé que ce n'était peut-être pas assez, mais elle aurait été la seule.

L'histoire, la véritable histoire comme on dit, que je vais vous raconter est douloureuse. Elle est douloureuse à tous égards, pour ceux qui en furent les sujets et pour ceux qui considèrent l'histoire du Barreau. Ce n'est pas l'épisode, tant s'en faut, le plus glorieux de cette histoire,

---

*Transcription de Marc Grinsztajn. La vidéo est disponible ici : https://youtu.be/Sjfu4qKNMjQ?feature=shared

mais il faut regarder la vérité en face. Ce n'est pas non plus l'épisode le plus glorieux qui se soit déroulé à la première chambre de la Cour dans l'histoire de la justice française. Tout est né pour moi d'un hasard, c'était en 1992 ou en 1993. J'assistais à la remise de décoration d'un ami cher, fait ce jour-là officier de la Légion d'honneur, et le Bâtonnier qui officiait était d'une assez remarquable longueur. En dehors de son talent habituel, je ne sais pourquoi, il était saisi d'une inspiration prodigieuse et ça n'en finissait plus.

Alors que je fréquentais assidûment cette bibliothèque depuis trente ans, au fond de la salle et un peu distrait quand même, je regardais de très près cette fois-ci le monument aux morts de 39-45, élevé en 1946, et, pour la première fois, je me suis aperçu qu'il était duel : une colonne à gauche, deux colonnes à droite, vous pouvez le vérifier. À gauche, on trouvait la liste des avocats morts pour la patrie, en service. Et puis, à droite, la liste d'autres avocats, fusillés, morts en déportation ou disparus. En regardant la colonne de droite, du côté des avocats fusillés ou déportés, je constatais une très très forte proportion, presque écrasante, de noms juifs. Je me disais : « C'est extraordinaire. Extraordinaire vraiment. Pourquoi deux monuments, pourquoi ça ? »

J'ai décidé d'y voir plus clair. Et de regarder ce que, dans ma très lointaine jeunesse, des confrères aînés m'avaient raconté en termes vagues, certains avec ironie, d'autres encore avec tristesse. Je me suis dit : « Il faut quand même que j'en aie le cœur net. » Et j'ai demandé au Bâtonnier de m'ouvrir les archives du conseil de l'Ordre sur la période 1940-44. Il n'avait pas l'air enthousiaste.

Basile Ader est un ami très cher, en plus c'est un homme qui aime l'Histoire. Je lui ai dit :

> « Oui, je veux écrire. Pour écrire, j'aime beaucoup les archives judiciaires et je voudrais voir les archives du conseil de l'Ordre de 40 à 44. On ne peut rien m'objecter, c'est pour un livre d'Histoire, et ce serait fâcheux que le président du Conseil constitutionnel assignât le Bâtonnier des avocats qu'on appelle de Paris pour se faire ouvrir les archives de l'Ordre. »

Ce que j'ai découvert à ce moment-là, grâce à la courtoisie d'Ader et à l'aide de M Ozanam, m'a stupéfié. Khrouchtchev, dans son style populaire, aurait dit : « Ça m'a coupé les bretelles. » Après cela, je suis allé voir les archives de la cour d'appel, puis les archives de la Chancellerie et, pour terminer, celles du Conseil d'État. Le résultat de ces recherches, c'est celui que je vais vous présenter maintenant, comme il y a dix-huit ans, pour ce livre. Nous sommes ici dans la salle de la Première cour et il faut remercier madame la Première Présidente de son hospitalité. Notre ami Christian [Charrière-Bournazel] a tout de suite mesuré l'importance symbolique de la chose. Ce n'est pas parce qu'on a jugé ici le premier responsable de la collaboration, c'est pour une autre raison : c'est ici même, dans cette salle, le 13 février 1942, qu'a été rendu l'arrêt qui radiait un certain nombre d'avocats juifs du Barreau de la cour d'appel de Paris. C'est pour cela que nous avons, Christian et moi, fixé cette conférence au 13 février. Raconter cette histoire n'est pas plaisant, mais il demeure que c'est un moment important et que, pour la jeune génération, c'est-à-dire pour vous, cher Bâtonnier, c'est le sujet d'une méditation sur ce que l'on dit, ce que l'on enseigne et ce que l'on fait. Le troisième terme permettant de vérifier dans les moments difficiles la validité des deux premiers.

Au cœur de cette recherche, j'ai beaucoup utilisé les paroles et les écrits d'un homme qui fut considérable dans l'Ordre et que j'ai eu l'occasion et le privilège de connaître : le Bâtonnier Charpentier. Le Bâtonnier Charpentier était un très grand professionnel, un très grand avocat, un homme de courage, un patriote qui avait fait la guerre de 1914, décoré à titre militaire et entretenant pour l'ensemble de ses confrères, presque la totalité, un mépris de fer. Il y avait quelques avocats, parmi lesquels lui, mais les autres ne comptaient pas. Par l'effet des circonstances, élu immédiatement avant la guerre, il a été Bâtonnier pendant toute cette époque, puisqu'on n'a repris le cours des élections qu'après la guerre. Il est donc au cœur de cette affaire. Le Bâtonnier Charpentier a publié en 1949 un livre intitulé *Au service de la liberté*, au lendemain donc de ces événements. On trouve dans ce livre une phrase qui m'a toujours laissé perplexe – je dirai presque qu'elle dit tout :

> « Au Barreau de Paris, il y a toujours eu une question juive. »

Il ne dit pas « une question d'antisémitisme », il dit « une question juive ». La vérité, c'est qu'il y a toujours eu une question d'antisémitisme. Je rappelle que, depuis 1791, les Juifs jouissent des mêmes droits que les autres citoyens français.

J'ouvre une parenthèse : quand cette mesure a été votée, très difficilement, par l'Assemblée constituante, Madame, celle qui devait connaître ensuite un destin si tragique, a écrit à une cousine émigrée à Vienne pour lui dire : « L'Assemblée a mis le comble à ses folies. Elle a fait des Juifs des citoyens... » Trois petits points.

Le temps a passé mais, si les Juifs jouissaient des mêmes droits, et par conséquent d'un même accès au Barreau, aux mêmes conditions, ça n'était pas tout à fait pour autant la même condition. Il y avait une condition légale, officielle, à égalité de droits, mais quand on en arrivait aux honneurs, quand on en arrivait aux responsabilités professionnelles, ordinales, alors là les choses changeaient. Il n'y avait jamais plus de deux secrétaires de la Conférence juifs dans une promotion, selon une coutume très fortement établie, que rapporte d'ailleurs très bien, et avec beaucoup de drôlerie, Jacques Isorni dans ses *Mémoires*. Quand il va voir le Bâtonnier pour lui donner les résultats de la promotion 1938, il lui dit :

« Voilà, ils sont trois.
— Hein ?
— Trois, et en plus une femme.
— Hein ? »

Bon, ça donne la sensibilité du moment. Pour les élections au conseil de l'Ordre, cela arrivait, mais rarement. On cite toujours, on citait toujours l'exemple de Pierre Masse. Il demeure quand même exceptionnel, mais cela arrivait. En revanche, je ne suis pas parvenu à retrouver, peut-être par un défaut d'information sur les personnes, un avocat juif Bâtonnier avant 1939. Il y a eu beaucoup d'avocats juifs, mais pas de Bâtonniers. S'agissant du Bâtonnat, j'ai retrouvé cette citation à propos de Masse, qui s'était en effet présenté mais avait été battu. Faisant son éloge funèbre après la guerre, le Bâtonnier Héraud disait :

« Pierre Masse est mort sans avoir été Bâtonnier. »

Et, merveilleuse formule :

« L'essentiel pour sa mémoire est qu'il ait été digne de l'être. »

Il ne l'avait pas été, mais il était digne de l'être. Donc, ça effaçait le fait qu'il fût battu. Alors, pourquoi cet antisémitisme ? Réponse classique, que j'ai entendue même après la guerre :

« Il y a trop de Juifs au Barreau. »

Trop de Juifs au Barreau. C'est-à-dire qu'il y a, dans cette vision-là, une certaine quantité admissible de Juifs, mais pas plus. C'est une espèce de dose homéopathique. Au-dessus, ça devient poison. Au-dessous, c'est tolérable. Alors, quelle proportion ? Nous allons retrouver cette question tout à l'heure. Mais c'était déjà l'esprit que l'on va retrouver dans le statut de 1941 : quelle proportion ? Quand s'est tenue à Paris en 41, au palais Berlitz, l'exposition « Le Juif et la France », ma mère nous avait interdit d'y aller. Bien entendu, nous y avons couru, mon frère et moi. Et je dois dire que le fou rire que nous avons ressenti n'a jamais cessé, du début jusqu'à la fin, parce qu'il est très difficile pour de jeunes garçons de considérer qu'ils sont les rats de l'humanité. Ou vous êtes désespérés ou, tout simplement, vous rigolez. Nous avons choisi la seconde option. Mais, dans cette exposition, il y avait une sorte d'affiche prémonitoire pour moi. Des photographies ou des dessins représentaient les avocats juifs les plus célèbres. Le plus grand, celui qui avait la plus large photographie, était Henry Torrès, qui fut mon patron et qui était un avocat pénaliste extrêmement célèbre.

À la lecture des textes, il est impossible de ne pas considérer que, ici, l'antisémitisme prend profondément ses racines dans la xénophobie. Il faut bien mesurer, ce n'est pas indifférent de le dire aujourd'hui et je le fais avec fermeté, que la France de la fin de la IIIe République, dans sa décennie 30, quand la crise fait son apparition, est en proie à une fureur xénophobe extraordinaire. Pas seulement les textes de la IIIe République finissante : le fond était vraiment pénétré de xénophobie.

La France détestait les étrangers, dont elle recevait beaucoup, mais qu'elle détestait dans ses profondeurs. À cause de la crise économique, les choses s'étaient sensiblement aggravées. Chômage, nombre d'immigrés présents, accents : je n'ai pas besoin d'aller plus loin. Mais il n'est pas indifférent de le rappeler. Au Barreau, on parlait d'une « invasion », évidemment. Une invasion de quoi ? Mais de confrères immigrés ou issus de naturalisés.

Le grand slogan de l'époque, « La France aux Français », trouvait un écho très fort au Barreau, notamment à Paris. Je vais citer le Bâtonnier Charpentier qui, je le rappelle, écrit après la guerre. C'est un livre de 1949, pas un ouvrage antérieur. « Avant la guerre, écrit le Bâtonnier, nous avions été envahis par des naturalisés de fraîche date, presque tous d'origine orientale [*sic*]*, dont le langage, commenté par les petits journaux, nous couvrait de ridicule, et qui apportaient dans la conduite des litiges les procédés de leur bazar. » Bien. Vous avez vu la distance avec ces « procédés de bazar ».

Le régime de Vichy, qui naît de la défaite, se voulait maurrassien. Pour reprendre l'analyse de ce funeste régime, il était d'inspiration très maurrassienne. Très fortement, dès le départ, xénophobe, ce qui est trop oublié, et évidemment antisémite. Il faut mesurer que la loi est venue interdire dès juillet 1940 tout emploi dans l'Administration à ceux qui n'étaient pas nés de pères français. Je remarque au passage qu'on ne parle pas des mères, mais des pères : si vous n'aviez pas un père français, vous ne pouviez pas, même si vous étiez vous-même français, entrer dans la fonction publique. On aurait dit qu'il y avait là, pour le fils français, une sorte d'incompatibilité, une incompatibilité presque génétique, entre le fait d'avoir un père étranger et la fonction publique.

Le 22 juillet 40, le gouvernement du maréchal Pétain promulgue une loi à portée rétroactive. Une commission aurait à réviser toutes les naturalisations intervenues depuis le 10 août 1927. Commission d'ailleurs présidée

*Prononcé par Robert Badinter.

par qui ? Par le procureur général qui requerra contre Pétain et contre Laval. Le 16 août 40, interdiction des professions médicales à ceux qui n'étaient pas nés de parents français. Plus exactement, de pères français, toujours les pères. Et, le 10 septembre 40, avant la rentrée judiciaire, extension de cette disposition aux avocats, à l'exclusion, qu'on retrouve toujours, des anciens combattants – ce n'est pas pour rien que le maréchal Pétain est à la tête de l'État – ou, à titre exceptionnel, sur proposition du conseil de l'Ordre.

Je marque au passage, juste pour l'ironie du détail, qu'Isorni était né d'un père étranger. Et que, par conséquent, Isorni tombait sous le coup de la loi interdisant aux fils de pères étrangers, naturalisés, de devenir avocats. Sauf exception. Fort heureusement pour le maréchal Pétain, il a été relevé par le conseil de l'Ordre au regard des talents ou services exceptionnels. Je cite encore le Bâtonnier Charpentier, indiscutablement mon meilleur témoin : « Vive satisfaction au Barreau de Paris » à la lecture de ces textes. « À cet égard, explique le Bâtonnier, la politique de Vichy rencontrait nos intérêts professionnels. » Autant de concurrents de moins. « La politique de Vichy rencontrait nos intérêts professionnels. » Comme l'écrivait *Le Temps* le même jour, « la purification de la France est en marche », et dans la purification, il y avait évidemment celle du Barreau.

Un rappel quand même. La France, en juillet 1940, est dans le pire état de son histoire. Elle vient d'essuyer sa plus cruelle défaite militaire. On compte 1,6 million de prisonniers. Les voies de communication sont détruites. On se demande comment on va faire entrer les récoltes. Près de deux millions de réfugiés errent sur les routes. On ne peut pas connaître une situation pire que celle de cette époque. Et voilà à quoi s'occupait, toutes affaires cessantes, le gouvernement de Vichy.

Je pense en particulier à une anecdote amusante, si l'on peut dire. Alibert, qui avait été directeur de cabinet du maréchal Pétain fort longtemps, avant même son accession au pouvoir, conseiller d'État et constitutionnaliste de vocation et de formation, ce M. Alibert était décrit par le Bâtonnier Charpentier comme un « taureau furieux », et il ajoutait « antisémite profond ». Dès le mois de juillet 1940, alors que la France est dans cet état et qu'il est encore directeur de cabinet de Pétain, Alibert expliquait à Baudouin, le ministre des Affaires étrangères, qui attendait son tour pour entrer dans le bureau du maréchal :

« Je leur prépare un statut aux petits oignons. »

Le « statut aux petits oignons », c'était celui des avocats juifs. Voilà à quoi songeait M. Alibert alors que la France était dans la terrible situation que je viens d'évoquer.

Alors, évidemment, action… Le 30 octobre 40, ce n'est plus seulement pour les avocats, c'est pour tous les

Juifs, on publie le Statut des Juifs. Plus tard, Baudouin, ministre des Affaires étrangères, écrira à propos de cette séance la phrase suivante : « C'est le maréchal qui se montre le plus sévère. » Citation du maréchal Pétain :

> « La justice et l'enseignement ne doivent contenir aucun Juif. »

On a retrouvé un texte annoté par lui, mais quiconque avait lu les *Mémoires* de Baudouin le savait. Ce statut, je le rappelle, celui du 30 octobre 1940, pour tous les Juifs, est une initiative du régime de Vichy. Il n'a pas été demandé par les occupants allemands, comme on l'a laissé croire. Ce n'est pas vrai. Dès le départ, Alibert est à l'œuvre et, très vite, on adopte ce statut qui, d'ailleurs, sur deux points, mais on ne va pas entrer dans le détail, est plus grave que celui promulgué sous le nom du Statut de Nuremberg par les nazis dès leur prise de pouvoir. Le pasteur Boegner, dont je tiens à saluer la figure, et qui fut dans toute cette période l'un des hommes les plus courageux, note dans son *Journal* :

> « Un antisémitisme passionnel règne à Vichy. »

Que cet antisémitisme ne se soit pas limité au personnel de Vichy, mais qu'il soit allé beaucoup plus loin dans la société française, on en a la révélation en lisant les écrits de l'époque. Les bons juristes constitutionnalistes connaissent tous le traité de M. Burdeau, l'un des grands classiques du droit constitutionnel. Dans l'édition de 1942, j'ai retrouvé ceci sur le Statut des Juifs, qu'il commente – nous sommes en période de droit positif :

> « Le Statut des Juifs est inspiré par cette constatation de fait qu'étant donné ses caractères ethniques et ses réactions, le Juif est inassimilable. »

Voilà ce qu'écrivait le grand constitutionnaliste de la IIIe République en 1942, et nous verrons tout à l'heure ce que disait l'autre grand constitutionnaliste, M. Barthélémy. Le Juif est donc, par ses caractères ethniques, inassimilable. Le statut interdisait un certain nombre de fonctions dans des professions comme la banque, la presse, le spectacle... S'agissant des professions libérales, il autorisait l'exercice aux Juifs, mais selon la limite qui serait fixée par un règlement d'administration publique, un *numerus clausus.* Je reviens à ce que j'évoquais tout à l'heure : au-delà d'un certain nombre, la présence de Juifs au Barreau constituait un poison.

Alors, quelle a été la réaction au Barreau lui-même ? Là encore, je cite le Bâtonnier Charpentier en 1949 :

> « Les lois de Vichy furent accueillies au Barreau de Paris avec satisfaction, il y avait parmi nous beaucoup d'antisémites. »

Nous sommes en 1942, il s'agit maintenant de mettre à l'œuvre. De mettre à l'œuvre les lois. Celle du 10 septembre 1940 commence par les étrangers, ensuite on passe à l'épuration. Deux cent trois avocats d'origine étrangère sont exclus par le conseil de l'Ordre, c'est pourquoi j'insiste sur la liaison si forte à cette période entre xénophobie et antisémitisme. Deux cent trois avocats d'origine étrangère parmi lesquels soixante Juifs environ. Sur cinquante et un appels qui avaient été présentés par ces avocats, quarante-sept sont rejetés par la Cour. Il y a certaines dispenses, j'ai évoqué celle d'Isorni. Il y a aussi des cas extraordinaires, et je mentionne, parce que la chose est suffisamment remarquable, deux avocats fort connus. L'un, Henry Torrès, que j'ai évoqué il y a un instant, était vraiment l'une des trois gloires du Barreau pénal, avec Scapini et Moro-Giafferri. On retrouvait toujours les mêmes dans toutes les grandes affaires.

Je signale au passage que Torrès était peu suspect d'avoir, comment dire, des « gènes étrangers ». Sa famille était établie à Bordeaux depuis le xve siècle et son père, d'ailleurs, en était préfet à sa naissance. Pourtant, après une guerre évidemment éclatante, couronnée par la Médaille militaire et quatre citations, il part aux États-Unis, et il fait bien, dès le mois de juillet 1940. Il est déchu de sa nationalité française, tout comme Pierre Cot, premier à l'agrégation de droit public, premier au concours de la Conférence des avocats de Paris, pas juif, mais ministre du Front populaire. Torrès connaissait tous les membres du conseil de l'Ordre, c'était sa génération. Il était parti aux États-Unis, il y avait peu de chances qu'il se représente à l'automne au Palais de justice de Paris. On aurait pu se dire : « Bon, dans le cas d'Henry, on verra après la guerre, rien ne presse. » Qui s'en serait ému ? Eh bien non, Cot et Torrès ont été immédiatement radiés comme n'étant pas français. Fantastique ! Je dois dire que, quelques années plus tard, quand il m'arrivait d'accompagner Henry Torrès à une rentrée solennelle qu'il n'affectionnait pas, il me murmurait toujours en écoutant les discours :

> « Tous des faux-culs. Tu entends ? Tous des faux-culs. »

Nous verrons pourquoi.

Je poursuis. Parmi les cas les plus intéressants, il y a évidemment ceux qui vont se trouver au-dessus du chiffre du *numerus clausus.* La loi prévoyait que le pourcentage d'avocats juifs tolérable soit fixé par décret, pris en Conseil d'État avec l'opinion préalable du commissariat aux Questions juives. Eh bien, c'est à 2 % du nombre d'avocats non juifs qu'on a fixé ce *numerus clausus.* C'est très précis. Au-dessus de 2 %, insupportable. Là est la limite du tolérable. Mais, comme toujours dans le régime du maréchal Pétain, on fait des exceptions. Pour les anciens combattants de 14-18, pour les veuves des anciens combattants de 14-18, pour les enfants orphelins des pères tombés au champ d'honneur en 14-18. On évoque aussi la possibilité d'en ajouter quelques-uns, mais on verra cela plus tard.

Parmi les personnes qui vont être déterminantes dans cette affaire, nous avons comme commissaire aux Questions juives un membre du conseil de l'Ordre de Paris, M. Xavier Vallat. Xavier Vallat, qui était un très grand et très héroïque combattant de la guerre de 14, était un antisémite moins farouche et moins brutal, mais tout aussi intense, que M. Alibert. Xavier Vallat avait fait sa réputation, politique au moins, sur l'apostrophe lancée à Léon Blum en 1936, en pleine Chambre des députés. Blum, alors président du Conseil, demandait la confiance, comme c'était la règle constitutionnelle sous la IIIe République, à la Chambre. Après le discours du président du Conseil, de l'opposition et des partis qui le soutenaient, Xavier Vallat était intervenu et lui avait lancé : « Vous n'avez pas assez de terre de France à la semelle de vos souliers. » Tollé épouvantable. Je n'ai pas besoin de rappeler les lointaines racines alsaciennes de Léon Blum, mais tollé épouvantable. Ce fut si bien perçu au Palais que Vallat fut élu triomphalement au conseil de l'Ordre, ce que ni sa réputation professionnelle, ni l'importance de son cabinet, ni son ancienneté ne justifiaient. Mais, d'un seul coup, il était en quelque sorte transcendé par cette apostrophe antisémite lancée à Léon Blum, président du Conseil désigné devant la Chambre des députés.

Je note que Xavier Vallat, élu au conseil de l'Ordre en 1936, réélu en 38, se trouva, par l'effet de la guerre, prorogé jusqu'à la fin du conflit. Tout ce qui va se dérouler alors est le fait d'un haut-commissaire aux Questions juives qui siège en même temps au conseil de l'Ordre. À regarder les procès-verbaux, personne ne semble s'être interrogé alors, au sein de ce Conseil, sur cette dualité singulière. Je cite ce qu'il déclarait en 1942 pour expliquer sa vision de ce qu'il appelait « l'antisémitisme à la française » :

> « La Révolution française fit la folie de vouloir considérer les Juifs comme des citoyens comme les autres. »

Vous voyez, c'est comme Madame.

> « À Paris, on a vu accourir trois cent mille Juifs de 1812 à nos jours. Ils avaient envahi les professions libérales et intellectuelles. »

Et il ajoute :

> « La France était atteinte d'un transport juif au cerveau, dont elle a bien failli mourir. Il nous a fallu prendre le bistouri. »

Évoquant – il est maurrassien – les cent quatre-vingt mille Juifs étrangers venus d'Europe orientale, il concluait à propos des cent soixante-dix mille restants, le tiers naturalisé de fraîche date :

> « Plus que dans d'autres pays, le problème juif se pose chez nous comme un problème d'étrangers. »

« Comme un problème d'étrangers. » Vous voyez la liaison que j'évoquais tout à l'heure et qui ressort des dates elles-mêmes. Et il terminait par cette phrase terrible au regard de ce que nous avons appris depuis :

> « C'est au vainqueur qu'il appartiendra en définitive de fixer le Juif errant. »

Vous vous rendez compte ? C'est un ancien combattant de 14-18, un membre du conseil de l'Ordre, un grand patriote. On sait quelle était à cet égard l'intention proclamée du vainqueur. C'est l'une des phrases les plus odieuses que j'aie jamais lues. Après la Libération, il a été jugé. Mais je remarque au passage qu'il est resté membre du conseil de l'Ordre. Personne ne s'en est ému. Alors que, depuis 1941, Xavier Vallat savait par le chef de l'administration civile en France, le docteur Best, que le commissariat aux Questions juives était invité à mettre sur pied l'épuration générale des Juifs et toutes les mesures préliminaires. On voit ce que cela signifiait.

Évidemment, Xavier Vallat ignorait alors la Solution finale. À cette date-là, Hitler n'a d'ailleurs pas encore pris sa décision. Il va le faire, mais personne ne la connaîtra, en dehors d'un petit cercle de dignitaires nazis. Je rappelle qu'elle date de janvier 1942, à la conférence de Wannsee, à côté de Berlin. Mais, tout de même, dire que ce sont les Allemands qui décideront du sort des Juifs français... Je n'insiste plus.

Le président du Conseil d'État, M. Porcher, fait alors une suggestion à Pétain : que le commissariat aux Questions juives prépare à l'invitation du garde des Sceaux, M. Alibert puis M. Barthélémy, le nouveau Statut des Juifs. On travaille. Le Conseil d'État tient séance. Pour les professions libérales, les Juifs ne pourraient plus exercer que dans les limites, le *numerus clausus*, fixées par le Conseil d'État. La peine encourue pour tout Juif exerçant une profession libérale au dessus du *numerus clausus*, donc pour les avocats, était, il faut le souligner, de deux ans de prison, et de cinq s'il avait utilisé des méthodes frauduleuses, avec, à la sortie, possibilité d'internement dans un camp par décision du préfet. Le président du Consistoire central était à cette époque M. Helbronner. Ce président de section au Conseil d'État avant la guerre, qui avait joué notamment un rôle très important dans l'élaboration de la loi sur la laïcité, la loi de séparation, émit une protestation solennelle :

> « Les Français israélites veulent encore croire que les persécutions dont ils sont l'objet sont entièrement imposées à l'État français par les autorités occupantes. »

On reconnaîtra là une âme touchante de naïveté.

S'agissant de la préparation du décret pour le *numerus clausus*, qui va réellement fixer le nombre d'avocats et quelles catégories d'avocats peuvent aller au-delà, Xavier Vallat, lorsqu'il a été jugé en 47, a fait cette déclaration :

> « Quand j'ai envisagé le *numerus clausus* pour les avocats, étant membre du conseil de l'Ordre, j'ai soumis mon opinion à mes collègues du conseil de l'Ordre. Le principe n'en a été discuté par aucun. »

Les choses sont claires. « Le principe n'en a été discuté par aucun. » La seule discussion a porté sur le point suivant : après avoir exempté les anciens combattants, les veuves de guerre, etc., pouvait-on compter 2 % en plus, ou devait-on au contraire inclure les exceptions dans les 2 % ? Discussion soumise, évidemment, au conseil de l'Ordre, qui va prendre position. La Chancellerie fait d'abord savoir qu'à Paris, 2 % des deux mille cent avocats juifs, cela représente quarante-deux avocats. Trente avocats juifs avaient combattu en 14-18. Trente déjà... Si on y ajoutait ceux qui avaient gagné une citation pendant la brève campagne de 39-40, les veuves et les orphelins de 14-18, eh bien il ne restait rien, mais rien du tout du contingent de 2 %. C'était plein, c'était fini. Donc pas un, on n'en gardait pas un. Une discussion qu'à la lecture des procès-verbaux je qualifierais d'édifiante a donc eu lieu. Le Conseil d'État, sollicité, a donné son avis. Il était pour compter les 2 % après les exemptions à titre militaire. On aurait ainsi pu doubler le nombre des avocats juifs conservés.

Bien sûr, le haut-commissariat aux Questions juives a fait savoir que « certainement pas, jamais ». Le ministre de la Justice, le doyen Barthélémy, personnage également essentiel dans cette affaire, était, comme M. Burdeau, l'une des gloires de l'université française. Probablement plus encore. Le notable absolu, couronné par la IIIe République comme peu d'hommes l'étaient. Je laisse de côté Légion d'honneur et décorations, etc. Membre de l'Institut, évidemment, mais surtout doyen de la faculté de droit de Paris, enseignant à Sciences Po et éditorialiste au *Temps*. Considéré, disons-le, comme une sorte de Poincaré, d'une droite très modérée, disons centre droit. Tel était M. Barthélémy. Et M. Barthélémy, comme il avait des liens avec les notables du conseil de l'Ordre, a expliqué quant à lui qu'il faudrait qu'on puisse ajouter certains avocats en fonction de leur mérite professionnel apprécié par le conseil de l'Ordre. C'est-à-dire qu'à côté des exemptions pour les titres militaires et pour les veuves de guerre, on pourrait en ajouter quelques-unes choisies par le conseil de l'Ordre. Mais il n'en était pas question, mais pas question du tout pour le commissariat aux Questions juives. Et l'on va voir ce qui a résulté du bras de fer.

Le projet a été soumis aux autorités allemandes. Et on est finalement tombés d'accord pour considérer que la solution proposée par M. Barthélémy était peut-être la meilleure. On pouvait admettre quelques avocats juifs en sus du *numerus clausus* « dévoré » par les anciens combattants et par les veuves d'anciens combattants. Et ce serait, à ce moment-là, le Conseil qui proposerait un décret pris en Conseil d'État pour les exemptions. La formule est acceptée, le texte signé. 16 juillet 1941, décret signé par Pétain, Darlan et Barthélémy et publié au *Journal officiel*. On commence donc à le mettre en œuvre. Et c'est probablement ce qui est le plus révélateur. Le Bâtonnier Charpentier écrit noblement :

> « J'avais fait savoir aux pouvoirs publics que le Barreau ne consentirait jamais à appliquer ce décret. »

On est en 1949, la mémoire est ici sélective. « Aussi le gouvernement confia-t-il le soin de l'appliquer à la cour d'appel », considérée évidemment par le Bâtonnier Charpentier comme plus complaisante que l'Ordre des avocats. Mais ce n'est pas là la réalité.

La réalité est radicalement différente de celle que le Bâtonnier évoque. Le conseil de l'Ordre a bien participé. Il a participé, à tous les stades, à l'exclusion des avocats juifs. Procédure très complexe. Au départ, c'est à lui que revient de dresser la liste des avocats juifs. Et il adresse à tous les avocats du Barreau de Paris une lettre formulaire dans laquelle ils doivent jurer sur l'honneur qu'ils ne sont pas juifs. En Belgique, le conseil de l'Ordre de Bruxelles a refusé de s'en mêler. « Vous avez promulgué un statut, mettez-le en œuvre. Nous ne voulons pas en connaître. Ce sont nos confrères, et nous ne ferons pas votre besogne. » Le Bâtonnier Charpentier laisse entendre qu'il en est allé de même à Paris. Mais ce n'est pas le cas. On a dressé la liste, on l'a reçue, on l'a examinée au Conseil et il n'y a pas eu la moindre protestation.

On dispose à cet égard d'un certain nombre de témoignages sur ce qui s'est passé. Je n'entrerai pas dans le détail, mais je tiens à être précis. Le conseil de l'Ordre envoyait sa liste au procureur général, qui vérifiait que les données étaient exactes. Donc une enquête de police à partir de la liste dressée par le Conseil. Ensuite, ce dernier donnait son avis sur chaque exclusion. La cour d'appel statuait alors sur l'élimination des avocats juifs, conformément à la liste dressée *in fine* par le conseil de l'Ordre pour l'élaboration du *numerus clausus*. Et le conseil de l'Ordre dressait ensuite la liste des avocats juifs qui pourraient être exemptés par la cour d'appel à raison de leur mérite professionnel. Vous voyez, une fois dressée la liste complète, le conseil de l'Ordre se chargeait de « repêcher », si je puis dire, les avocats juifs qui lui apparaissaient d'une qualité exceptionnelle. C'est extraordinaire.

J'ai étudié tous les dossiers, les uns après les autres. Ce que l'on demandait au conseil de l'Ordre, et c'est ce qu'il a fait, c'était de dresser la liste des avocats juifs qui pouvaient tout simplement échapper à la radiation parce que leur mérite professionnel, apprécié par le conseil de l'Ordre, était si grand que leur indignité foncière disparaissait. Je ne sais pas si l'on mesure le travail que cela représente. Bien sûr, quand vous examinez la liste établie par le conseil de l'Ordre de ceux que j'appellerais « les bons avocats juifs », vous constatez qu'il s'agit en quelque sorte de clones des membres de ce Conseil. Ont été retenus exclusivement des avocats qu'on appelait « israélites », c'est-à-dire de vieilles familles françaises, ayant de préférence dans leur parentèle des membres éminents de la magistrature, des membres éminents du corps enseignant, des membres éminents du Conseil d'État, ayant évidemment fait la guerre de 14-18, bref des avocats bien sous tous rapports. Ce sont ceux-là, et ceux-là seuls, que le conseil de l'Ordre a retenus.

Je rappelle au passage qu'au moment où on radiait les autres avait été promulgué le Statut des Juifs. Qu'est-ce que devient un avocat radié parce qu'il est juif, qui ne peut plus exercer sa profession, qui ne peut pas devenir fonctionnaire, puisque c'est interdit, et par conséquent pas magistrat non plus, qui ne peut plus exercer un certain nombre de professions, ni professions libérales, ni journalisme, etc. Que devient-il ? De quoi va-t-il vivre ? Posons-nous cette question élémentaire : de quoi va-t-il vivre ? Et que lui reste-t-il ? Le marché noir ? Voilà qui n'a visiblement intéressé ni les avocats du conseil de l'Ordre, ni les magistrats.

L'Histoire, elle, suivait son cours. L'URSS entre en guerre, les attentats, dont les auteurs courageux, les premiers résistants, sont des communistes, commencent à Paris à l'été 1941. Le 23 août, les Allemands arrêtent quatre mille deux cent trente-deux Juifs, dont mille cinq cents Français, parmi lesquels quarante-deux avocats, dont deux au Conseil. Selon le préfet de police, Ingrand, ils étaient considérés, admirable éloge, comme ayant une importante part de responsabilité dans la campagne de sabotage en cours. Compte tenu de leur âge et de leur situation, je ne sache pas que c'était le cas, mais il fallait bien justifier pourquoi, d'un seul coup, on arrêtait quarante-deux avocats. Ces quarante-deux avocats ont été amenés au camp de Drancy. Yves Jouffa, que bon nombre d'entre vous ont bien connu, était alors étudiant en droit. Interné à Drancy lui aussi, Yves a raconté, de façon très émouvante, comment les petits artisans, les commerçants, les fourreurs, les fabricants de chaussures ou de casquettes, les chapeliers, tous ces petits artisans juifs du quartier juif, en voyant arriver ces avocats, dont certains très connus, et quatre ou cinq célèbres, les ont acclamés. Acclamés parce qu'ils venaient les rejoindre. C'est émouvant à mesurer.

Je rappelle aussi qu'à Drancy on crevait de faim, au sens propre du terme. Deux soupes par jour cet été-là, plus cent cinquante grammes de pain. C'est tout. On n'acceptait pas les colis. Et ces avocats juifs étaient gardés, comme tout le camp, par des gendarmes français. Gendarmes français et brutaux, comme en témoignent les procès d'après-guerre. Je citerai deux avocats. Le premier, Henri Blaustin, évoque dans ses *Mémoires* la brutalité de ces gendarmes « animés [...] par la même haine que les nazis contre nous ». Quant au second, Claude Rosenthal, avocat important qui n'est jamais revenu de déportation, il raconte dans une lettre qu'on a conservée comment il a été giflé par un capitaine de gendarmerie dans la cour de Drancy. À cet officier qui lui demandait son nom, il avait osé répondre : « Claude Rosenthal, avocat à la cour de Paris, lieutenant dans l'armée française », ce qui lui a immédiatement valu une paire de claques.

J'ai évoqué le palais Berlitz. Sous les photos des avocats juifs, Henry Torrès en gros plan, était écrit que les Juifs avaient « transformé la noble profession d'avocat en un odieux commerce ». Je repense au père Torrès, qui était tout sauf un demandeur d'honoraires, besogne qu'il laissait à ses collaborateurs. La presse de la collaboration a fait chorus. *Paris-Soir* annonçait en première page un reportage, avec photos :

> « Je les ai vus, ces Juifs millionnaires [forcément millionnaires parce qu'ils étaient juifs*], ex-célébrités du Barreau parisien, internés enfin dans un camp proche de la capitale. »

Le 13 décembre 1941, les Allemands, après une nouvelle vague d'attentats, décident de frapper à nouveau, et très fort. Sept cent quarante-trois « Israélites » français, j'utilise le terme en usage à l'époque, et appartenant à la bourgeoisie, sont arrêtés. On ramène de Drancy un certain nombre de détenus, notamment Pierre Masse, qui écrit à ce moment-là, certain d'être fusillé le lendemain, une lettre tout à fait admirable dont j'ai donné connaissance et qui mérite de demeurer selon moi dans les annales du Barreau de Paris. Un témoignage tout à la fois de dignité, de fermeté, d'amour de la République et d'amour immodéré pour le Barreau.

Il était, je le signale, un ami personnel du maréchal Pétain. Pour une raison simple. Pendant la guerre de 14-18, après avoir été blessé sur le champ de bataille, il était entré comme sous-secrétaire d'État à la Guerre – il n'y avait pas de secrétaire d'État – dans le ministère Clemenceau. Masse avait dirigé la justice militaire

---

*Incise de Robert Badinter.

pendant cette période très difficile. Député de l'Hérault de 1914 à 1919, républicain bien connu, Masse avait poussé à la nomination du maréchal Pétain comme général en chef des armées françaises en 1917. Et Pétain lui en était reconnaissant. Clemenceau s'était, semble-t-il, montré un peu réticent, mais Masse n'avait pas varié. Voilà pourquoi il était lié au maréchal Pétain. Et le maréchal a fait un geste. Son directeur de cabinet a écrit à l'ambassadeur Brinon pour qu'il demande aux Allemands de le libérer. La réponse du chef de la Kommandantur a été sèche : « *Die Juden* Masse, qui a voté la guerre contre l'Allemagne ? Jamais ! » Masse a été déporté à Auschwitz après cette démarche.

On a donc mis en œuvre le statut. La lecture plus avant de ces archives est effrayante. J'ai évoqué la condition de ces avocats juifs radiés du Barreau. Il faut le souligner, un bon nombre d'avocats non juifs leur ont permis de subsister, tout simplement, en leur laissant préparer pour eux, secrètement, les dossiers de plaidoiries ou les conclusions. Grâce à ce partage d'honoraires, ils ont pu survivre. Mais d'autres… Trois avocats importants ont laissé leurs traces aux archives de la Gestapo de Paris. Ces trois avocats importants se sont rendus à l'ambassade d'Allemagne pour demander la libération de six avocats juifs de leurs amis, en proposant de fournir en échange une liste plus complète d'avocats juifs. Rendez-vous compte ! Une liste plus complète d'avocats juifs, dont plusieurs, qui ne figuraient pas sur celle dressée par le conseil de l'Ordre, avaient échappé à la radiation. Et, selon le témoignage du docteur Van Bose, qui s'occupait des questions juridiques à l'ambassade – c'est un procès-verbal apparu lors de poursuites après la Libération –, l'un de ces avocats a signalé « les noms des avocats juifs les plus indésirables qui pourraient être arrêtés en guise de compensation à la libération des six avocats ». On indiquait donc qui prendre à la place des amis.

Il faut se représenter ce que ça signifie humainement et, avec un peu d'imagination, vivre la scène. J'indique que la Gestapo avait une règle absolue, très profitable à l'exercice de ses fonctions. Elle recevait toujours les dénonciateurs sans un papier sur la table, sans secrétaire. Aucune note. On pouvait donc parler tranquillement. Mais à peine avait-on raccompagné le dénonciateur jusqu'à la porte du bureau qu'était rédigé un procès-verbal en trois exemplaires : l'un restait sur place, le deuxième était destiné à la Kommandantur, et le troisième envoyé à Berlin, au siège central de la Gestapo.

C'est ainsi qu'on a retrouvé un nombre considérable de dénonciations, évidemment après la guerre, dont cet extraordinaire document. Et je pense à ces hommes se rendant à la Gestapo pour dénoncer des avocats juifs, pour les échanger contre des amis ou des confrères en surplus, si besoin était. Je parle d'avocats, d'avocats qui connaissaient leurs victimes. Le Barreau de Paris comptait un peu plus de deux mille personnes à cette époque. Beaucoup se connaissaient, beaucoup avaient fait leurs études ensemble, beaucoup s'étaient confrontés à la barre…

Bon, je passe à la sélection : le conseil de l'Ordre propose finalement de conserver quarante-six anciens combattants, deux veuves de guerre, plus cinq Juifs ayant des mérites professionnels exceptionnels. Je trouve que ce n'est pas beaucoup. Seraient donc conservés en tout, sur trois cent cinquante-cinq avocats juifs, une cinquantaine d'entre eux. Le 2 janvier 42, la cour d'appel rend son premier arrêt. On a vérifié la qualité, veuves de guerre, titres militaires… On a ajouté vingt prisonniers, maintenus à titre provisoire. Pour les autres, on décide de statuer après l'avis motivé du conseil de l'Ordre sur chaque cas individuel. Vous voyez que nous sommes loin de l'affirmation du Bâtonnier Charpentier :

« Jamais cette besogne. »

Le conseil de l'Ordre se réunit les 6 et 27 janvier 1942, c'est l'opération Sélection, sous la présidence du Bâtonnier, et il propose finalement de retenir quatorze avocats juifs au titre de leurs mérites professionnels. J'ai indiqué ceux qu'on avait choisis, les Israélites français de vieille souche, etc., presque tous décorés, huit anciens secrétaires de la Conférence, un membre du conseil de l'Ordre. Ce qu'il y a de touchant, c'est que les exemptés ont écrit au Bâtonnier des lettres qu'on peut encore lire pour témoigner leur reconnaissance aux confrères qui les avaient ainsi distingués au sein du conseil de l'Ordre, et redire leur fidèle et indéfectible attachement à l'Ordre et au Bâtonnier qui les représentait. C'est toujours très beau comme texte. Une seule exception : Lucien Vidal-Naquet. Lucien Vidal-Naquet, un avocat très important à cette époque, qui avait siégé au conseil de l'Ordre lui aussi, en son temps, a refusé d'écrire : « Non, moi, je ne remercie pas, je trouve tout ça abominable. » C'est le père de notre confrère François Vidal-Naquet, du Barreau de Marseille, et de Pierre Vidal-Naquet, l'historien que tout le monde connaît.

C'est ainsi que, le 13 février 1942 – voyez combien de temps s'est écoulé –, la cour d'appel, vu les états nominatifs établis par les Barreaux de la Cour, parce qu'il y avait aussi les petits Barreaux de banlieue, qui tous faisaient partie de la cour d'appel, prononça l'exclusion de deux cent dix-sept avocats juifs du Barreau de Paris, auxquels elle ajouta quatorze avocats juifs proposés par le conseil de l'Ordre. On rendit l'arrêt et c'est le Bâtonnier Charpentier qui fut chargé d'aller à Drancy informer les avocats détenus qu'ils avaient été radiés de l'Ordre des avocats.

Nous disposons à ce sujet du témoignage d'Yves Jouffa :

> « Le Bâtonnier Charpentier vint au camp pour signifier à ses confrères internés leur radiation de l'Ordre. Il

n'eut pas un mot pour regretter, expliquer ou excuser. Lorsqu'il est parti, j'ai vu pleurer quelques-uns de ces avocats. »

Il est vrai que le Bâtonnier Charpentier avait tenu à passer un peu plus de temps avec Pierre Masse, son vieil ami et égal en dignité professionnelle. Ce fut la seule exception. Un détail qui n'est pas indifférent, s'agissant du droit à pension des avocats exclus comme Juifs : le conseil de l'Ordre décida le 17 février, deux semaines plus tard, qu'ils pourraient bénéficier d'une pension s'ils justifiaient « d'un exercice professionnel d'une durée minimale de trente-cinq années ». Trente-cinq années ! Les cotisations versées restaient dans la caisse de l'Ordre, on s'octroyait ainsi une petite dotation à cette occasion.

Restait encore à déterminer ce qui allait advenir des avocats conservés comme éminents. Le 4 avril 1942, Xavier Vallat, homme du conseil de l'Ordre, fit connaître son choix. Sur les quatorze, cinq seulement étaient conservés. Pourquoi ? On ne le saura jamais. Le 8 mai, Xavier Vallat disparaît, parce qu'il n'est pas assez antisémite pour les Allemands et pas assez actif dans la chasse aux Juifs. Il est remplacé par Darquier de Pellepoix qui, à cet égard, est incomparable. Bien plus antisémite encore, si on peut l'être, que Xavier Vallat, il s'illustrera ensuite dans les rafles de l'été 1942. Lui-même ancien combattant décoré, c'est un personnage tout à fait douteux, et on a retrouvé la trace des paiements qui lui ont été remis en numéraire à l'ambassade d'Allemagne, dès 1937. À la Chancellerie, avant que le commissariat ne fasse connaître son opinion, Joseph Barthélémy avait exprimé la sienne. Dix noms – vous voyez que ça varie – ont été retenus par le garde des Sceaux sur les quatorze du conseil de l'Ordre. C'était avant que Xavier Vallat envoie sa liste.

Le 5 août 1942, tous se réunissent à la Chancellerie et Vallat explique que, c'est très simple, il ne peut y avoir d'avocat juif en France. Avis défavorable pour tous, sauf pour ceux que la loi retient, bien à tort évidemment. Je rappelle que Pierre Laval était un avocat très important, à la tête d'un cabinet considérable et extraordinairement rémunérateur, plaidant peu, mais se faisant payer très cher. Également quand il n'acceptait pas un dossier si l'adversaire le lui avait demandé. Performance incomparable que de toucher des honoraires pour ne pas plaider. Une invention de Laval, dont je lui laisse le mérite. Lui qui connaissait très bien tous ces avocats a suivi l'avis de Darquier : il n'y avait au Barreau de Paris aucun Juif au mérite professionnel suffisamment éminent pour demeurer avocat. Fini, terminé. Restait une dernière catégorie : les avocats de qualité exceptionnelle. Il y avait le bon avocat juif. Il y avait aussi le très bon citoyen, qui se trouvait être avocat et juif. Ce n'était plus cette fois-ci comme avocat qu'il était éminent, mais parce qu'il était également, par exemple, professeur de droit au Collège de France, et de surcroît avocat. Là encore, cette catégorie donna lieu à un examen par le conseil de l'Ordre, qui en repêcha trente-deux. Trente-deux avec avis très favorables et favorables. Réponse du commissariat général : aucun. Les choses étaient claires : plus jamais d'avocat juif au Barreau de Paris.

Il restait une dernière question concernant les avocats, veuves ou anciens combattants de 14-18, qui avaient été relevés. Quelques-uns se trouvaient encore à Paris. C'est le 7 juin 1942 qu'a été publiée l'ordonnance, cette fois-ci allemande, obligeant au port de l'étoile jaune. Je rappelle qu'elle concernait tous les Juifs âgés de plus de 6 ans. Je ne sais pas si on se représente ce que veut dire de mettre une étoile juive sur la poitrine d'un enfant de 7 ans qui va tous les matins à l'école. Indignation publique, je tiens à le signaler, considérable. La réapparition de la rouelle apparaissait comme une insulte.

[Fin de la vidéo illisible.]

« Mort d'un Israélite français »

Hommage à Pierre Masse

Palais de Justice
19 mai 2009

Pierre Masse était juif ou plutôt, comme on disait dans le style de l'époque, « français de confession israélite ». Il appartenait à une famille juive d'origine alsacienne qui, comme tant d'autres, avait préféré quitter sa province pour que ses membres ne deviennent pas des sujets allemands, eux qui étaient citoyens français depuis 1791 et en ressentaient une grande fierté. Tous partageaient au plus haut degré le culte de la France et l'amour de la République. Celle-ci leur avait donné toute leur place dans la nation. Sans pour autant qu'aient disparu en son sein les préjugés antisémites.

Le Barreau, que ses principes auraient dû protéger de ce poison, en était aussi infecté. « Au Barreau de Paris, écrivait en 1949 le Bâtonnier Charpentier, il y a toujours eu une question juive. » Disons-le autrement :

une question d'antisémitisme. Et Pierre Masse lui-même ne pouvait l'ignorer.

Certes, malgré le *numerus clausus* tacite qui régnait au Palais, Pierre Masse avait été choisi comme secrétaire de la Conférence du stage, puis élu au conseil de l'Ordre, après la guerre de 1914-1918, où il avait gagné la Légion d'honneur à titre militaire et deux citations pour actes de courage exceptionnels. Mais lorsque vint l'heure décisive, l'élection au Bâtonnat, Pierre Masse n'en fut pas moins battu en 1934. Le Bâtonnier Poignard déclarait en 1946 :

> « Un grand nombre d'entre nous lui reconnaissaient toutes les qualités qu'on peut attendre d'un Bâtonnier. »

Le plus saisissant, en vérité, c'est que Pierre Masse ne fut pas élu Bâtonnier, bien qu'il méritât de l'être…

*
* *

Tel qu'il était, en juin 1940, quand s'effondra l'armée française, à laquelle Pierre Masse était si profondément attaché, un autre destin totalement imprévisible allait s'ouvrir pour lui comme pour tant d'Israélites français. Ce destin s'inscrit en trois dates : 10 juillet 1940, 21 août 1941, 30 septembre 1942.

10 juillet 1940 : à Vichy, cinq cent soixante-neuf parlementaires votent les lois constitutionnelles confiant tous les pouvoirs au maréchal Pétain. Pierre Masse, sénateur de

l'Hérault, fut parmi ceux-là. Rien de plus significatif que ce vote, émis par un républicain élu du centre gauche. Dans le désastre qui accablait la France, les Français s'accrochaient à ce symbole vivant d'un passé de gloire et de grandeur.

Faire confiance au maréchal Pétain était d'autant plus naturel pour Pierre Masse qu'il avait siégé à ses côtés au Comité de guerre en 1917 quand il était lui-même sous-secrétaire d'État à la Justice militaire. Depuis lors, ils avaient toujours entretenu des relations amicales. Au point que, lorsque le maréchal Pétain avait eu la curiosité de voir comment fonctionnait un grand cabinet d'avocat, il visita le cabinet de Pierre Masse.

Bien vite, la nature du nouveau régime apparut. Le garde des Sceaux Alibert était un antisémite farouche, disciple de Charles Maurras. Avant même que les autorités allemandes aient demandé ces mesures, le Statut des Juifs était promulgué le 3 octobre 1940. L'Israélite français avait vécu. Le Juif avait pris sa place, citoyen de second ordre s'il était français, susceptible d'internement administratif s'il était étranger.

Le Statut des Juifs frappa Pierre Masse au cœur. Il avait grandi dans une famille où l'appartenance à la religion juive était en quelque sorte naturelle, comme le catholicisme pour une grande majorité de familles françaises. Mais à l'instar de nombreux notables israélites, Pierre Masse s'était déjudaïsé au long des années. Il était un bourgeois français et s'éprouvait tel. Qu'avait-il de commun avec ces Juifs immigrés, besogneux, écorchant le français, qui fourmillaient dans les échoppes et les ateliers du Marais ?

Et voici que, d'un coup, un siècle et demi d'appartenance à la nation était rompu. Il se trouvait, lui, Me Masse, rejeté à la limite de la communauté nationale, repoussé par la France à laquelle il avait tant donné de lui-même.

Un autre avocat juif, plus jeune, Lucien Vidal-Naquet, fils d'avocat, ancien secrétaire de la Conférence, confiait, à l'époque, à son journal intime :

> « C'est ainsi que je ne suis plus qu'un demi-citoyen sur le sol même où je suis né et où dorment les miens. C'est ainsi que j'ai perdu le droit d'exercer la profession qui fut celle de mon père, et que demain se posera pour mes enfants la question de savoir à quelle activité ils auront le droit de se livrer. Je ressens comme Français l'injure qui m'est faite comme Juif. J'étais si fier de mon pays! »

Pierre Masse, lui, écrivit au maréchal Pétain la lettre fameuse que ceux qui la découvrent lisent toujours avec la même émotion.

> « Monsieur le Maréchal,
>
> J'ai lu le décret qui déclare que les Israélites ne peuvent plus être officiers, même ceux d'ascendance strictement française.

Je vous serais obligé de me faire dire si je dois aller retirer leurs galons à mon frère, sous-lieutenant au 36e régiment d'infanterie, tué à Douaumont en avril 1916, à mon gendre, sous-lieutenant au 14e régiment de dragons portés, tué en Belgique en mai 1940, à mon neveu Jean-Pierre Masse, lieutenant au 23e colonial, tué à Rethel en mai 1940 ?
Puis-je laisser à mon frère la médaille militaire, gagnée à Neuville-Saint-Vaast, avec laquelle je l'ai enseveli ?
Mon fils Jacques, sous-lieutenant au 62e bataillon de chasseurs alpins, blessé à Soupir en juin 1940, peut-il conserver son galon ?
Suis-je enfin assuré qu'on ne retirera pas rétroactivement la médaille de Sainte-Hélène à mon arrière-grand-père ?
Je tiens à me conformer aux lois de mon pays, même quand elles sont dictées par l'envahisseur.
Veuillez agréer, Monsieur le Maréchal, les assurances de mon profond respect.

P. Masse

Anc. Capitaine au 36e RI
Off. Légion honneur Croix de Guerre
Anc. Sous-Secrétaire d'État à la Justice militaire. »

Au sursaut du soldat outragé allait succéder celui du républicain humilié. En février 1941, Pierre Masse reçut une circulaire demandant à tout sénateur de faire savoir s'il était de famille juive, ce qui entraînait la déchéance de tout mandat électif. Pierre Masse adressa sa réponse directement au maréchal Pétain.

« Monsieur le Maréchal,

Mon premier mouvement a été de ne pas faire réponse : il n'y a pas de "Juifs" au Sénat. Ne font partie de cette Assemblée que des citoyens français, quelle que soit leur religion, élus par un collège électoral français, conformément à une Constitution qui n'a pas été abrogée sur ce point.
J'ai décidé cependant de répondre, par déférence pour le gouvernement dont vous êtes le chef.
Les deux grands-pères étaient de religion israélite. L'un, Bâtonnier de l'Ordre des avocats de Strasbourg en 1870, a tout abandonné, propriétés familiales et sa situation, pour rester français ; l'autre a été, il y a un siècle, maire de la commune de l'Hérault que je représente depuis trente-quatre ans au Conseil général. Leurs femmes appartenaient à la même religion.
J'élève contre la loi du 3 octobre 1940 la protestation la plus formelle.
D'ascendance strictement française dans toutes les branches et aussi loin que je puis remonter, officier d'infanterie, titulaire de citations qui ont toutes été gagnées en avant des lignes françaises, ancien chef de la justice militaire à une époque où les gens de la Cinquième colonne étaient envoyés aux fossés de

Vincennes, ayant parmi mes parents les plus proches quatre officiers tués à l'ennemi, membre du conseil de mon Ordre, régulièrement élu sénateur par mes compatriotes de l'Hérault, je n'accepte pas d'être traité en Français de la 2e catégorie.
Croyez que je regrette, m'adressant à vous, d'avoir à m'exprimer avec cette fermeté. Je n'oublie pas la déférence que je vous dois, ni que j'ai eu l'honneur de siéger avec vous au Comité de guerre en 1917.
Veuillez agréer, Monsieur le Maréchal, l'assurance de ma respectueuse considération. »

*
* *

On peut s'étonner de l'aveuglement de Pierre Masse pendant cette période. Alors qu'il lui était si aisé de demeurer en zone libre, dans l'Hérault, Pierre Masse, contre l'avis de ses amis, était rentré à Paris. Dès l'automne de 1940, il avait repris son activité professionnelle. Avocat juif, il n'hésitait pas à plaider devant le tribunal de Paris pour le dramaturge juif Henry Bernstein, alors réfugié en Amérique, contre un journaliste collaborateur qui l'avait diffamé.

Pareil défi, pareille imprudence ne peuvent s'expliquer que par le caractère souverain de Pierre Masse, sa personnalité exceptionnelle, et peut-être la conviction secrète que la protection du maréchal Pétain ne lui ferait pas défaut.

C'était bien mal apprécier la réalité de l'époque.

Après l'invasion de l'Union soviétique, les actions de résistance armée commencèrent à Paris. En représailles se déroula du 20 au 22 août 1941 une vague massive d'arrestations de Juifs : quatre mille deux cent trente-deux Juifs furent arrêtés par la police française sur ordre des Allemands, dont environ mille cinq cents Juifs français. Parmi eux figuraient quarante avocats à la cour d'appel et deux avocats aux Conseils. Le préfet Ingrand indiquait au ministère de l'Intérieur que « ces avocats étaient considérés comme ayant une part importante de responsabilité dans la campagne de sabotage actuellement entreprise » [*sic*]*.

Ce furent donc des policiers français qui appréhendèrent Pierre Masse à son domicile, le 21 août 1941. Le lendemain, une voiture de la préfecture de police le conduisit au camp de Drancy. Il avait rejoint ceux qui seraient désormais ses compagnons de misère. Le 21 août 1941, l'Israélite français, officier de la Légion d'honneur, avocat, sénateur, ancien ministre, n'était plus que le Juif Masse, « *Die Juden* Masse », comme l'écrivait un officier de la Kommandantur.

Rien ne pouvait plus sauver Pierre Masse du destin programmé pour tous les Juifs européens par Hitler.

---

*L'adverbe est de Robert Badinter.

D'abord à Drancy, où il séjourna à plusieurs reprises. Le camp était gardé par des gendarmes français et géré par les services de la préfecture de la Seine. Seuls le régime administratif et les décisions de libération étaient du ressort des autorités allemandes. Les conditions d'hygiène étaient affreuses. La faim toujours présente. Quant aux gendarmes français, selon le témoignage de l'un des avocats arrêtés le même jour que Pierre Masse, Henri Blaustin :

> « Dès le premier jour, ils ont eu à l'égard des internés une attitude odieuse. Je me rappelle qu'un jour d'octobre 1941 le capitaine Vieux, rencontrant dans la cour de Drancy mon confrère Claude Rosenthal, lui a demandé son nom. Mon confrère le lui a dit et a ajouté "avocat à la cour de Paris et lieutenant dans l'armée française". Sur cette réponse, le capitaine Vieux l'a giflé violemment. »

Le Bâtonnier Charpentier alla à Drancy pour rendre visite à Pierre Masse, ami de longue date :

> « Une carcasse de ciment armé construite par un architecte dément, des grillages comme au zoo, et, là-dedans, deux mille pauvres diables, pouilleux et apeurés, dont plus de la moitié ne savaient pas le français. Je demandai Pierre Masse. Pendant que je l'attendais devant une cloison où pendaient des nerfs de bœuf et des menottes, des hurlements éclatèrent et je vis passer un gendarme

> qui empoignait un détenu par la nuque et le rouait de coups [...]. Pierre Masse [...] me fit monter dans la chambre où étaient parqués nos confrères [...]. La plupart n'avaient pas eu de paillasse. Il y avait parmi eux de grands malades, des mutilés de la guerre de 1914... »

Le 12 septembre 1945 fut publiée en première page des journaux de la collaboration la photographie de sept avocats parisiens, parmi lesquels Pierre Masse. Le journaliste écrivait :

> « Je les ai vus, ces Juifs millionnaires, ex-célébrités du Barreau parisien internés dans un camp proche de la capitale [...]. Alignés là devant nous nous les reconnaissons, ce sont les célébrités du Barreau enjuivé d'hier. »

Au même moment, au palais Berlitz, s'ouvrait l'exposition « Le Juif et la France ». Sur une grande affiche étaient reproduits les visages d'avocats juifs réputés avec, en gros plan, le plus célèbre d'entre eux, Henry Torrès. La photo de Pierre Masse figurait sur l'affiche. Le commentaire était à l'unisson de l'exposition : « Les Juifs avaient transformé la noble profession d'avocat en un infâme commerce. »

À Drancy, Pierre Masse affrontait l'épreuve avec un courage tranquille. Il témoignait dans le camp des mêmes vertus que jadis dans les tranchées : courage, sérénité, solidarité avec ses compagnons d'infortune, souci d'aider les plus atteints. L'assistante sociale nommée par la Croix-Rouge à Drancy évoque « son prestige, sa bonne grâce, son autorité et la petite cour qui se pressait autour de lui ». Un détenu dépeint dans sa correspondance « le sénateur Pierre Masse comme la personne la plus marquante du camp ». Et le Bâtonnier Charpentier écrit :

> « [...] Les avocats juifs internés [...] reconnaissaient tous pour leur chef Pierre Masse qui promenait dans ces lieux d'horreur la même assurance tranquille qu'à la barre. »

Le 13 décembre 1941, Pierre Masse fut soudainement transféré de Drancy à l'École militaire avec d'autres personnalités juives. On leur fit croire qu'ils allaient être fusillés à titre de représailles pour des attentats commis à Paris. Dans ces circonstances dramatiques, Pierre Masse écrivit deux lettres, l'une adressée à sa femme, l'autre au Bâtonnier de Paris. Il faut en ce moment solennel, ici, au Palais de Justice, en rappeler les termes :

> « Monsieur le Bâtonnier,
>
> Je suis appelé. Je vais probablement mourir. Je suis venu ici comme avocat. Je mourrai, j'espère dignement, pour ma Patrie, ma Foi et mon Ordre.

Dites à mes confrères que je les remercie des honneurs qui ont accompagné ma vie professionnelle. J'en emporte une juste fierté.
Je vous recommande mon fils.
Je finirai en soldat de la France et du Droit que j'ai toujours été.
Bien vôtre, en toute amitié et en déférent respect.

Pierre Masse. »

Ce témoignage d'un attachement passionné à la profession d'avocat, d'autres confrères parmi lesquels de nombreux Juifs l'ont exprimé aussi aux heures ultimes de leur vie avant d'être fusillés ou déportés. Ces lettres constituent l'hommage le plus précieux qui ait jamais été rendu à la profession d'avocat.

*
* *

À la même période, la procédure d'exclusion des avocats juifs de la profession prévue par le Statut des Juifs se poursuivait au Palais.

Pierre Masse, officier de la Légion d'honneur à titre militaire, échappait à l'exclusion. Mais il ne pouvait laisser sans protestation ces mesures qui violaient pour des motifs racistes le principe fondamental d'égalité entre tous les avocats et qui devaient jeter hors du Barreau de Paris deux cent vingt-deux confrères auxquels on ne pouvait reprocher aucune faute, hormis celle d'être né juif.

Le 27 juillet 1941, quelques semaines avant l'arrestation de Pierre Masse, celui-ci et Eugène Crémieux remirent au Bâtonnier Charpentier une lettre exprimant selon ce dernier « leur douleur de voir introduire au Barreau des distinctions touchant aux droits de la conscience ». La lettre n'a hélas pas été conservée.

Au moins Pierre Masse trouvait une consolation dans la pensée que ces dispositions odieuses étaient imposées par l'occupant. En vérité, ce n'était là qu'illusion. La législation antisémite de Vichy s'appliquait aussi bien dans la zone libre. Aucun Barreau n'a élevé à ce sujet la moindre protestation, ne serait-ce que par une délibération secrète déposée dans les archives.

Aucun conseil de l'Ordre n'a refusé de prêter son concours à la mise en œuvre de cette législation antisémite. À Paris, le conseil de l'Ordre a dressé lui-même la liste des avocats juifs voués à exclusion. Il aurait suffi pourtant que le conseil de l'Ordre renvoyât au parquet général la tâche de dresser cette liste ignominieuse.

*
* *

Pendant que se poursuivaient ces procédures, Pierre Masse continuait à vivre le calvaire des internés juifs. Après Drancy il fut transféré au camp de Compiègne le 13 décembre 1941. Il y retrouva son frère Roger, arrêté à Paris en décembre 1941 lors d'une rafle d'intellectuels juifs. Par faveur, les deux frères furent autorisés à partager le même local. Dans le réduit voisin était interné René Blum, le frère de Léon Blum. Ces deux pièces devinrent dans le camp de Compiègne une oasis morale. Toute une vie intellectuelle s'était organisée là.

Pierre Masse fit plusieurs conférences sur la justice. Il tenait un bureau d'aide juridique où les internés venaient le consulter. Mieux encore : cet homme passionné de justice avait créé avec d'autres avocats une sorte de tribunal pour juger les manquements graves aux règles de vie dans le camp commis par des internés. Un avocat soutenait l'accusation, un autre plaidait. Pierre Masse rendait la décision. Et, par la seule force de son autorité, celle-ci était spontanément exécutée.

Le 19 mars 1942, ordre fut donné de ramener de Compiègne à Drancy cent soixante-dix-huit internés âgés de plus de 55 ans. Le transfert fut réalisé par des gendarmes français. Pour une fois, ses compagnons de misère virent céder ce caractère si ferme. Quand les gendarmes l'enchaînèrent à son frère, Pierre Masse s'écria les larmes aux yeux :

> « Mon frère est colonel d'artillerie, nous avons eu un autre frère tué en 14-18 et maintenant nous sommes enchaînés par des Français. »

À cet instant, les larmes de Pierre Masse rappellent le mot cruel d'un autre avocat juif, Léon Maurice Nordmann, ancien secrétaire de la Conférence, résistant de la première heure, fusillé par les Allemands au mont Valérien, compagnon de la Libération, qui disait à une consœur juive en 1941 :

> « Que veux-tu ? Entre la France et les Juifs, c'est une histoire d'amour qui a mal tourné. »

Pour Pierre Masse, ce fut le fait d'un magistrat français qui scella son destin. Dès son retour à Drancy, ses amis au Palais redoutant son exécution ou sa déportation conçurent un plan extraordinaire pour le mettre à l'abri. Une dénonciation de complaisance d'une infraction financière dont Pierre Masse aurait été l'auteur permit l'ouverture d'une information judiciaire contre lui. Un mandat d'arrêt fut lancé par un juge d'instruction complice. Il permit d'arracher Pierre Masse au camp de Drancy et de le transférer à la Santé. Il fallait faire traîner l'instruction, voire le condamner pour le tenir à l'abri dans une prison jusqu'à la Libération. Mais la mystification ne pouvait réussir qu'avec la complaisance du parquet. Le procureur général Gabolde, collaborateur farouche et antisémite fanatique, qui fut le dernier garde des Sceaux de Vichy, fut avisé de l'entreprise. Il fit prendre aussitôt des réquisitions de non-lieu. Et Pierre Masse regagna Drancy le 16 septembre 1942.

*
* *

Le destin l'y attendait. En cet automne de 1942, les convois de déportation des Juifs se succédaient à une cadence rapide de Drancy à Auschwitz, selon le plan minutieux mis au point par Eichmann.

Le 30 septembre, un transport de quatre-vingt-dix Juifs voués à la déportation provenant de la zone libre et qui devait arriver à Drancy connut du retard. Il fallait pour les nazis compléter le convoi prêt à partir. Pierre Masse fut aussitôt désigné avec quelques autres. Était-ce par mesure de représailles contre un homme qui apparaissait aux nazis comme un guide moral dont on voulait se débarrasser ? Ou bien fut-ce l'effet du hasard et de la précipitation de l'officier responsable du convoi ? De longue date, Pierre Masse s'était préparé au pire. Mais ce qui l'attendait était au-delà de ce qu'il pouvait imaginer.

Le matin du 30 septembre, Pierre Masse monta dans le wagon à bestiaux où s'entassaient jusqu'à l'étouffement ses compagnons de souffrance. Nous connaissons par les archives allemandes la composition du convoi 39 partant de Drancy pour Auschwitz. Le nom de Pierre Masse, avocat, y figure. Cette mention est la dernière trace de Pierre Masse sur cette terre. Lorsque les portes du wagon de déportation se refermèrent, c'en était fini de lui et de ses compagnons. Aucun n'a survécu.

Comme tous les Juifs de ma génération, j'ai souvent pensé à l'arrivée des trains de déportés, au quai d'Auschwitz-Birkenau où s'effectuait la sélection, au milieu des hurlements des SS, des coups de fouet des Kapos, des grondements des chiens dressés pour mordre. Pierre Masse avait 62 ans. Que vaut dans un camp d'extermination un vieil avocat juif, sinon son poids de cendres ?

À ces moments ultimes de sa vie, je suis convaincu que Pierre Masse est demeuré comme tous l'ont décrit dans les camps : calme, résolu, attentif aux autres et soutenant les plus faibles jusqu'au bout. Marchant ainsi parmi ses compagnons de mort vers la chambre à gaz, Pierre Masse incarne l'humanité tout entière face à ses bourreaux.

Discours de *Hazkara*

Mémorial du martyr juif inconnu
8 octobre 1989

Ce n'est pas sans hésitation que j'ai accepté de prendre aujourd'hui la parole devant vous, en cette veille de Kippour où nous rappelons la mémoire de nos morts, et où nous dirons le kaddish en souvenir des millions de Juifs qui ont disparu dans les camps, sans laisser d'autres traces que celles gravées dans notre cœur. Là résidait précisément la raison de mes réticences. Les Juifs de ma génération ont vécu des épreuves si cruelles que leur seule évocation suffit à raviver des blessures que le temps même n'a pas pu effacer. Ceux qui un jour ont été brutalement arrachés à nos vies, nous avons longtemps refusé qu'ils fussent autre chose qu'absents, comme si par la seule force de notre espérance et de nos prières dans ces années terribles, ils allaient revenir, et reprendre leur place au foyer familial. Mais jamais plus la porte ne devait se rouvrir sur leur présence chaleureuse. Ils nous avaient quittés pour toujours, et nous ne le savions pas. Peut-être est-ce cette longue, cette interminable attente d'un retour impossible qui a inscrit en nous cette douleur secrète que nous portons dans les tumultes de la vie, et qui fait que l'évocation de la Shoah est toujours pour nous une souffrance que chacun doit s'appliquer à maîtriser. Ainsi redoutais-je d'avoir à m'exprimer en public, même devant des âmes fraternelles, en une telle circonstance. Il est des peines qui ne doivent être vécues que dans la solitude de nos cœurs.

Mais je savais en même temps que je ne pouvais me dérober à votre invitation. Quel Juif pourrait le faire sans manquer à son devoir, à la mémoire de ceux qu'il a aimés et de tous ceux qui sont morts dans les pires souffrances du corps et de l'âme, seulement parce qu'ils étaient juifs ? La parole du prophète, que je me suis répétée au long de ma vie, me dictait ma réponse :

> « Les fils des persécutés doivent garder mémoire des persécutions subies par leurs pères – et être gardiens de la Justice. »

Justice ? En prononçant ce mot si chargé d'exigence, je ne pense pas en premier lieu à la justice humaine dont j'ai mesuré si souvent les incertitudes et les limites. Qu'on ne s'y trompe pas : si aujourd'hui encore nous voulons que ceux qui ont participé au génocide, que les auteurs et les complices de la Shoah soient jugés, ce n'est point par esprit de vengeance. Après un demi-siècle écoulé, c'est moins le châtiment qui importe que le jugement lui-même. Nous savons bien que ces hommes ne sont plus que des vieillards et que demain, c'est devant Dieu qu'ils répondront de leurs crimes contre les hommes.

Mais précisément parce que ces crimes-là atteignent l'humanité tout entière, en la personne de ces enfants martyrisés, de ces femmes et de ces hommes suppliciés, de ces vieillards assassinés, il est essentiel au respect dû à l'humanité que les bourreaux et leurs complices, partout à travers le monde, ne connaissent jamais la paix. Il importe qu'à travers eux, et au cours de leurs procès, leurs crimes soient rappelés à la conscience des hommes, et d'abord à celle des nouvelles générations. Le regard des enfants d'Izieu, fixé pour l'éternité sur un pauvre cliché et que découvraient des millions d'adolescents, exprimait plus fortement qu'un discours la réalité du génocide. Cette seule vision emplissant les écrans et saisissant les cœurs, même pour un bref moment, justifiait à elle seule le procès Barbie. Car la justice est d'abord mémoire. Mais elle est aussi douleur, et d'abord celle née de l'interrogation. Auschwitz n'a pas cessé d'interpeller la conscience des hommes. Car Auschwitz est d'abord question posée à Dieu Lui-même, angoisse qui ne peut nous quitter. Je me souviens d'avoir découvert dans les archives de Yad Vashem une photographie prise par un SS amateur de clichés rares à l'arrivée d'un train de Juifs hongrois à Birkenau, pendant l'été 1944. Les portes du wagon venaient de s'ouvrir, et le SS avait saisi dans l'encadrement les visages de deux rabbins qui découvraient le camp. Les traits creusés par la souffrance, la fatigue et la faim rendaient plus intense encore leur regard. Et dans les yeux de ces rabbins, l'on découvrait, sans la voir, l'atrocité de ce qu'ils contemplaient. Mais aussi dans ce regard qui reflétait toute la souffrance humaine, je voyais se lever, inexorablement mêlée à la douleur, la question posée à Dieu : pourquoi cela, Seigneur ?

Peut-être connaissez-vous ce texte admirable, écrit en yiddish, daté de Varsovie le 23 avril 1943, et qui commence ainsi :

> « Moi, Yossel, fils de Yossel Rakover de Tarnopol, *hassid* du *rabbi* de Guer, j'écris ces lignes alors que le ghetto de Varsovie est en flammes. »

Il a 43 ans, Yossel, sa femme et ses enfants sont morts. La plupart des défenseurs juifs du bastion gisent à ses côtés. Et les SS vont lancer le dernier assaut. Alors Yossel s'adresse à Dieu et l'interroge, dans cette heure ultime, comme tout Juif a droit de le faire :

> « Tu dis Seigneur que nous avons péché – et c'est vrai – voilà pourquoi nous subissons le châtiment. Et cela, je puis le comprendre. Mais est-il un péché assez grand pour mériter le châtiment qui nous est infligé ? »

Et Yossel ajoute :

> « Je veux te dire clairement et en toute franchise : à présent plus qu'en aucun temps de notre interminable chemin de douleur, nous, les torturés, les profanés, les étranglés, les enterrés vivants et les brûlés vifs, les exterminés par millions, nous avons le droit, Seigneur, de savoir où sont les limites de ta patience. »

Ne croyez pas que Yossel au moment du dernier sacrifice se détourne de Dieu. Il s'écrie au contraire :

> « Je t'adresse toutes ces paroles parce que je crois en toi, parce que je crois en toi plus fort que jamais. Car si tu n'étais pas mon Dieu, le Dieu de qui serais-tu donc ? Celui des assassins. »

Et comme cela ne se peut, Yossel va seulement, comme tout Juif à l'heure suprême, prononcer le *shema Israël.* Nous ignorons si Yossel, fils de Yossel Rakover, a jamais existé ou si c'est un poète inspiré qui lui a prêté sa voix. Peu importe, Yossel a posé les vraies questions, et il a formulé la réponse d'un homme de foi. Mais l'interrogation de Yossel, combien de Juifs dans les cellules, les trains, les camps, ou sur le quai du chemin de fer d'Auschwitz ou de Sobibór, ou de Treblinka, combien l'ont formulée, à l'heure de leurs pires souffrances, à Dieu qui paraissait avoir détourné d'eux sa face ?

Si je rappelle le silence de Dieu au moment le plus cruel du destin du peuple juif, c'est parce qu'il n'a jamais cessé de nous hanter. Car il est vrai hélas que les Juifs sont morts par millions dans un immense silence : celui dans lequel leurs bourreaux agissaient, celui de la nuit et du brouillard, asservis, humiliés et parfois martyrisés par les nazis.

Sans doute ces peuples ont-ils compté des milliers de héros anonymes auxquels les Juifs doivent pour toujours reconnaissance et admiration pour avoir sauvé nombre d'entre eux au péril de leur vie. Je leur rends ici le plus fervent et le plus solennel témoignage. Mais les peuples terrorisés sont demeurés le plus souvent muets devant les persécutions des Juifs. Silence aussi des gouvernements alliés qui savaient depuis l'automne 1942 qu'Auschwitz était à l'œuvre et dont l'action ou la protestation n'a jamais été à la mesure du génocide qui se perpétrait. Silence enfin des plus hautes autorités de l'Église, même si des évêques et de nombreux prêtres, hommes de courage autant que de foi, auxquels demeurent attachées notre affection et notre gratitude, ont risqué leur vie pour protéger des vies juives.

Si je rappelle ce silence des peuples, des gouvernements, de l'Église face au génocide, c'est qu'il n'a jamais cessé de peser sur nos cœurs. À l'heure de la plus grande souffrance, nous fûmes presque seuls et, hormis ces hommes et ces femmes, chrétiens ou athées qui se voulurent individuellement nos frères, presque abandonnés. Le souvenir de cet immense silence de la peur ou de l'indifférence nous angoisse encore. Il est une des causes essentielles de l'engagement intense de tant de Juifs en faveur d'Israël.

De ce silence qui entoura le génocide tandis qu'il s'accomplissait, j'ai souvent pensé qu'il appartenait aux Juifs de tirer aussi un autre enseignement. Le peuple juif n'est pas le seul à avoir connu la souffrance au long des siècles écoulés. Le chemin de l'humanité est une voie douloureuse, où des peuples martyrisés avancent trop souvent dans le mépris et l'hostilité. Et précisément parce que le peuple juif a été tant persécuté et que ses épreuves se sont déroulées trop souvent dans la haine ou l'indifférence, je me prends à penser que, pour nous, l'enseignement du silence d'Auschwitz ne se limite pas à la seule naissance et à l'existence digne et durable de l'État d'Israël. Mais qu'il implique pour tout Juif le devoir de refuser la complicité ou la commodité du silence, quelles qu'en soient les raisons, lorsque, où que ce soit dans le monde, les droits essentiels des hommes, à la vie, à la sûreté, à la dignité sont violés.

Le message d'Auschwitz, au-delà du souvenir de nos morts, me paraît ainsi pour les Juifs impliquer cette obligation morale : être du côté de ceux qui sont persécutés, toujours et partout, ne jamais accepter, même par un silence complice, ces maux que l'humanité charrie en elle comme un poison, et qui s'appellent le racisme et l'injustice quels qu'en soient le visage ou les victimes. Car sinon, quel serait pour les Juifs d'aujourd'hui l'enseignement moral du silence d'Auschwitz ?

C'est au regard de ce silence même qu'il nous faut interpréter ce qui est advenu à propos du Carmel d'Auschwitz. Je voudrais à cet égard marquer que vous parlant ici, en cette période vouée à la retraite et au recueillement, les propos que je tiens ne sont que l'expression de ma réflexion personnelle, et n'engagent que ma conscience. Je n'exerce dans les instances communautaires aucune responsabilité autre que culturelle et n'en ambitionne aucune. Mais puisque j'avais accepté de vous parler avant que la question du Carmel n'atteignît le degré d'intensité passionnelle qu'elle a revêtu, je ne saurais à l'instant où nous sommes tous réunis pour rappeler et honorer la mémoire de nos martyrs me dérober à évoquer cette douloureuse question.

Je voudrais d'abord rappeler l'essentiel. Auschwitz n'a pas vu mourir que des Juifs, tant s'en faut. Mais Auschwitz est devenu pour la mémoire du peuple juif et la conscience universelle le lieu du génocide, le symbole même de la Shoah. Que les historiens ou les experts s'attachent à marquer ce qui advint précisément ici ou là dans Auschwitz, et quels crimes furent commis en tel emplacement plutôt qu'en tel autre, c'est légitime. Mais dans la mémoire collective, il n'y a point de distinction entre le lieu où l'on assassinait les déportés et celui où l'on entreposait le gaz, entre les blocs où l'on mourait et les bâtiments où l'on préparait et gérait la mort.

Toutes les souffrances, toutes les misères, toute la cruauté du monde ont empli cet immense espace, et si les architectes et les ingénieurs de la mort ont distingué, eux, entre Auschwitz et Birkenau, entre le camp dit « de concentration » et celui dit « d'extermination », ils se confondent dans nos cœurs et dans nos âmes blessées. Auschwitz ne connaît pas de matricule, il n'y a pas pour nous d'Auschwitz I et d'Auschwitz II comme sur les plans des nazis. Il n'existe qu'Auschwitz, et il est pour nous, jusqu'à la fin des siècles, le lieu même du martyre du peuple juif.

Non pas que nous revendiquions l'exclusivité de ce martyre. Quelle pitoyable querelle serait celle des chiffres, même s'ils disent une vérité que certains veulent toujours escamoter : sur un million six cent dix mille déportés à Auschwitz, un million quatre cent trente mille étaient juifs. Sur un million quatre cent soixante-dix mille êtres humains qui disparurent à Auschwitz, un million trois cent cinquante mille étaient juifs, les autres tziganes, polonais ou russes. Tous sont morts victimes de la même barbarie. Et tous sont frères dans le martyre.

Mais il n'appartient pas aux hommes de feindre d'ignorer ce qui fut, de faire comme si ce qui est advenu n'avait pas existé. Si Auschwitz symbolise le génocide des Juifs dans la conscience universelle, ce n'est pas l'effet des médias asservis aux Juifs, comme le clamait la propagande de Goebbels et comme à notre stupéfaction indignée nous l'avons entendu dire hier encore. Il est d'autres camps de la mort, d'autres lieux d'extermination construits par les nazis : Sobibór, Treblinka, Maïdanek, ces noms-là résonnent aussi comme une litanie de mort dans le cœur du peuple juif. Mais Auschwitz avait été choisi et aménagé comme le foyer principal de la Shoah. Là, la face de Dieu s'est détournée des hommes. Là, a fonctionné la plus atroce entreprise d'extermination jamais conçue. Là, s'est accompli le massacre de millions d'êtres humains, essentiellement des Juifs, au nom d'une idéologie chargée de haine, de racisme et de mort. Et les Églises, les gouvernements se sont tus, ou ont protesté si faiblement que leurs voix n'ont pas percé les ténèbres et que leur écho même ne nous est pas parvenu.

Aussi, en présence d'un tel martyre de notre peuple, subi à Auschwitz, dans le silence universel, nous ne demandons rien que le silence lui-même, qui doit à tout jamais envelopper ces lieux. Non point que nous refusions les prières pour les morts, pour tous les morts, juifs ou non juifs, puisqu'aussi bien nous-mêmes prions pour eux. Mais la prière monte vers Dieu de tous les points de notre monde. Au lieu de la plus grande douleur humaine, que règne seulement le silence pour que chaque pèlerin, que chaque visiteur d'Auschwitz puisse redescendre au plus profond de lui-même, se recueillir et prier s'il le désire.

Notre demande ne se pose pas en termes juridiques : elle interpelle la conscience humaine dans ce qu'elle a de plus profond : le respect de l'autre, des convictions de l'autre, de la souffrance de l'autre. Nous ne demandons pas qu'une immense étoile de David vienne rappeler à tous que des millions d'êtres humains ont été assassinés à Auschwitz parce qu'ils étaient nés juifs. Nous savons que des centaines de milliers d'autres hommes qui eux n'étaient pas juifs y sont morts, de la main des mêmes bourreaux. Nous ne voulons pas annexer leur malheur, méconnaître que ces hommes assassinés à Auschwitz étaient catholiques, orthodoxes, protestants ou athées. Nous demandons simplement qu'un silence recouvre le camp, qui ne peut heurter quiconque dans sa foi propre, parce que, dans ce silence immense qui est hommage à tous les morts, chacun est à même de trouver dans son cœur les mots qui sont les siens, de prononcer les prières qui sont les siennes, en honorant les morts et en respectant absolument la douleur des vivants.

« Respect » : ce mot est admirable. Il dit l'égard, la déférence, le recul de celui qui se refuse à blesser, le geste où se marque la délicatesse de celui qui reconnaît autrui tel qu'il est. Le respect de l'autre est le contraire de l'esprit de domination. Il est l'essence même de la liberté et de la dignité humaine.

Un demi-siècle après le génocide, est-ce trop réclamer que ce respect-là, que ce silence-là qui ne peut offenser personne ? Et puisque Auschwitz est pour nous le plus vaste et le plus douloureux des cimetières, est-ce trop demander que ce lieu pour nous sacré ne connaisse plus que la paix des morts ? À l'entrée de l'église *dei Saluti* à Venise, je lisais l'autre jour ces mots : « Il faut ici que le silence permette à tous le recueillement spirituel et la prière. » Nous ne voulons rien d'autre.

Cette demande, de hauts dignitaires de l'Église catholique de France, de Belgique et de Pologne l'ont accueillie, montrant par là qu'ils ressentaient notre peine et souhaitaient s'y associer. De cette sympathie, de cette amitié, nous leur savons gré. Mais il se trouve qu'au sein même de l'Église polonaise, d'autres voix, tout aussi importantes, se sont élevées pour dénoncer les accords signés – et leurs propos nous ont blessés parce que nous y percevions comme l'écho d'un passé que nous croyions aboli. On connaît la suite de cette douloureuse affaire. On a beaucoup évoqué le conflit qui opposerait à ce sujet Juifs et chrétiens, et la renaissance d'une hostilité séculaire qu'on croyait enterrée. Je refuse ces généralisations abusives et dangereuses. Il n'y a plus de place pour une telle hostilité en notre temps. Et si conflit il y a eu, il s'est élevé beaucoup moins entre Juifs et chrétiens qu'au sein de l'Église catholique, et plus particulièrement de l'Église polonaise.

Pour nous, en vérité, tout se résume en un principe qu'à dessein je rappellerai en latin : *Pacta sunt servanda.* « Les engagements doivent être respectés. » Il y va de l'honneur de l'Église et de la dignité des signataires de ces accords. Le Vatican l'a rappelé et nous en sommes heureux. Mais nous aurions préféré qu'il le fît publiquement plus tôt! Car il est des plaies qui ne cicatrisent jamais. La blessure qu'Auschwitz a ouverte dans les âmes juives est toujours brûlante. Les cardinaux signataires de l'accord l'avaient compris. Qu'on revienne sur ce pacte ou qu'on se dérobe à l'exécuter serait pour nous un déchirement, pire, une douleur de l'âme. Après le temps du silence, ce serait le retour au temps du mépris. Or il est essentiel que rien ne vienne compromettre ni altérer l'immense effort de rapprochement, de confiance et de respect réciproque qui a marqué depuis la guerre, et notamment grâce au pape Jean XXIII à qui va notre reconnaissance, les relations judéo-chrétiennes.

Aujourd'hui, nous voyons à nouveau à l'œuvre les forces mauvaises qui s'emploient à faire ressurgir les vieux démons, qui ont coûté au peuple juif au long des siècles tant de larmes et de morts – et parfois au nom de l'Église même. À la lumière de ce passé douloureux, nous savons combien est précieuse l'amitié judéo-chrétienne. Rien ne doit venir compromettre cette réconciliation profonde et sincère entre Juifs et chrétiens à laquelle nous aspirons, et qui est conforme à notre désir de fraternité avec l'humanité tout entière. C'est à nos amis catholiques qu'il revient de répondre à notre appel, et de veiller à ce que s'accomplisse la parole donnée par l'Église.

Pour nous Juifs, en ce moment sacré de l'année, où notre pensée se tourne vers nos morts, aucun ressentiment, pas plus qu'aucun renoncement ne sauraient nous animer. Rien ne serait plus contraire à l'inspiration de Kippour que l'esprit de rancune et d'intolérance. C'est donc le cœur plein de foi en l'avenir que je prononce la parole chargée d'espérance : *chana tova*, mes frères et mes amis, que la paix soit avec vous tous.

POSTFACE

AURÉLIEN VEIL

« Robert Badinter, la mémoire et l'avenir »

Pierre Masse et Robert Badinter : le franco-judaïsme hier, aujourd'hui et demain

C'est un livre à la couverture blanche barrée de rouge et noir. Le seul livre que j'aie récupéré de la bibliothèque de mes grands-parents Veil. Son auteur ? Robert Badinter. *Un antisémitisme ordinaire. Vichy et les avocats juifs (1940-1944)** est dédicacé d'un très amical et toutefois désabusé « Pour Simone et Antoine, cette histoire d'un antisémitisme ordinaire qui ne leur apprendra guère » sous lequel s'étend une large signature, un simple prénom gage d'intimité : « En toute amitié, Robert. »

Je tiens à ce livre parce que c'est un morceau d'Histoire. Parce que j'y ai découvert, grâce à Robert Badinter, mémorialiste rigoureux, historien perspicace et conteur enchanteur, une figure dont les engagements, le courage, la vie, le destin m'ont profondément marqué : Pierre Masse, ancien combattant et ancien ministre, Pierre Masse dont les lettres à Philippe Pétain et au Bâtonnier Charpentier, dans les heures noires de 1940-1941,

---

*Fayard, 1997.

démontrent (conformément au serment que nous prêtons comme avocats) la dignité, la conscience, l'indépendance, la probité et l'humanité. Je ne pouvais manquer de voir dans cet homme de justice, républicain fervent, un modèle à suivre, un augure personnel : Pierre Masse, comme Robert Badinter, est à la fois français, juif et avocat. Tous deux incarnent, chacun à sa façon, un franco-judaïsme universaliste dont je tiens à entretenir non seulement la mémoire mais aussi l'avenir.

Entretenir la mémoire. Il appartient désormais à ma génération, celle des petits-enfants de survivants de la Shoah, de conserver le souvenir des six millions de Juifs assassinés par les nazis, dont quatre-vingt mille Juifs de France. Les questions de mémoire sont un sujet récurrent des billets d'humeur hebdomadaires que je présente sur la radio RCJ depuis la rentrée 2023 : une fois passé le choc des attaques terroristes perpétrées en Israël le 7-Octobre, dès que les exigences de l'actualité se sont faites moins pressantes, j'ai tenu à honorer Pierre Masse. L'occasion m'en a été donnée lors du quatre-vingt-deuxième anniversaire de la « rafle des notables » du 12 décembre 1941, lorsqu'après Pierre en août, c'est son frère, Roger Masse (polytechnicien, ingénieur, ancien combattant, colonel dans l'armée française), qui est arrêté avant d'être lui aussi déporté et assassiné*. La présente postface est un hommage réitéré à cette figure exemplaire du franco-judaïsme que ressuscite Robert Badinter dans deux des textes au cœur de cet ouvrage.

---

*Le lien vers ma chronique en hommage à Pierre Masse : https://www.youtube.com/watch?v=4u48fYBivL8

Pierre Masse naît en 1879 dans une de ces vieilles familles de Français juifs au patriotisme irréprochable façonné par la reconnaissance infinie qu'éprouvent les Juifs envers le pays qui leur a donné la citoyenneté dès la fin du XVIIIe siècle*. Après la catastrophe du traité de Francfort de 1871, qui permet à l'Empire allemand d'annexer l'Alsace-Moselle, comme le quart des cinquante mille Juifs de la région, comme la famille du capitaine Alfred Dreyfus, celle de l'historien et résistant Marc Bloch, celle de l'avionneur Marcel Bloch-Dassault, la famille Masse choisit la France.

Plus jeune avocat de France en 1899, docteur en droit en 1906, premier secrétaire de la Conférence en 1907, membre du conseil de l'Ordre des avocats au Barreau de Paris de 1928 à 1934, candidat malheureux au Bâtonnat en 1933 : Pierre Masse est un juriste émérite, un civiliste de renom, un précurseur dans le domaine de la propriété littéraire et artistique. À ce brillant *cursus honorum* professionnel se conjugue une carrière politique qui reflète la volonté de Pierre Masse de s'engager au service des autres : conseiller général de l'Hérault de 1907 à 1941, député de 1914 à 1919, sous-secrétaire d'État à la Guerre, chargé du contentieux et des pensions dans le cabinet de Paul Painlevé en 1917, sénateur de l'Hérault de 1938 à 1941, jusqu'à la promulgation de la scélérate législation du gouvernement Pétain qui interdit aux Juifs l'exercice de mandats politiques. Mobilisable à la déclaration de guerre le 1er août 1914 (il est alors âgé de 34 ans), Pierre Masse décide de rejoindre une unité combattante plutôt que de faire valoir sa qualité de parlementaire qui

*Le décret sur les droits civils et politiques des Juifs adopté le 27 septembre 1791, dernier acte de l'Assemblée constituante avant sa transformation en Assemblée législative le 1er octobre 1791, est un moment fondamental de l'histoire des Juifs en France, que Robert Badinter analyse dans son livre *Libres et égaux… L'émancipation des Juifs. 1789-1791*, publié chez Fayard en 1989.

lui aurait permis de se tenir en retrait des combats. Son courage au feu lui vaut une citation, la croix de guerre 1914-1918 et la Légion d'honneur à titre militaire.

Succès professionnels, engagement politique, patriotisme inébranlable : Pierre Masse est l'archétype de ces Juifs d'État, ces « fous de la République* » élevés dans le culte de 1789, de la laïcité et de la méritocratie, qui assurent, aux côtés de Léon Gambetta, de Georges Clemenceau, de Léon Blum, depuis la chute du Second Empire jusqu'à l'effondrement militaire de 1940, le triomphe de la République.

Malgré ces qualités immenses, le destin de Pierre Masse vient se fracasser sur « l'Histoire avec sa grande hache** ». En mai-juin 1940, en dépit de la vaillance individuelle de ses soldats face à l'ennemi, l'armée française est balayée. Le désastre militaire, causé par l'impéritie du commandement, provoque la chute du régime. Philippe Pétain, le vainqueur de Verdun, seul survivant parmi les maréchaux de la Grande Guerre, appelé au gouvernement en tant que vice-président du Conseil le 18 mai, en devient le président le 16 juin.

Celui qui a largement déterminé, comme vice-président du Conseil supérieur de guerre de 1920 à 1931, la stratégie militaire de la France pendant l'entre-deux-guerres, laquelle s'avère catastrophique en cet été 1940, reporte sur le pouvoir politique la responsabilité de la défaite militaire. Il refuse la capitulation (convention militaire qui aurait permis de poursuivre le combat,

---

*L'expression vient du sociologue Pierre Birnbaum qui leur a consacré une étude attentive : *Les Fous de la République : Histoire politique des Juifs d'État, de Gambetta à Vichy*, Fayard, 1992.

**Georges Perec, *W ou le Souvenir d'enfance*, Denoël, 1975.

notamment dans l'Empire) et propose à l'Allemagne nazie un armistice (une convention politique).

Fuyant ses responsabilités, Philippe Pétain entend profiter du chaos de l'exode pour abattre la République et mener une politique réactionnaire de Révolution nationale. Bien peu d'observateurs l'ont alors compris. Ainsi que le relève Robert Badinter : dans le désastre qui accable la France, comme l'ensemble des Français, Pierre Masse s'accroche à ce symbole vivant d'un passé de gloire et de grandeur. En effet, il connaît personnellement Philippe Pétain. Ils se sont rencontrés en 1917, alors que le premier est sous-secrétaire d'État à la Guerre et le second commandant en chef des armées françaises. À la fin des années 1920, quand son aura militaire faiblit sous l'effet de l'âge (né en 1856, il dépasse nettement les 70 ans), Philippe Pétain envisage un temps de rejoindre le cabinet d'avocats de Pierre Masse. Le projet n'aura pas de suite, mais il explique sans doute que Pierre Masse, quoiqu'il essaie (sans succès) d'arracher à Pierre Laval des garanties en matière de respect des libertés individuelles, vote les pleins pouvoirs le 10 juillet 1940.

Il est facile de constater rétrospectivement les conséquences catastrophiques de ce vote. Les contemporains n'ont pas cette facilité. Pierre Masse n'est d'ailleurs pas le seul parlementaire juif à voter en faveur de la loi constitutionnelle présentée par Pétain, sans se douter que son gouvernement suivra très vite une politique farouchement antisémite.

Inutile de rappeler les détails du Statut des Juifs adopté de son plein gré par le gouvernement Pétain dès le 3 octobre 1940, hors toute pression allemande, durci encore dans la version du 2 juin 1941. Inutile de rappeler les courriers bouleversants que Pierre Masse écrit à Philippe Pétain pour lui confier à la fois son indignation face à pareilles décisions et son respect constant des lois de son pays. Ils sont intégralement cités dans les textes de Robert Badinter.

L'arrestation de Pierre Masse par la police française sur ordre des Allemands le 21 août 1941, le long internement d'un an à la prison de la Santé et aux camps de Drancy et Compiègne-Royallieu, la déportation à Auschwitz par le convoi 39 du 30 septembre 1942* démontrent assez la fausseté du mythe entretenu jusqu'aujourd'hui par les défenseurs du gouvernement de Vichy : non, Pétain n'a jamais protégé les Juifs français. Ni les adultes (même quand il les connaissait personnellement) ni les nombreux enfants français de juifs étrangers (car nés en France) dont ses services se sont au contraire assurés de la déportation à l'instar de leurs parents, afin de ne pas avoir à s'occuper d'orphelins.

Pierre Masse disparaît à Auschwitz en octobre 1942 dans des conditions qui demeurent inconnues. Périt-il lors du transport ? Est-il gazé à l'arrivée ? Il ne fait pas partie du petit contingent qui passe la « sélection » et entre dans le camp, mais son souvenir demeure. Et son héritage est poursuivi : lui aussi Français juif, lui aussi avocat, lui aussi engagé en politique, Robert Badinter illustre la permanence d'une certaine conception de l'homme, de l'avocat et du franco-judaïsme républicain.

Comme Pierre Masse, Robert Badinter est un précurseur qui fait évoluer l'exercice de la profession. Le premier, en matière de propriété littéraire et artistique. Le second, également

*Le convoi 39 est un convoi singulier : il comporte seulement deux cent dix déportés alors que les convois quittant la France en comprennent habituellement mille. Tous sont assassinés à la descente du train, à l'exception de trente-quatre « rescapés » provisoires, le 2 octobre 1942. Il n'y aura aucun survivant en 1945.

spécialiste de cette discipline, en participant à la création du Barreau d'affaires.

Comme Pierre Masse, Robert Badinter est profondément immergé dans la vie intellectuelle et artistique parisienne de son époque : l'un a défendu le dramaturge Henry Bernstein, l'autre la créatrice Coco Chanel. Élisabeth Badinter, l'épouse de Robert, est une philosophe et femme de lettres qui fait autorité sur les questions de féminisme, de maternité et de laïcité. Cette connexion avec le milieu intellectuel sera déterminante au moment de convaincre le Parlement et l'opinion publique d'abolir la peine de mort.

Comme Pierre Masse, Robert Badinter s'engage en politique. Si le premier exerce pendant trente-quatre ans un mandat local de conseiller général de l'Hérault ainsi que plusieurs mandats de parlementaire, le second s'engage dans la vie politique avec l'objectif de faire abolir la peine de mort. Ministre pendant cinq ans, sénateur pendant seize ans : si la carrière politique de Robert Badinter est plus tardive, elle le mène comme Pierre Masse (quoique dans des circonstances éminemment différentes, non marquées par des conflits mondiaux) au gouvernement et au Sénat.

Comme Pierre Masse, Robert Badinter incarne une figure essentielle du franco-judaïsme*, cet ensemble de discours et de croyances fortement teinté de patriotisme qui vise à concilier les valeurs de la République avec les valeurs du judaïsme en soulignant l'adéquation entre les grands principes du judaïsme et les fondements de la République : respect de l'individu, des libertés fondamentales, de la dignité humaine, égalité des citoyens devant

*Le musée d'Art et d'Histoire du judaïsme propose un dossier pédagogique complet intitulé « Qu'est-ce que le franco-judaïsme ? » disponible ici : https://acrobat.adobe.com/id/urn:aaid:sc:EU:ee5427bf-06b1-4866-bea3-7367be9a5b35

la loi, émancipation par l'instruction, confiance dans le progrès, liberté religieuse et respect de la laïcité.

Parmi ces grands principes, la Fraternité, devise de la République, qui implique le refus de la haine.

Robert Badinter, une vie de combat contre l'antisémitisme

Je suis né en 1979. Trop tard pour suivre les procès Bontems ou Henry. Trop tard pour suivre les débats qui divisent le Parlement lorsque le garde des Sceaux récemment nommé bataille pour faire adopter la loi du 9 octobre 1981 sur l'abolition de la peine de mort. Quand émerge ma conscience au milieu des années 1980, Robert Badinter est président du Conseil constitutionnel et une figure morale en matière de justice et de mémoire de la Shoah. Les années 1980 : quarante ans après la fin de la guerre, au moment où la parole des survivants du génocide juif est enfin écoutée, au moment où sont finalement jugés en France les crimes contre l'humanité commis par les nazis, refait surface l'antisémitisme politique qu'alimentent le Front national et les négationnistes, assassins de la mémoire.

Sur tous ces fronts, Robert Badinter s'active. L'exemplarité du combat qu'il mène en faveur de l'abolition de la peine de mort a eu tendance à éclipser ses autres actions, tout aussi essentielles. Aucun juriste n'ignore la loi du 5 juillet 1985 tendant à l'amélioration de la situation des victimes d'accidents de la circulation et à l'accélération des procédures d'indemnisation, communément appelée « loi Badinter ». Cet ouvrage, justement intitulé *Sur l'épreuve de l'antisémitisme*, démontre l'ampleur de l'engagement personnel et constant de Robert Badinter en matière de lutte contre l'antisémitisme.

1987, épisode 1 : les négationnistes. En mars se déroule devant la 17e chambre du tribunal correctionnel de Paris le procès en diffamation intenté par le négationniste Robert Faurisson contre Robert Badinter. Le survivant de la Shoah a qualifié à la télévision de « faussaire de l'Histoire » le professeur de lettres auto-improvisé historien*. À la barre du tribunal, Robert Badinter martèle :

> « Le négationnisme est l'une des pires entreprises de faussaires de l'Histoire. Tout à coup, cela voudrait dire qu'il n'y a plus de morts, qu'il n'y a plus d'assassins, que les Juifs morts sont morts pour rien, morts par hasard. »

Avant de conclure d'une voix ténébreuse et puissante où perce l'émotion d'un homme confronté au mensonge et au Mal :

> « Je terminerai, parce que je tiens à le dire, sur une note plus personnelle encore. M. Faurisson tout à l'heure vous a répété encore : "Oui, oui, cette entreprise, cette escroquerie politico-financière." Alors ça veut dire quoi si on le traduit dans sa vérité humaine comme moi je l'ai vécu ? Ça veut dire que tous ceux qui sont morts, mes parents, et les autres, tous ceux-là sont devenus les instruments conscients utilisés par

*Les théories négationnistes acquièrent de la visibilité dans le débat public à la fin des années 1970 avec la parution quasi simultanée dans le magazine *L'Express* en octobre 1978 d'une interview de Louis Darquier de Pellepoix, ancien commissaire général aux Question juives, et dans le journal *Le Monde* en décembre 1978 d'une tribune de Robert Faurisson. Robert Badinter engage aussitôt le combat : il obtient dès décembre 1980, comme avocat de la Licra, la condamnation de Robert Faurisson pour diffamation raciale.

tous les Juifs ? Pour quoi faire ? Pour arracher des réparations auxquelles ils n'auraient pas eu droit ? Et je reverrai toujours ma mère recevant de misérables indemnités parce qu'il ne restait rien. Alors elle était quoi ? La complice ? La complice d'une escroquerie politico-financière ? C'était ça qu'elle faisait à cet instant-là ? Et ses fils, nous étions quoi ? Les profiteurs, les bénéficiaires de cette escroquerie ? Les mots ont un sens, sauf pour ceux qui les utilisent comme vous [Robert Badinter darde alors son regard vers Faurisson]. Et pour qu'il n'y ait aucune équivoque, que les choses soient claires. Pour moi, jusqu'à la fin de mes jours, tant que j'aurai un souffle, monsieur Faurisson, vous ne serez jamais, vous et vos pareils, que des faussaires de l'Histoire, des faussaires de l'Histoire [*sic*], et de l'Histoire la plus tragique qui soit, dont j'espère que l'humanité tirera, elle, la leçon et gardera le souvenir. »

1987, épisode 2 : les bourreaux de la Shoah passent en jugement. Du 11 mai au 3 juillet 1987 se tient à Lyon devant la cour d'assises du Rhône le procès pour crimes contre l'humanité intenté contre le SS-Hauptsturmführer Klaus Barbie, ancien chef de la Gestapo de Lyon, qui s'est lâchement caché après-guerre en Bolivie. Trois faits sont retenus à son encontre :

– La rafle de l'Union générale des Israélites de France (UGIF*), rue Sainte-Catherine, à Lyon, le 9 février 1943.

– La rafle des quarante-quatre enfants de la Maison d'Izieu et de leurs accompagnateurs, le 6 avril 1944.

*L'UGIF est un organisme créé fin 1941 à l'instigation du gouvernement de Philippe Pétain, après la dissolution forcée de toutes les associations juives existant alors, et auxquelles sont tenus d'adhérer tous les Juifs de France, afin d'assurer la représentation de ceux-ci auprès des pouvoirs publics.

– L'organisation du dernier convoi qui quitte Lyon en direction d'Auschwitz le 11 août 1944.

Parmi les quatre-vingt-quatre Juifs arrêtés rue Sainte-Catherine puis assassinés, les uns à Auschwitz, les autres dans le centre de mise à mort de Sobibór*, figure Simon Badinter, le père de Robert, déporté par le convoi 53 du 25 mars 1943. Sur les mille huit Juifs déportés par ce convoi (dont cent dix-huit enfants), seuls cinq vivent encore en 1945.

Depuis que le Statut des Juifs adopté par le gouvernement de Philippe Pétain les 3 octobre 1940 et 2 juin 1941 l'a dépossédé de son entreprise et donc privé de ses moyens de subsistance, Simon Badinter emploie ses journées comme bénévole à l'UGIF, rue Sainte-Catherine. Le 9 février 1943, inquiet de ne pas le voir revenir, le jeune Robert Badinter (il n'a pas encore 15 ans) part à sa recherche. Sur le palier de l'étage où sont installés les bureaux de l'UGIF, alors qu'un policier en civil l'empoigne, il parvient à se dégager et s'enfuit. Robert Badinter restera marqué par cet instant où sa vie bascule vers la liberté alors que son père disparaît dans le néant de *Pitchipoï***.

Quand le SS Barbie est expulsé de Bolivie vers la France, le 5 février 1983, Robert Badinter, patron de l'administration

---

*« Centres de mise à mort » est l'expression qu'emploie l'historiographie contemporaine pour désigner les « camps d'extermination », ces lieux vers lesquels les nazis, à partir de 1942, transportent les Juifs (hommes, femmes, enfants, vieillards) dans le seul but de les exterminer *systématiquement* et *immédiatement* [c'est moi qui souligne]. C'est dans le caractère industriel et systématique de l'anéantissement des Juifs que résident la singularité de la Shoah et sa dimension irrémissible.

***Pitchipoï*, qui signifie en yiddish littéralement « trou perdu », est employé pendant la guerre par les Juifs de France pour désigner un lieu inconnu, ce « pays de nulle part », là-bas loin à l'Est, vers lequel disparaissent les convois de déportés dont personne ne reçoit jamais de nouvelles.

pénitentiaire en sa qualité de garde des Sceaux, ministre de la Justice, fait interner quelques jours le détenu Barbie dans les cellules de la prison de Montluc, à Lyon, là même où quarante ans plus tôt Barbie torturait les résistants français, dont Jean Moulin (après son arrestation à Caluire en juin 1943) et ma grand-tante Denise Vernay (la sœur de ma grand-mère Simone Veil), résistante du réseau Franc-Tireur, arrêtée en juin 1944.

C'est la seule intervention de Robert Badinter dans le dossier Barbie : celui qui est ministre de la Justice jusqu'en 1986 ne veut pas donner à la défense du « boucher de Lyon » le moindre prétexte pour invoquer une nullité de procédure au titre d'un éventuel défaut d'impartialité, et renonce (en accord avec son frère Claude) à se constituer partie civile au procès de l'assassin de son père.

De telles considérations n'affectent pas Sabine Zlatin, l'ancienne directrice de la Maison d'Izieu, où plusieurs dizaines d'enfants juifs, la plupart orphelins, étaient hébergés dans une maison transformée en colonie de vacances cachée dans un village isolé du Bugey. Le 6 avril 1944, Barbie fait arrêter les quarante-quatre enfants alors présents, âgés de 5 à 16 ans, ainsi que les six adultes qui les encadrent. Il les fait ensuite transférer vers le camp d'internement de Drancy, d'où ils sont envoyés à la mort. Des cinquante Juifs, hommes, femmes et enfants arrêtés à Izieu, seule Léa Feldblum (25 ans) survit à la déportation. Leur histoire est intimement liée à celle de ma famille*. Klaus Barbie est leur assassin.

---

*Trente-quatre des quarante-quatre enfants d'Izieu sont déportés à Auschwitz dès le 13 avril 1944 par le convoi 71, où se trouvent aussi ma grand-mère Simone Veil, sa sœur Milou et sa mère Yvonne. Les deux aînés de la colonie et le directeur, Miron Zlatin, sont déportés vers les pays baltes par le convoi 73 du 15 mai 1944, où se trouvent aussi le père et le frère de Simone Veil.

Au procès de celui-ci (filmé pour l'Histoire en vertu de la loi du 11 juillet 1985 sur les archives audiovisuelles de la Justice adoptée à l'instigation de Robert Badinter), Sabine Zlatin livre un témoignage poignant :

> « Je veux vous dire. Et je vais dire surtout à la défense de Barbie. Barbie a toujours dit qu'il s'occupait uniquement des résistants et des maquisards. Ça veut dire : des ennemis de l'armée allemande. Je demande : les enfants, les quarante-quatre enfants, c'était quoi ? C'étaient des résistants ? C'étaient des maquisards ? Qu'est-ce qu'ils étaient ? C'étaient des innocents*. »

Je ne sais pas si le rapprochement entre la déposition de Robert Badinter au procès en diffamation que lui intente Robert Faurisson, en mars 1987, et le témoignage de Sabine Zlatin au procès Barbie, le 27 mai 1987, a déjà été fait. Quand j'ai consulté les images de ces interventions, au moment de rédiger cette postface, j'ai été frappé par l'emploi, à quelques semaines de distance, par ces deux êtres marqués personnellement par le génocide juif, de la même expression, symbole de l'incompréhension et de la douleur. Robert Badinter :

> « Et je reverrai toujours ma mère recevant de misérables indemnités parce qu'il ne restait rien. ALORS ELLE ÉTAIT QUOI ? »

---

*Sabine Zlatin prononce ce mot en détachant chaque syllabe, « in-no-cents », dans un effet oratoire saisissant.

Sabine Zlatin :

> « Je demande : les enfants, les quarante-quatre enfants, C'ÉTAIT QUOI ? »

Horreur insondable. Deuil inconsolable de vies brisées dont le faussaire Faurisson nie la disparition, à qui le nazi Barbie refuse de rendre hommage en se dissimulant lamentablement, pendant tout son procès, dans un lâche « *Nichts zu sagen* » (« Rien à dire ») quand la cour d'assises l'interroge.

1987, épisode 3 : la réhabilitation de l'antisémitisme politique. Le 13 septembre, invité au « Grand Jury » *RTL-Le Monde*, Jean-Marie Le Pen déclare :

> « Je ne dis pas que les chambres à gaz n'ont pas existé. Je n'ai pas pu moi-même en voir. Je n'ai pas étudié spécialement la question, mais je crois que c'est un point de détail de l'histoire de la Seconde Guerre mondiale. »

À la Libération, la politique de collaboration avec l'Allemagne nazie décidée par le gouvernement Pétain provoque la marginalisation des forces politiques professant publiquement l'antisémitisme. Une marginalisation qui dure jusqu'à la création du Front national en 1972, et même au coup d'éclat des élections municipales de Dreux en 1983, quand une alliance électorale avec le RPR permet l'élection des premiers élus FN. Après une succession de dérapages*, ce 13 septembre 1987, quand Le Pen

---

*Comme le 14 mars 1984, lors d'un meeting à la salle de la Mutualité, lorsque Jean-Marie Le Pen fait huer les noms de personnalités juives. Ainsi, quand il crie

qualifie la Shoah de « détail de l'Histoire », il encourage sa banalisation, le négationnisme et la réhabilitation de l'antisémitisme politique. Banalisation et réhabilitation auxquelles s'emploient aujourd'hui de nouveaux mouvements, à l'autre extrême de l'échiquier politique.

Années 1980, encore. En octobre 1989, alors que perdure honteusement le scandale du Carmel d'Auschwitz*, Robert Badinter prend la parole lors de la *Hazkara*, la cérémonie qui se tient chaque année au Mémorial du martyr juif inconnu (devenu Mémorial de la Shoah), quelques jours avant la fête de Yom Kippour, en mémoire des victimes du génocide juif mortes sans sépulture. Chronologiquement, c'est le premier des quatre textes du présent ouvrage.

Robert Badinter évoque bien sûr l'obligation morale que « les fils des persécutés [gardent] mémoire des persécutions subies par leurs pères – et [soient] gardiens de la Justice ». Le respect dû aux morts commande l'évacuation par les religieuses polonaises du couvent installé sur les lieux mêmes du plus grand cimetière du monde, où reposent des centaines de milliers de Juifs privés de sépulture.

Il évoque aussi le silence de l'Église catholique et celui des nations : dès 1942, même s'ils ignorent peut-être tel ou tel détail, le pape (grâce à la hiérarchie ecclésiastique) comme les

« Badinter ! », la salle hurle « Juif ! ». Quand il crie « Lustiger ! », la salle hurle « À mort les Juifs ! ». Quand il crie « Veil ! », la salle hurle « Au four crématoire ! ».

*En 1984, huit carmélites catholiques installent un couvent dans l'enceinte du centre de mise à mort de Birkenau. La confessionnalisation des lieux de l'extermination des Juifs et des Tziganes provoque une vive émotion dans le monde, mais Jean-Paul II, pape polonais, n'impose pas le retrait immédiat des religieuses qui ne quittent les lieux qu'en 1993.

gouvernements alliés (grâce à leurs réseaux diplomatiques), tous savent que les nazis organisent en Europe centrale et orientale le massacre de masse de populations juives. Pourtant, ils n'ont rien dit. Par faiblesse, pusillanimité ou crainte, sans parler de leurs propres préjugés.

L'exemple français le démontre : quand Mgr Saliège fait lire le 23 août 1942 dans les paroisses de son archevêché sa lettre pastorale empreinte d'humanité, quand Mgr Gerlier publie quelques jours après un courrier protestant formellement contre la déportation des Juifs et les violences à leur égard, le gouvernement Pétain impose aux nazis une pause dans l'organisation des rafles puis renonce à son projet de dénaturalisation collective. L'Église de France proteste à l'été 1942 : des millions de Juifs sont morts déjà, mais des millions de Juifs périront encore dans les mois, les années à venir. Je demeurerai toujours convaincu qu'une parole forte du Vatican, une action résolue des Alliés, auraient tempéré les ardeurs génocidaires des nazis, ralenti (sinon arrêté) le cours des massacres et sauvé des centaines de milliers de vies.

Après avoir rappelé l'obligation faite aux fils d'entretenir la mémoire et évoqué la passivité des puissants face aux massacres de masse qu'ils auraient pu dénoncer, Robert Badinter s'interroge longuement sur le silence de Dieu pendant que des millions d'hommes, de femmes et d'enfants sont anéantis, pour la seule raison de leur naissance, pour la seule raison qu'ils sont juifs, dans des conditions épouvantablement inhumaines.

En lisant les mots de Robert Badinter sur le silence de Dieu et les interrogations de Yossel, fils de Yossel Rakover de Tarnopol, *hassid* du *rabbi* de Guer, m'est venu le souvenir de Claude

Lanzmann psalmodiant, dans le monumental film *Shoah* de 1985, la lettre poignante que Jakub Schulman, rabbin de Grabów, écrit le 19 janvier 1942 à ses amis de Łódź :

> « Mes très chers. [...] Hélas, pour notre grand malheur nous savons déjà tout maintenant. J'ai eu chez moi un témoin oculaire, qui grâce à un hasard fut sauvé. J'ai tout appris de lui. L'endroit où ils sont exterminés s'appelle Chełmno, près de Dąbie, et on les enterre tous dans la forêt voisine de Russów. Les Juifs sont tués de deux manières : par les fusillades ou par les gaz. Depuis quelques jours, on amène des milliers de Juifs de Łódź et on en fait de même avec eux. Ne pensez pas que tout ceci vous soit écrit par un homme frappé de la folie. Hélas, c'est la tragique, l'horrible vérité. Horreur, horreur. Homme, ôte tes vêtements, couvre ta tête de cendres, cours dans les rues et danse pris de folie. Je suis tellement las que la plume ne peut plus écrire. Créateur de l'Univers, viens-nous en aide. »

Claude Lanzmann conclut :

> « Le Créateur de l'Univers n'est pas venu en aide aux Juifs de Grabów. Avec leur rabbin, ils ont tous été tués dans les camions à gaz de Chełmno quelques semaines plus tard. De Grabów à Chełmno, il y a exactement dix-neuf kilomètres. »

Des entrailles de la terre de Pologne, d'Ukraine et de Biélorussie, du ravin de Babi Yar dans la banlieue de Kiev aux plages de Šķēde en Lettonie, du pogrom de Iași en Roumanie au camp d'internement de Drancy près de Paris, des bords du Danube au cœur de Budapest aux Fosses ardéatines en périphérie de Rome, le cri silencieux de six millions de victimes innocentes, dont Pierre Masse et Simon Badinter, hurle à l'humanité qui les a abandonnés. Ni oubli ni pardon.

*
* *

J'évoquais précédemment le franco-judaïsme, cette tradition née de l'Émancipation de 1791, compromise par l'affaire Dreyfus, ébranlée par la politique antisémite du gouvernement Pétain et la collaboration de l'État français dans l'entreprise génocidaire nazie, déstabilisée par la création de l'État d'Israël en 1948 et la question du devenir de la diaspora, affectée lors de la décolonisation par les changements démographiques consécutifs à l'arrivée massive de Juifs séfarades originaires d'Afrique du Nord, dotés de traditions culturelles originales et d'une pratique religieuse plus affirmée.

Le franco-judaïsme, soumis aux défis de la société contemporaine, à l'archipélisation* des personnes et à la communautarisation des identités, est-il encore porteur d'avenir ? Oui, je le crois.

Il s'est construit en même temps que s'affermissait la République. Cette relation temporelle n'est pas le fait du hasard. De même que la République a permis l'épanouissement des Français juifs, ceux-ci ont contribué à renforcer le régime républicain et à modeler certains de ses traits distinctifs : universalisme, méritocratie, service de l'État au bénéfice de la société et du Bien commun. Dans le modèle français, il existe un lien fondamental entre les Juifs et l'État, illustration de « l'alliance royale », cette

*Le concept, développé par le politologue Jérôme Fourquet et le géographe Christophe Guilluy notamment, alerte sur le risque de dislocation de la société française en catégories de population qui cesseraient progressivement de vivre ensemble.

alliance verticale directe passée (selon Yosef Hayim Yerushalmi) entre les Juifs et le souverain de leur pays de résidence*.

Il n'est donc pas étonnant que la remise en cause du franco-judaïsme coïncide avec la multiplication des défis posés à la République et à l'État, contesté « par le haut » par l'extension de l'Union européenne, miné « par le bas » par le développement du régionalisme sous l'effet de la renaissance des identités locales, menacé enfin par l'ordo-libéralisme triomphant. À n'en pas douter, l'affaiblissement de l'État constitue une menace pour les Français juifs, leur épanouissement et leur sécurité. Puissions-nous trouver parmi les jeunes générations des citoyens qui, à l'instar de Pierre Masse et Robert Badinter, à l'instar de Marc Bloch, Georges Mandel, Léon Blum ou Pierre Mendès France, sachent allier leur identité juive et le service de la France, le rétablissement de l'autorité de l'État et le respect des libertés individuelles, les impératifs du développement économique et les exigences de la solidarité sociale.

Les témoignages vivants de ce livre leur serviront de guide.

---

*Yosef Hayim Yerushalmi, *Serviteurs des rois et non serviteurs des serviteurs : sur quelques aspects de l'histoire politique des Juifs*, Éditions Allia, 2011.

NOTE DE L'ÉDITEUR

MARC GRINSZTAJN

« Genèse d'un livre »

Ce livre n'a pas été conçu par Robert Badinter, qui n'a pourtant rien publié qu'il n'ait écrit, lu, relu et contrôlé lui-même. Il n'a donc pas été non plus voulu par l'auteur, puisque, je viens de l'expliquer, la volonté était chez lui indissociable de l'action et que, sans l'avoir jamais rencontré, je suis sûr qu'il aurait renoncé à un ouvrage plutôt que d'en abandonner la responsabilité à autrui, fût-ce à un ami proche, à un tiers de confiance, à l'exception, sans doute, d'Élisabeth, son épouse, avec laquelle il avait écrit une importante et imposante biographie de Condorcet.

Il s'agit pourtant d'un livre de Robert Badinter, sans contestation possible. Pour deux raisons : la première, c'est que les quatre textes qui le composent n'ont pas été retrouvés après sa mort au fond d'un tiroir parisien ou d'une armoire campagnarde. Ils n'ont pas le statut ambigu d'écrits certes rédigés mais dont on ignore le stade, et qu'on finit pourtant par rendre publics si souvent, et si souvent aussi sans trop de précautions et d'explications.

Car il s'agit de quatre conférences et discours que Robert Badinter prononça, à chaque fois, devant un auditoire nombreux, dont il accepta qu'ils soient filmés ou simplement enregistrés et dont il valida la mise en ligne. Ce sont donc des textes totalement achevés, et il n'est que de regarder un brouillon de sa main (puisqu'il n'écrivait qu'à la main) pour comprendre quelle somme de travail, de ratures, de reprises et de suppressions plus ou moins importantes préludait à cette dernière et décisive étape.

Comme ses plaidoiries, qu'il improvisait largement à partir de notes soigneusement établies, ces interventions orales sont en partie le produit d'un canevas, en partie celui de la liberté qu'il s'octroyait, comme le soulignent les spectateurs et les organisateurs que nous avons interrogés, pour rédiger la présentation de chacune d'entre elles. Nous ne sommes donc pas repartis d'une version préliminaire, écrite et parfaitement circonscrite, mais bien des captations qu'il avait autorisées. Selon l'expression consacrée en matière de discours présidentiels, « seul le prononcé fait foi », dans ce cas également. Ces quatre textes, publiés à titre posthume, sont donc tous, et tout entiers, des œuvres anthumes.

Si c'est le cas, c'est aussi que nous avons voulu établir des transcriptions extrêmement fidèles à nos originaux, ces versions orales, mais définitives. Pas question de supprimer ici une hésitation, là une redite, là encore une digression qui se perdrait au bout de quelques phrases. Parce que tel était notre parti pris, mais surtout parce que Robert Badinter nous a privés de ce travail délicat. Sa maîtrise de l'expression orale était tellement perfectionnée (l'art de l'avocat, assurément, mais une telle intervention ne se superpose pas exactement à une plaidoirie, pas plus par les effets recherchés que par les moyens employés) que les nombreuses imperfections qui ponctuent le plus souvent ces formes d'expression orale sont absentes. Établir le texte, c'est, presque du premier coup, aboutir à une version définitive qui peut sembler avoir été écrite. Je ferai une exception pour la première d'entre elles, mais sa forme est si originale que coller au prononcé était le meilleur choix possible*.

Il est une seconde raison. *Sur l'épreuve de l'antisémitisme* n'est pas seulement un livre *de Robert Badinter*, il est aussi, et pleinement, *un livre*. Les quatre textes ici réunis ne sont pas uniquement réunis par leur sujet, ils ne forment pas un simple recueil, encore moins une anthologie, l'une des formes privilégiées par les publications posthumes. Plutôt que de rassembler un grand nombre d'interventions disparates autour d'un même thème, nous avons donné la préférence à quelques-unes, mais étroitement reliées, et même de façon explicite, car partageant une même source (*Un antisémitisme ordinaire*, ouvrage publié en 1997 et consacré à l'exclusion des avocats juifs par le Barreau de Paris pendant l'Occupation), un grand nombre de développements, de références, voire de citations, mais s'offrant en autant de variations, et de variations inédites, puisqu'aucune n'avait jusqu'ici été reproduite dans un livre (et deux seulement dans des revues, dont l'une, confidentielle, en 1989 qui plus est).

À l'origine, je devais ouvrir ce volume par une introduction, compléter chacun des « chapitres » par un texte qui, le plus précisément possible, éclairerait leur naissance, leur contexte,

*À de très rares occasions, et après vérification, nous avons harmonisé certaines citations, notamment les deux exemples mentionnés à la page 127, la phrase de la sœur de Louis XVI, celles des Bâtonniers Héraud et Poignard et celle de Madame. La citation exacte de Madame est la suivante : « L'Assemblée a mis le comble à toutes ses sottises et ses irréligions en donnant aux Juifs le droit d'être admis à tous les emplois. » Il est évident que Robert Badinter connaissait par cœur cette phrase qu'il cite intégralement dans *Libres et égaux*, qu'il a donc délibérément décidé d'en donner une version ramassée dénuée de toute ambiguïté, jusque dans ses points de suspension.

ainsi que leur postérité, et rédiger les rares notes absolument nécessaires à leur compréhension.

Mais, en relisant une grande partie de l'œuvre pour préparer ce travail, je compris assez rapidement que je n'avais d'autre autorité qu'éditoriale. Je n'étais pas un familier de l'auteur, je n'appartenais pas plus à son second cercle, je n'avais pas partagé à ses côtés sa longue bataille contre la peine de mort, ni les grandes heures ou les défaites du Parti socialiste.

Je n'étais par ailleurs ni avocat, ni magistrat, ni historien du droit, des Juifs de France ou de Vichy, et pas plus militant de la Licra, même si, sur la question de l'antisémitisme et du sionisme, j'avais publié avec l'UEJF, l'Union des étudiants juifs de France, quelques ouvrages sur le sujet, dont, en 2002, *Les Antifeujs*, première prise de conscience dûment chiffrée de la montée des actes antisémites dans le pays, qui battait en brèche les données iréniques d'un ministère de l'Intérieur hors sol.

Dans ces conditions, cette présentation magistrale pouvait sembler un exercice narcissique dépourvu de légitimité. En revanche, la publication en fin de volume de ma correspondance avec Robert Badinter, puis avec son épouse, éclairerait, me semblait-il, la genèse du projet, ainsi que l'analyse que j'avais largement développée, là encore comme éditeur, à l'appui de ma requête et des textes que j'avais réunis et transcris. J'y insistais notamment sur la « constellation » évoquée *supra*.

C'est donc ce texte, entre récit, discussion et exercice d'admiration, que l'on découvrira plus bas. Il répond à toutes les questions du lecteur sans se métamorphoser pour autant en une série d'arguments d'autorité grossièrement empilés.

J'avais déposé ma demande à l'adresse de l'intéressé le 22 janvier 2024. Quelques jours plus tard, je reçus un accusé de réception de sa collaboratrice.

« Le lundi 5 février 2024,

Cher Monsieur,

Votre courrier du 22 janvier ainsi que les textes qui l'accompagnent sont bien réceptionnés.
Je les transmets à M. Badinter.
Bien cordialement. »

Quelques jours plus tard, dans la nuit du 8 au 9 février, Robert Badinter disparaissait à l'âge de 95 ans. Voici donc le courrier dont il ne put sans doute prendre connaissance.

« Paris, le 22 janvier 2024,
Monsieur Robert Badinter

Cher Monsieur,

Veuillez me pardonner de faire ainsi effraction dans votre vie, mais je réponds à une sorte d'urgence qui s'est emparée de moi à "l'écoute" de l'une de vos interventions publiques.

Je travaille actuellement, sous la houlette bienveillante de Jean et de Pierre-François Veil, à l'édition d'un texte inédit de leur mère, que j'ai découvert dans les archives de Normale Sup, ainsi qu'à la préparation d'une anthologie des textes d'Antoine Veil, dont les livres sont aujourd'hui largement indisponibles et injustement méconnus.

C'est en travaillant sur la conférence de Simone Veil que j'ai découvert l'une de vos interventions, prononcée rue d'Ulm en mars 2015, après les attentats contre *Charlie* et contre l'Hyper-Cacher de la porte de Vincennes. Cette intervention assez brève s'inscrivait dans le cadre d'un colloque réuni en urgence pour réfléchir aux événements tragiques qui venaient d'avoir lieu.

En dépit de sa relative brièveté, elle m'est apparue comme absolument remarquable, à plusieurs titres.

1) Intitulée "Sur l'épreuve de l'antisémitisme", elle donne à "voir" en effet, après un rapide rappel historique, ce qu'est cette "épreuve", au cœur même de l'existence quotidienne la plus démunie, que vous évoquiez le tampon *Juif* apposé pendant l'Occupation sur votre carte d'alimentation, les gestes à la fois brutaux et routiniers du bourreau toulousain d'une petite fille de 7 ans ou l'assassinat de martyrs juifs indignement désignés comme des "otages".
Je ne sais plus qui a écrit que, lors du procès de Patrick Henry, vous aviez fait soudain surgir par vos paroles, au milieu de la salle d'audience, une guillotine, mais, de la même façon, chacune de ces expériences est miraculeusement incarnée, offerte à la vue, afin que l'effroi suscité, et qui nous glace, appelle l'étape suivante et nécessaire, la réflexion et l'action sans délais.
Vous n'avez pas titré votre conférence "L'épreuve de l'antisémitisme". Il ne s'agit pas d'un ouvrage savamment construit, d'une analyse achevée, d'une réflexion sûre d'elle-même, mais bien d'un "essai", au sens littéral du terme, appuyé sur une série d'événements dont vous restituez la dimension absolument singulière. Et le jeune homme que vous étiez, puis cette enfant

saisie par les cheveux, sa vie fauchée comme celles, ensuite, des victimes du magasin juif, nous accompagnent à jamais.
C'est un effet impressionnant, le produit d'une rhétorique à la fois savante et palpitante. Vous maîtrisez souverainement cette *tekhnè*, mais elle n'est pas chez vous un artifice démagogique, une arme sentimentale. Ce que vous nous enseignez, c'est qu'il existe des images, ce qu'on appelait autrefois des "hypotyposes", dont la fin n'est ni l'effusion ni les larmes intarissables mais le combat. Pas juste des images, mais des images justes, pour inverser les termes de la célèbre expression d'un grand cinéaste franco-suisse.

2) Votre intervention s'inscrit évidemment dans le sillage tout proche des événements de janvier 2015, mais s'écrit également en amont, ou plutôt dessous, comme sur un palimpseste, une chaîne interrompue de saccages, de massacres et de fureurs antisémites, figées dans les mêmes expressions et les mêmes gestes à jamais répétés. Cette perspective historique, cette intelligence rétroactive, à vous écouter *aujourd'hui*, en janvier 2024, prend une dimension supplémentaire, qui coupe le souffle. Car le geste des *Einsatzgruppen*, reproduit selon vous dans un quasi-automatisme par l'assassin de Toulouse, est aussi, pour nous, *hic et nunc*, celui des pogromistes du 7-Octobre. Et voilà que vos descriptions et votre analyse, au plus près des événements, réussissent le prodige de superposer trois ou quatre époques, comme si les tueurs, de la Shoah par balles à l'attaque du Hamas, en passant par les attentats de 2012, de 2015, ceux aussi de 2023, étaient gouvernés par les mêmes réflexes, répétaient les mêmes *patterns*, reproduisaient, un crayon à la main, les croquis des massacres précédents, épousant leurs sombres traits ancestraux.

Vous l'aurez compris, je suis enthousiaste. Mais votre conférence est brève. Il se trouve que je connais assez bien votre œuvre et que j'ai pensé à un ensemble comportant deux textes complémentaires, extrêmement proches, et par les sujets abordés, et par les protagonistes, par leurs actions, par leurs propos, mais aussi par votre méthode, ce stylo toujours fiché profondément, non dans la plaie, mais dans la chair de l'expérience : l'un sur "Le Barreau parisien et les avocats juifs, 1940-1944", l'autre tout entier consacré à l'un des plus éminents d'entre eux, Pierre Masse : "Mort d'un Israélite français".

C'est d'ailleurs vous-même qui semblez nous inviter à les rassembler. Ces trois textes sont riches des mêmes citations, parfois anecdotiques, comme les bretelles de Khrouchtchev, mais souvent plus fondamentales, ainsi des "folies" dénoncées par Madame, de "l'antisémitisme à la française" de Vallat ou de son apostrophe à Léon Blum à la Chambre. Ainsi du statut "aux petits oignons", de la "question juive" posée au Barreau de Paris, d'un dangereux "transport au cerveau" ou de la Une de *Paris-Soir* sur "ces Juifs millionnaires". On retrouve également un grand nombre de protagonistes récurrents, pas les plus connus du grand public, Alibert, Baudouin, Barthélémy, Ingrand, Charpentier, Pierre Masse, Lucien Vidal-Naquet, Henri Blaustin ou "l'Israélite français", des événements (le palais Berlitz en 41, les attentats communistes et les premières rafles, etc.). Et des analyses très proches, mais que vous développez plus ou moins et sous des angles différents.

À tel point qu'ils semblent quasiment des textes gigognes, nés les uns des autres, riches de renvois réciproques. Ne précisez-vous pas à l'ENS que "vous avez eu à cœur d'étudier en détail, dans les archives, ce qu'avait été pendant l'Occupation, à la cour d'appel de Paris, le comportement de l'Ordre à l'égard des avocats juifs". Ce qui appelle le deuxième texte, où le récit de "l'amicale" visite de Charpentier à Pierre Masse, interné à Drancy, le temps supplémentaire qu'il lui concède appelle le portrait plus complet que vous dressez de cet homme exceptionnel, de cet avocat "hors classe", mais aussi bercé d'illusions, dans le dernier de ces trois textes.

Textes gigognes aussi, parce que, je l'ai dit, vous plongez à nouveau au plus profond de l'expérience juive du malheur et de la déréliction. Pleurs des avocats informés à la sauvette, à Drancy déjà et par un Charpentier pressé, de leur radiation. Violences des gendarmes à l'égard de plusieurs d'entre eux, racontées par les victimes. Masse et son frère qu'on enchaîne ! Ou cette invitation à se représenter la vie quotidienne d'un avocat juif interdit d'exercer. Sans oublier, puisé au plus douloureux de votre expérience familiale, cette phrase couperet d'un magistrat satisfait : "N'intéresse pas le tribunal." Cette autre blessure infligée par l'intarissable Bâtonnier Charpentier, dont vous dissimulez derrière une ironie constante et subtile le mépris qu'il vous inspire sans doute. Une blessure infligée par une phrase inouïe, au regard surtout de sa date (1949) et qui décrit comment les avocats juifs d'origine orientale apportaient (et apportent toujours sans aucun doute à ses yeux) « les procédés de leur bazar » à la résolution de leurs affaires. Ou la patiente mise au point du *numerus clausus*, ces discussions d'apothicaires sur les 2 % tolérés et sur les exceptions, les allers-retours entre le conseil de l'Ordre, le Conseil d'État, la cour d'appel, la Chancellerie et le commissariat aux Questions juives, sans oublier les mensonges et le zèle du Bâtonnier.
De façon très inhabituelle, cette capacité à présentifier prend souvent chez vous la forme d'une question. C'est

par une interrogation, et ce dans les trois textes, que vous nous obligez à nous représenter une scène, un événement. Vos questions, souvent répétées, induisent quasiment des expériences de pensée. Et nul besoin de lunettes 3D pour une expérience immersive. Remarquables donc, à cet égard, vos formules interrogatives. Je paraphrase : “Que devient un tel avocat ? Comment survit-il alors que la plupart des professions lui sont fermées ? Que lui reste-t-il en dehors du marché noir ?” Je ne suis pas près d’oublier cette question, et les images fantomatiques qu’elle fait surgir. Ou bien encore : “Essayez d’imaginer ce que représente pour un enfant de 7 ans l’obligation de porter l’étoile jaune.” Ou encore, j’en ai déjà parlé : “Pourquoi apposer la mention *Juif* sur nos cartes d’alimentation ?” Sans oublier celle, bouleversante, qui devrait quasiment clore le livre, si vous faisiez vôtre ce projet : “Que pèse un vieil avocat juif dans un camp d’extermination, sinon son poids de cendres ?”

Au fil de mes explorations dans vos recherches, j’avais, par chance, découvert avec un grand intérêt que vous aviez donné, dix-huit ans après la publication de votre somme sur le sujet, et un 23 février, jour anniversaire de la radiation des avocats juifs, une conférence tout aussi exceptionnelle que celle de l’ENS aux côtés du Bâtonnier Charrière-Bournazel. Loin d’être un simple résumé de votre livre, vous apportiez à cette intervention devant le Palais littéraire et musical un certain nombre de notations ou d’anecdotes originales et plus tardives, qui n’en font pas un simple décalque abrégé de votre ouvrage.
J’avais lu également, il y a quelques années, dans *Le Débat*, le texte d’un formidable éloge consacré à Pierre Masse, à l’origine une intervention orale, comme les deux autres.

L'idée de réunir ces trois textes s'est donc imposée immédiatement à moi, sous le titre de la conférence prononcée rue d'Ulm : "Sur l'épreuve de l'antisémitisme".
J'ai essayé de montrer pourquoi il s'imposait selon moi.

Un dernier point : vos textes, le premier surtout, entretiennent une douloureuse persistance rétinienne. Se répète aujourd'hui à travers le monde le cri de "Mort aux Juifs", dont la résurgence vous stupéfiait déjà dans votre conférence à Normale Sup. Si le slogan "Du fleuve à la mer" l'a parfois supplanté sous une forme en apparence moins brutale, le 7-Octobre lui a redonné une amplitude majeure. C'est cette concordance des temps que vous pointez et que je soulignais plus haut. Pourtant, ce que racontent aussi ces trois textes, c'est une histoire faite d'obstination, de ténacité, de vaillance et de volonté de survivre, puis de recommencer, chevillée à l'âme et au corps. Je viens de terminer le grand livre de Danny Trom paru chez Gallimard, *Persévérance du fait juif, une théorie politique de la survie.*
In fine, vos trois textes sont aussi l'histoire de cette persévérance.

Quelques détails techniques enfin : parce que je pensais que vous n'aviez sans doute plus en mémoire, ou précisément, votre conférence à l'ENS et celle du Palais littéraire et musical, je me suis permis de les transcrire afin que vous puissiez en prendre connaissance rapidement. Lire un texte est moins chronophage que de regarder une vidéo. J'ai procédé à deux retranscriptions très fidèles, supprimant quelques répétitions, éliminant de rares incises, harmonisant, parfois, les temps, etc. Un travail essentiellement cosmétique. La seule correction substantielle que je me suis permise porte sur le Statut des Juifs et sur la phrase

d'Alibert. Dans le texte de l'ENS, vous évoquez l'expression "un statut aux pommes". Dans celui sur la radiation, "un statut aux oignons". J'ai retenu les oignons (en réalité : "aux petits oignons", qui semble la citation exacte). J'ai également harmonisé la date de publication du livre du Bâtonnier Charpentier (1947 à l'ENS, 1949 au Palais). J'ai retenu cette dernière année.
Presque rien, puissiez-vous ne pas m'en tenir rigueur...

Voilà. Tout ceci est évidemment bien trop développé, mais j'espère que vous irez au bout et que vous considérerez cette longue supplique comme l'expression de mon immense admiration.
J'espère également que vous voudrez bien m'accorder un rendez-vous consacré à ce projet toujours intense.

Veuillez agréer, cher Monsieur, l'expression de mes sentiments très respectueux.

Marc Grinsztajn

Les trois textes sont évidemment joints à ce courrier. »

La directrice générale de la maison d'édition pour laquelle je travaillais alors à ce livre m'expliqua dès le 9 février qu'il revenait désormais à Élisabeth Badinter d'accorder son *imprimatur* à tout projet inédit. Elle ne doutait pas que cette dernière préférerait avancer, en cas d'accord, avec ses éditeurs de prédilection. Parmi ces éditeurs figurait une jeune femme dont elle était une amie très proche. C'est pourquoi, ne souhaitant pas entrer en concurrence avec cette dernière, elle m'informa qu'elle renonçait mais qu'elle transmettait mon dossier à cette amie qualifiée.

Évidemment, celle-ci ne manquerait pas de prendre contact avec moi très vite.

Après des mois sans nouvelles, ne doutant pas de l'importance de ces textes de Robert Badinter, j'abandonnais ma première hypothèse, celle d'une forme de désinvolture, d'un goût immodéré pour le temps long, et de la certitude que rien n'était vraiment urgent, pour une seconde, qui m'était moins favorable mais qui me semblait cependant préférable. J'étais certain que le livre était en cours, qu'il ne tarderait guère à être annoncé. Bien sûr, j'avais été oublié entre-temps, mais seule sa publication m'importait. J'attendis donc avec une impatience croissante de découvrir un jour, sur une table de librairie, l'ensemble tant espéré. Pendant cet intervalle, *Sur l'épreuve de l'antisémitisme* n'avait pas quitté ma table, rangé dans une chemise rouge posée en évidence. Et je ne cessais pas de revenir à ces pages pour moi essentielles.

Je laissai passer le premier anniversaire de la mort de Robert Badinter. Quelques semaines plus tard, je décidai de tenter à nouveau l'aventure. Après tout, si un tel ouvrage était en préparation, je l'apprendrais d'Élisabeth Badinter. Je souhaitais vraiment en avoir le cœur net. Je déposais donc à nouveau mon dossier à l'adresse de Robert et d'Élisabeth Badinter, mais cette fois à l'attention de cette dernière. Aux trois textes s'était simplement ajouté le principe d'une postface, confiée à Aurélien Veil, que j'avais entendu expliquer à la radio comment, grâce au livre de Robert Badinter, il avait découvert la figure de Pierre Masse, devenue pour lui majeure.

Une semaine plus tard, Élisabeth Badinter me recevait dans son bureau pour me donner son accord, soulignant que c'était la première fois depuis février 2024 qu'elle autorisait une publication inédite. Elle évoqua également une quatrième allocution, qu'elle avait écoutée au Mémorial. Elle n'en conservait que des souvenirs imprécis, mais se souvenait qu'il était très proche de ceux que j'avais réunis. Je pensai immédiatement au discours de *Hazkara* 1989, une intervention magnifique, qui délaissait cependant l'épreuve de l'antisémitisme pour se concentrer sur l'horreur de la mise à mort. Je le lui envoyai cependant.

Il m'avait d'abord semblé qu'ajouter ce texte aux trois autres nuirait à la cohérence du livre. C'était oublier les ponts que Robert Badinter s'ingéniait à construire entre chaque partie de son œuvre, et ce texte n'échappait pas à la règle. Ou plus exactement celui qui devait le précéder. En relisant son hommage à Pierre Masse, qui devait conclure le premier ensemble, je découvris combien Élisabeth Badinter avait raison. Et que quelques passages en particulier rendaient cet ajout nécessaire. Je lui adressai alors un nouveau message afin de motiver aussi précisément que possible mon revirement et de la remercier pour sa clairvoyance. On y trouvera bien sûr les réflexions auxquelles je viens de faire référence.

« Chère Élisabeth Badinter,

J'étais sur le point de vous écrire lorsque j'ai reçu votre message.
Je pense en effet avoir répondu trop vite à votre suggestion d'intégrer ce texte au recueil dont nous avons parlé.
Il ne s'agit évidemment pas d'étoffer cet ensemble pour des raisons de pagination, ou de l'agrémenter d'un supplément possible, mais sans véritable légitimité.

Il ne s'agit pas non plus de remédier à un sentiment de frustration, celui, inévitable, ressenti à la lecture d'une intervention si remarquable mais par trop périphérique.
Car, si les trois conférences rassemblées sont organiquement associées, j'ai méconnu les liens qui, non seulement, préparent le terrain à ce dernier texte, mais le rendent nécessaire.
Le plus évident, tiré de la conclusion de l'article sur Pierre Masse, c'est cette phrase qu'il est impossible de lire sans vaciller : "Que pèse un vieil avocat juif dans un camp d'extermination, sinon son poids de cendres ?"

J'ai parlé à plusieurs reprises de textes gigognes. Difficile d'appeler plus fortement à un développement sur la Shoah. De même, à l'ENS, la superposition des assassinats de Toulouse et des massacres perpétrés par les *Einsatzgruppen* dans les territoires conquis sur l'URSS.
Et que cette conférence de *Hazkara* privilégie la philosophie sur l'histoire, la réflexion générique sur l'étude de cas et sur les destins singuliers n'en limite pas la portée, bien au contraire : à Auschwitz, il n'y a plus de victimes que génériques. Pas question de reconstituer la seule mort de Pierre Masse, la survie de tel ou tel avocat, il n'est d'analyse qu'universelle puisque chacun est voué à cette alchimie maléfique, sa transmutation "en poids de cendres".

N'y aurait-il que ces deux passages que j'aurais manqué de lucidité. Mais il est encore d'autres échos, qui soulignent l'importance de cette conférence, prononcée à l'automne 1989.
Quelques mois plus tôt, l'année du bicentenaire de la Révolution s'est ouverte pour Robert Badinter par la publication d'un livre que j'admire tout particulièrement : *Libres et égaux*. Dans l'introduction, l'auteur insiste sur un point à

ses yeux fondamentaux : ne jugeons pas les défenseurs de l'Émancipation avec les yeux des Juifs post-Shoah prompts à dénoncer une volonté d'effacer l'identité juive. Difficile de ne pas voir dans sa *Hazkara*, quelques mois plus tard, comme un dialogue avec lui-même, une volonté d'enfoncer le clou, de marquer que Clermont-Tonnerre n'est pas Hitler et que l'antisémitisme racial des nazis n'est pas soluble dans l'antijudaïsme traditionnel.

Les deux textes se lisent vraiment en regard. Dans le premier cas, il s'agit de démontrer que l'Émancipation ne portait pas les germes de l'Extermination. En revanche, intégrer cette conférence sur la Shoah à un recueil consacré pour l'essentiel à cet "antisémitisme ordinaire" qui frappe les avocats juifs, c'est rappeler que Pétain n'était pas Horthy. Que si l'antisémitisme forcené du régent hongrois s'arrêtait aux déportations, tel n'était pas le cas pour le maréchal, le Statut des Juifs, le *numerus clausus*, la relégation, tout ce que décrit cliniquement Robert Badinter au fil des trois premiers textes, tout ceci préludant à une inexorable conclusion.

Plus encore : l'extermination est l'horizon de ces mesures et ce ne sont pas cent cinquante ans qui séparent l'exclusion de Pierre Masse, qu'on vient lui signifier à Drancy, de son assassinat, ces cent cinquante ans qui s'étagent entre l'émancipation et la liquidation. Mais un an seulement, d'août 41 à octobre 42.

Deux éléments supplémentaires : l'introduction de *Libres et égaux* qualifie la Shoah d'"épreuve". Il ne s'agit certes pas de la même "épreuve" que celle qu'affrontent les avocats juifs, mais cette identité lexicale justifie plus fortement encore l'insertion de ce quatrième texte, sous réserve bien sûr d'expliciter cette différence dans la présentation.

Second argument : en 1997, lorsqu'il publie *Un antisémitisme ordinaire*, Robert Badinter raconte comment ce projet est né d'une rencontre, la rencontre avec un monument aux morts biface et avec une liste d'avocats déportés ou disparus, juifs pour la plupart. De cette énigme naîtra le livre et, une dizaine d'années plus tard, les trois premiers textes de notre recueil. En 1989, c'était déjà un avocat, Jacques Godard, qui lançait l'écriture de *Libres et égaux*. Mais, à "Me Godard", Robert Badinter n'a pas, à ma connaissance, consacré une biographie, ni même un long article. À la figure de cet avocat "gentil" défenseur inlassable des Juifs parisiens se sont substitué les portraits des avocats juifs accablés par Vichy, dans une proximité de plus en plus grande avec l'auteur, autobiographe…
J'ajoute que le livre de 1989 est une référence obstinée des textes sur les avocats, puisque Robert Badinter y cite à plusieurs reprises la phrase de Madame sur les "folies" de l'Assemblée nationale. Intégrer le texte prononcé au Mémorial permet là aussi d'expliciter cette référence.

Voici, chère Élisabeth Badinter, les arguments qui plaident selon moi pour ce sommaire élargi.
J'espère que, pour être tardifs, ils ne vous sembleront pas trop confus.
Cordialement.

Marc Grinsztajn »

Je reçus aussitôt son approbation.

NOTES DE CONTEXTE

Ce livre ne comporte aucune note « savante », aucune explication érudite. Uniquement ces notes dites « de contexte », où nous avons essayé d'éclairer Robert Badinter par Robert Badinter lui-même.

Deux explications à cela. La première, c'est que la plupart des développements qu'on pourrait juger nécessaires figurent dans Un antisémitisme ordinaire. *Nous étions donc condamnés à la paraphrase ou au plagiat. La seconde est plus décisive encore : en publiant « Mort d'un Israélite français » dans la revue* Le Débat, *Robert Badinter a choisi d'en donner une version sans notes. Il était évidemment inconcevable d'en ajouter, ou de juxtaposer cet « Hommage à Pierre Masse » et des écrits annotés, de la seule main de l'éditeur qui plus est. Il nous semble avoir ainsi respecté le parti pris radical de Robert Badinter sans gêner en rien la lecture, puisque les rares informations qui pourraient manquer se dévoilent au fil de l'ouvrage.*

Sauf mention contraire, les notes de bas de page sont rédigées par les auteurs des textes concernés.

« Sur l'épreuve de l'antisémitisme »

[L'intervention de Robert Badinter commençait de façon brusque, en un enchaînement soudain avec celle de son prédécesseur, Marc B. de Launay. Nous avons coupé ces quelques lignes au début du texte et nous les restituons ici : « Je vais partir de là où vous êtes arrivés. Juste une observation. Après, je ferai retour au temps présent. Attention, [...]. »]

Après les attentats de janvier 2015, un normalien de 21 ans, Emmanuel Levine, a l'idée d'organiser sans tarder, rue d'Ulm, une importante semaine de réflexion sur le terrorisme. Il rassemble un petit groupe de six élèves et parvient sans grands moyens à construire un programme très riche dont les interventions, qui rassemblent enseignants et élèves, se tiendront du 7 au 14 mars. Presque deux mois jour pour jour après le premier attentat, qui a décimé la rédaction de *Charlie Hebdo*.

> « Je me disais qu'il fallait absolument faire quelque chose à l'ENS après les attentats. Contre le terrorisme, nous avions un devoir en tant que normaliens : répondre par l'établissement des faits et la clarification des concepts. Mais je cherchais aussi à créer un événement qui mobiliserait toute l'École... au risque de recevoir simplement une attention polie*. »

---

*Les citations d'Emmanuel Levine, de Marc Crépon et d'Éliette Abécassis sont le fruit de discussions avec l'auteur, à l'exception de l'extrait d'*Alyah*.

Le jeune philosophe poursuit également un autre but. Il lui semble que ce que l'on a très vite décrit, ou fait mine de décrire, comme une prise d'otages aveugle, est en réalité, sans hésitation possible, un acte antisémite, visant un magasin juif parce que juif, Amedy Coulibaly, le complice des frères Kouachi, s'en prenant à ses clients et à son personnel pour la même raison. Cette dimension antisémite aurait, selon lui, été trop rapidement occultée. L'attaque perpétrée contre l'Hyper-Cacher n'est pas moins fortuite pour la grande majorité des observateurs que les fusillades qui frapperont plusieurs terrasses de café quelques mois plus tard. Certes, les terroristes ont repéré leurs cibles, mais leur choix n'obéirait qu'à des impératifs techniques.

> « La première réaction avait été de décréter un deuil national. Le terrorisme s'attaquait à la nation, à la liberté, et l'Hyper-Cacher était intégré à cette matrice. La dimension antisémite de cet événement et de l'idéologie antisémite des frères Kouachi était un point aveugle. C'était d'ailleurs une perception assez partagée au sein des communautés et des institutions juives, qui avaient le sentiment d'une indignation sélective. »

Face à ce qu'il considère comme un déni majeur, il forme le projet d'intégrer à cette semaine sur « l'après janvier 2015 » une demi-journée consacrée plus spécifiquement à l'antisémitisme. Et il convie Robert Badinter à y participer.

> « J'avais lu *Un antisémitisme ordinaire*, son livre sur la façon dont Vichy, avec la complicité des instances ordinales, avait mis au ban les avocats juifs à Paris. Si Badinter m'apparaissait comme une figure morale, comme le grand homme de l'abolition, il me semblait jusque-là assez éloigné du sujet. Une tribune dans *Le Monde*, parue un mois après les attentats, le 12 février, m'a complètement fait changer d'avis. Je me souviens de ma surprise et de mon émotion à la lecture de son "Ne tolérons plus l'antisémitisme, soixante-douze ans après l'Occupation*". J'ai alors

*Cette tribune est reproduite en annexe.

> pensé qu'il semblait prêt à parler de ce sujet de façon différente, notamment en intégrant des considérations plus personnelles et ses propres souvenirs de la période. C'est pourquoi j'ai sollicité sa participation. »

C'est à la collaboratrice de l'invité qu'il explique son projet. Elle sera sa seule interlocutrice jusqu'à la date de son intervention. Mais, en entendant Robert Badinter, Emmanuel Levine ne tardera pas à comprendre que le message est parfaitement passé, tant l'Hyper-Cacher et la critique acérée de cet aveuglement sont au cœur des propos de l'orateur.

> « Je suis resté sans nouvelles de sa part assez longtemps. À tel point que, dans l'avant-programme, nous avions remplacé sa prise de parole par la présentation d'une doctorante qui portait sur les liens entre philosémitisme et antisémitisme dans l'après-guerre. Lorsque sa présence a été confirmée, nous avons dû déplacer en urgence cet exposé et lui trouver une place dans une autre session. »

La séance est présentée comme une table ronde et les quatre intervenants, dont trois philosophes, s'installent sur la scène du théâtre de l'ENS, dans de profonds fauteuils rouges qui semblent assez inconfortables à la vue de la seule photographie de la rencontre que nous ayons retrouvée. L'entrelacs dialogique qui caractérise en principe une table ronde, comme la distribution de la parole par un modérateur, s'efface en réalité derrière une série d'interventions dont la forme et la succession ne sont guère différentes des autres moments. C'est à Marc Crépon, directeur du département de philosophie de l'ENS, que revient d'arbitrer les échanges, mais son rôle, jusqu'aux questions du moins, sera plus celui d'un animateur que d'un modérateur, se limitant pour l'essentiel à introduire les orateurs.

Emmanuel Levine a voulu reconstituer la généalogie de l'antisémitisme contemporain.

> « On commençait par l'antisémitisme historique et l'on finissait par un diagnostic posé sur le moment présent, même si je ne connaissais pas non plus le contenu exact du texte de Dan Arbib. Et, entre les deux, Robert Badinter. »

Marc B. de Launay, chercheur aux Archives Husserl et traducteur, ouvre donc la demi-journée par une allocution intitulée « Avant l'antisémitisme : pathologie européenne congénitale ou passion historique ». C'est ensuite au tour de Robert Badinter, suivi de Dan Arbib, philosophe de 32 ans, qui a quitté l'ENS et qui y reviendra l'année suivante comme caïman, c'est-à-dire comme agrégé-répétiteur chargé de préparer les agrégatifs au concours. Son sujet : « Quelques réflexions sur l'antisémitisme actuel et ses réponses. »

Si Marc B. de Launay et Dan Arbib ont titré leurs textes, ce n'est pas le cas de Robert Badinter, qui s'attendait sans doute à une authentique table ronde. Ce que la nature de son propos semble confirmer. Après Marc B. de Launay, il prend d'ailleurs la parole en enchaînant sans attendre, *in medias res*, puisqu'il prolonge à l'évidence la conclusion de son prédécesseur en commençant par reparcourir à son tour, assez rapidement, l'histoire de l'antisémitisme, de l'antijudaïsme religieux à l'antisémitisme racial.

Dans les archives audiovisuelles de l'École normale supérieure ne subsiste curieusement qu'une seule des trois interventions, celle de Robert Badinter, et le titre de la demi-journée est désormais présenté comme celui de son exposé*. Certes, la plupart des autres prises de parole de la semaine ont subi un sort identique, mais cette disparition d'un ensemble unifié, obéissant à une totale unité de lieu, de temps et d'action, est plus étonnante. Quelques témoins n'hésitent pas à l'expliquer par la volonté polémique de Dan Arbib. Pour eux, ce dernier se serait montré volontiers critique à l'égard de l'ancien garde des Sceaux, dont il aurait pointé la longue cécité et le discours abstrait, loin des

*Je l'ignorais lorsque j'ai écrit à Robert Badinter en janvier 2024.

préoccupations quotidiennes menaçant les Juifs de France, comme la sécurisation des synagogues et des écoles juives.

Emmanuel Levine hésite quant à lui à parler d'une intervention mouvementée, tout au plus concède-t-il des divergences et une liste de désaccords :

> « Il est possible que Robert Badinter ait manifesté un léger agacement, rien de plus. Il répondait aux critiques de son contradicteur, particulièrement véhément tant le sujet lui tenait à cœur, mais il n'y a pas eu de discussion houleuse entre les deux hommes. Je me souviens que Robert Badinter s'est exprimé devant une salle nombreuse, très attentive et totalement silencieuse à son écoute, que l'exposé de Dan s'est conclu par les habituelles questions, adressées aux différents participants, et que chacun y a répondu assez paisiblement. Ces questions s'adressaient essentiellement à Robert Badinter et lui étaient très favorables. La plupart des auditeurs étaient d'ailleurs venus pour lui et beaucoup sont intervenus pour le remercier. Un mot encore sur Dan Arbib. Lorsqu'il est revenu à l'École, j'ai suivi ses cours pendant deux ans. J'ai appris à découvrir sa manière de faire de la philosophie et d'envisager la vie intellectuelle. Il lui arrivait de se montrer vif, notamment à l'égard de glorieux aînés, mais c'était une manière pour lui de leur témoigner son admiration. Cette admiration nourrissait toujours ses critiques. »

Il poursuit en soulignant un paradoxe :

> « Selon Dan, son interlocuteur ne prenait pas la mesure de l'expérience juive contemporaine en France, notamment celle des pratiquants. Pourtant, ce jour-là, Robert Badinter nous a délivré un discours magistralement incarné, auquel, je l'avoue, je ne m'attendais pas. Il avait sur lui des petites fiches, mais il a totalement improvisé. J'ai évoqué les éléments autobiographiques de sa tribune, mais de là à penser qu'ils prendraient ici une telle dimension. La part éminemment personnelle de son propos, cette expérience partagée et mise en résonance avec le présent, avait produit un

grand effet. Certains voulaient pousser le parallèle : voilà comment vous avez agi pendant la guerre. Que faut-il faire maintenant ? »

Si les propos de Dan Arbib ont disparu des archives de la rue d'Ulm, ils réapparaissent très vite, en partie du moins, deux mois plus tard. À la mi-mai 2015, la romancière Éliette Abécassis, elle-même agrégée de philosophie, publie un nouveau livre. Dans cette œuvre de fiction, *Alyah* (sous-titrée *La Tentation du départ*), elle met en scène une jeune Juive sépharade, Esther Vidal, qui, au milieu du livre, assiste à cette table ronde. Avec le sentiment que s'était joué là un moment essentiel, Éliette Abécassis a intégré une nouvelle scène, constituée par un double verbatim : celui de l'exposé du jeune homme, qu'elle fait précéder, conformément à la chronologie, par celui de Robert Badinter. À la lecture de ce texte, on ne peut qu'être frappé par sa fidélité à l'enregistrement disponible, même si cet exercice tient aussi du résumé.

> « Je me rends à une conférence dans le cadre d'une semaine entière consacrée à "s'exprimer contre la terreur" à l'École normale supérieure. Dans l'enceinte de l'école, se trouve la cour où les élèves travaillent ou discutent paisiblement autour d'un bassin, dans une scène qui évoque les années vingt, sur ces photos où l'on y voit Sartre et Aron.
> Dans l'amphithéâtre de l'école, un débat a lieu avec Robert Badinter et un jeune professeur de philosophie :
> — J'avais 12 ans quand j'ai vu débarquer les Allemands, dit l'ancien garde des Sceaux, et 16 à la fin de la guerre. J'étais un adulte plus vieux que les adultes.
> Il évoque la vie quotidienne sous l'Occupation, les cartes d'alimentation qui devaient porter la mention *Juif*, ce qui rendait périlleux le fait même d'aller faire ses courses. Puis il parle du long silence après la guerre, la blessure profonde. Et soudain :
> — Ayant vécu ce que j'ai vécu, je n'en suis pas revenu. Je n'aurais jamais cru que des gens crieraient "Mort aux Juifs" dans les rues de Paris. Je n'aurais jamais pensé qu'on tuerait à nouveau des Juifs parce qu'ils étaient juifs. L'assassin qui a poursuivi la

petite fille à Toulouse, cela reproduit exactement le geste des *Einsatzgruppen* dans le ghetto. C'est le vrai visage de l'antisémitisme. L'antisionisme, ajoute-t-il, cela n'existe pas. C'est la forme nouvelle qu'a pris l'antisémitisme, puisque toutes les caractéristiques en sont les mêmes. Israël est un tout petit État. Les Israéliens étaient une poignée face aux autres dizaines de millions d'hommes. Or le mythe d'Israël tout-puissant tout comme celui de l'argent juif international sont les thèmes de l'antisémitisme traditionnel.

» Tout comme *Les Protocoles des sages de Sion* fabriqués par les services secrets du tsar pour justifier les pogroms puis largement utilisés par les nazis, et que l'on retrouve en vente aujourd'hui, partout, dans un retour du complotisme. Une conjuration internationale existe : le mythe d'Israël puissant et dominateur, du peuple dangereux et assassin, qu'il faut éliminer en tant que tel, fait le lit de l'antisémitisme et d'un nouveau type de meurtre rituel.

— Comment faire, répond Dan Arbib, le professeur de philosophie, lorsque les Juifs de France sont pris entre deux feux, celui de l'antisémitisme classique d'extrême droite, et l'antisémitisme nouveau, lorsque les deux se rejoignent ? Pourquoi a-t-on mis autant de temps à entendre ce qui était dit ? Que se passe-t-il de malsain lorsque les Français se passionnent pour le conflit israélo-palestinien, alors que d'autres guerres devraient retenir également leur attention ?

» Lors du 11 janvier, je suis descendu et je suis remonté les larmes aux yeux vingt minutes plus tard. La minute de silence a été organisée le jeudi qui a suivi *Charlie Hebdo*. Pourquoi n'a-t-on pas demandé que soit respectée une minute de silence le lundi dans les écoles pour Clarissa, Jean-Philippe et les quatre victimes de l'Hyper-Casher ? Si l'on avait demandé aux enfants de se lever dans les écoles pendant une minute pour des Juifs morts, cela aurait posé des problèmes.

» Les dessinateurs de *Charlie Hebdo* étaient des héros. Ils étaient d'un courage exemplaire. Ceux qui sont allés faire leurs courses le vendredi matin n'étaient pas des héros. Si vous êtes menacé parce que vous faites vos courses, c'est que votre vie quotidienne devient héroïque. Est-ce qu'il faut être un héros pour vivre une

> vie juive en France? Est-ce qu'il faut être un héros pour mettre ses enfants à l'école juive?
> Puis il explique pourquoi il n'est pas question pour lui de faire son *alyah* :
> — Car on ne peut fonder son départ sur une fuite. L'*alyah* doit rester un projet, un idéal, elle ne peut être motivée par la peur ou l'effroi.
> Un étudiant pose une question : il se demande si la politique de droite d'Israël n'a pas fait flamber l'antisémitisme. Et si les écoles juives ne favorisent pas le communautarisme.
> La gauche bien-pensante est toujours prête à accuser les victimes d'être responsables de leur situation*. »

Comme Emmanuel Levine, Éliette Abécassis a le sentiment, en écoutant Robert Badinter, de vivre une rupture historique :

> « Je voulais suivre la demi-journée, pas écouter uniquement l'exposé de Robert Badinter. Mais j'ai eu l'impression d'un changement radical. Il a prononcé un discours incarné, sur un ton passionné, très personnel, très subjectif, en sortant complètement de sa réserve, saisi tout à coup par une angoisse existentielle. J'ai reconnu comme le réveil, le sursaut, d'un grand Juif républicain, qui embrassait le destin des communautés françaises. C'est pourquoi j'ai tenu à le citer dans *Alyah.* »

À la fin 2024, Éliette Abécassis a repris le chemin de l'ENS pour suivre un nouveau programme consacré à l'antisémitisme. Plus exactement, « un cycle d'études interdisciplinaires sur le judaïsme et l'antisémitisme » qui propose une série de rencontres : « À l'épreuve du judaïsme – Des lectures et des livres ». Étrange déplacement que cette métamorphose d'atmosphère : « L'épreuve de l'antisémitisme » a aujourd'hui cédé la place à une nouvelle épreuve, inattendue. Sans

*Ce texte est reproduit avec l'autorisation d'Éliette Abécassis.

doute tous les participants à ces rencontres se récrieraient-ils : « Vous vous méprenez sur le sens de cette expression. » Son étrangeté pose cependant question.

Le cycle s'ouvre par un hommage à Simone Veil, une autre éminente figure du judaïsme républicain, dont on publie alors une conférence prononcée, elle aussi, à l'École normale supérieure, en 2005 : « Pour les générations futures ». Lui rendent hommage Frédéric Worms, le directeur de l'École, Dan Arbib et Perrine Simon-Nahum. Les rencontres qui suivent sont assez peu multidisciplinaires et très philosophiques. Dans la cour, des campements hostiles à Israël. Frédéric Worms explique à Éliette Abécassis qu'il ne s'agit pas de normaliens, mais de militants venus de l'extérieur :

> « Voilà une semaine qu'on est assiégés. Les chasser serait leur donner de l'écho. »

À l'aune de ce village de toile, la semaine organisée en 2015 pourrait sembler aujourd'hui une utopie. Une semaine de discussions pacifiées par un accord sur l'essentiel et le primat de l'argumentation, ce qui n'interdit certes pas les échanges acerbes. Mais ni sit-in, ni tentes antisionistes installées dans l'enceinte. Il n'en fut rien. Car de graves tensions, internes celles-là, menaçaient la demi-journée sur l'antisémitisme. Des tensions anciennes.

Rappelons qu'en janvier 2011 déjà, la direction de l'ENS avait annulé une conférence sur le boycott des produits israéliens. Parmi les invités vedettes, Stéphane Hessel, auréolé de l'incroyable succès de son petit ouvrage *Indignez-vous !*, sorti trois mois plus tôt.

Quelques jours plus tard, Palestine ENS sollicitait la réservation d'une salle. Composé d'enseignants et d'élèves, ce collectif, relayant l'*Israeli Apartheid Week*, voulait inviter plusieurs personnalités à débattre. Nouveau refus de la directrice, la philosophe Monique Canto-Sperber, et feuilleton judiciaire. Finalement, le Conseil d'État donnera raison à la direction de l'École.

Depuis, si les passions s'étaient faites plus discrètes, elles restaient vives. En 2015, à l'approche de la semaine fatidique, une rumeur enfle à l'ENS. À cette occasion, ce serait en fait une réunion islamophobe qui se préparerait sous couverture, en faisant l'amalgame entre islam et islamisme.

Emmanuel Levine se souvient surtout que l'inquiétude venait du fait de consacrer une demi-journée à l'antisémitisme sans rien dire de la haine anti-musulmans. C'était l'époque du « pas d'amalgame » (avec l'islamisme) et de la hausse des actes islamophobes. Quelques anciens élèves, qui préfèrent rester anonymes, se souviennent très bien de cette redoutable mise en cause, qui aurait voué la semaine entière à la « bordélisation », selon le mot de l'un d'entre eux, voire à une annulation de précaution. À la lecture du programme reproduit en annexe de ce livre, on peut constater qu'a été montée en parallèle une demi-journée sur l'islamophobie. Vedette de ce moment « obligé », François Burgat, directeur de recherches au CNRS et ancien directeur de l'Institut français du Proche-Orient (IFPO). Ce spécialiste des mouvements islamistes suscite déjà, et depuis longtemps, bien des controverses en raison de ses positions favorables au Hamas et aux Frères musulmans. À ses côtés interviennent le journaliste et essayiste Thomas Deltombe, le sociologue et philosophe Raphaël Liogier et Elsa Ray, porte-parole du Collectif contre l'islamophobie en France (CCIF), aujourd'hui dissout.

Il n'est évidemment pas question ici de contester le principe de cette demi-journée, mais de relater comment la séance consacrée à l'antisémitisme aurait suscité alors sa contre-programmation. Sur le premier point, nous laisserons Robert Badinter conclure cette partie sans aucune ambiguïté :

> « L'amalgame ici est un autre piège, tendu par le terrorisme, et nous ne devons certainement pas y céder. Je rappelle toujours, ce qui est le fruit des études des think tanks sur le terrorisme, que 80 % des

victimes du terrorisme dans le monde sont des musulmans. Je tenais à le marquer, parce que l'amalgame ici serait criminel*. »

*
* *

Robert Badinter a accepté de participer à cette table ronde sur l'antisémitisme, mais nul doute qu'il aurait contribué avec le même brio au programme de la semaine. Si ses premières interventions pour l'ENS ont porté sur la peine de mort (mars 2002), sur les crimes contre l'humanité (décembre 2005) et sur Beccaria (décembre 2014), autant de sujets qui semblent « obligés » (ce qui n'est pas le cas de l'antisémitisme), le terrorisme est un problème qui le passionne et qu'il a abordé à maintes reprises, notamment, et très longuement, dans *Les Épines et les Roses*, l'ouvrage où il relate en 2012 ses années place Vendôme. Il y consacre notamment deux sous-parties successives du chapitre « 1982 », intitulées simplement « Terrorisme » et « Terrorisme et politique internationale ». Après une tentative de classification des différentes formes de terrorisme auxquelles fut confrontée la France au cours des années précédentes (terrorisme séparatiste, terrorisme anarchisant), il y souligne son dégoût profond de cette forme de violence et rappelle l'avoir condamnée après l'assassinat d'Aldo Moro :

> « J'avais publié dans *Le Nouvel Observateur* un article où je flétrissais le recours au terrorisme sanglant dans une démocratie. Enlever quelqu'un, le torturer psychologiquement pour lui arracher des "aveux", prétendre juger ce malheureux et l'abattre enfin : cette odieuse parodie de justice, avec pour conclusion la mort, m'apparaissait comme une perversion de la lutte politique dégénérant en crime. »

Si l'auteur se concentre d'abord sur un terrorisme national, ce qu'il décrit ensuite comme « la grande tempête du terrorisme du printemps

---

*Lire, en annexe, le discours à l'Unesco du 6 décembre 2016.

et de l'été 1982 » déporte son attention vers une forme exogène, perpétrée par des groupes étrangers, « beaucoup plus dangereux encore par leur détermination et leur formation, originaires pour la plupart du Proche et du Moyen-Orient : Syriens, Palestiniens, Libanais, Irakiens, Iraniens ». Cette tempête, Robert Badinter devra l'affronter dès le début d'une année terrible.

À Paris, le 18 janvier, Charles R. Ray, l'attaché militaire de l'ambassade américaine, est abattu à Paris, puis c'est au tour de Yaacov Barsimantov, deuxième secrétaire de l'ambassade israélienne. En mars, une bombe dans un train reliant la capitale à Toulouse fait cinq morts. Deux jours plus tard, la Mission d'achat israélienne est mitraillée. Puis c'est une voiture piégée qui explose rue Marbeuf, devant le siège d'*Al Watan al Arabi* : une nouvelle victime, qui passait à cet instant. Les mitraillages s'enchaînent, visant des cibles américaines et israéliennes. En juillet, ce sont les militants arméniens de l'Asala qui déposent des bombes dans deux cafés du Quartier latin. Et les attentats ne connaissent aucun répit. En août, deux policiers français, puis trois membres de l'ambassade israélienne trouvent la mort dans les explosions de deux véhicules diplomatiques. « En six mois, de mars à septembre, le terrorisme proche-oriental avait fait en France trente morts et cent soixante-dix-huit blessés. »

Pour Robert Badinter, ces attentats, qui visent des cibles que leurs commanditaires qualifient de « sionistes », c'est-à-dire américaines et israéliennes, sont « liés au conflit du Proche-Orient ». Mais un autre attentat a ébranlé ces certitudes. Le 9 août, un commando surgit dans le restaurant Jo Goldenberg à l'heure du déjeuner. Il lance une grenade et mitraille clients et passants. Le bilan est très lourd : six morts et vingt-deux blessés. Cette fois-ci, les victimes ne sont plus de ces « sionistes » expatriés, c'est la première fois dans cette série macabre qu'on s'en prend à des Juifs français et il pense aussitôt à… des terroristes islamistes, comme si c'était à 1982 que remontait vraiment cette renaissance d'un antisémitisme meurtrier décrit dans son intervention à l'ENS, pas à 2015, pas à 2012, pas même à la seconde

Intifada, au confluent de deux siècles, mais bien vingt ans plus tôt, rue des Rosiers, dans un quartier si cher au judaïsme national et sans aucun doute à son cœur de fils d'immigrés bessarabiens, qui s'y installèrent nombreux avant la guerre.

> « Je connaissais les Goldenberg. Il m'arrivait d'emmener ma mère dîner dans leur restaurant, non loin de l'école des Hospitalières Saint-Gervais où elle avait appris le français au début du siècle. »

Pour l'ancien ministre de la Justice, le terrorisme ne se réduit pas seulement aux menaces et aux sanglantes scènes de crime qu'il a dû affronter, si souvent et de si près, pendant son mandat. Le terroriste est aussi l'un des personnages préférés des casuistes favorables à la peine capitale. Comme le criminel contre l'humanité. On se souvient que, pour conclure l'une de ses émissions, Bernard Pivot demanda un jour à Robert Badinter, avec son habituelle bonhomie et sa naïveté surjouée, si, pour Hitler, quand même, il n'aurait pas infléchi sa position radicale. L'avocat afficha ce jour-là la même intransigeance que celle dont il témoignait depuis l'exécution de Clairvaux. Mais, aux côtés de Hitler, le terroriste de masse a toujours figuré en bonne place dans l'argumentaire de ces partisans de l'exception. À situation extraordinaire, réponse exceptionnelle. Robert Badinter s'est exprimé à maintes reprises à ce sujet, devançant même le casting de ses adversaires. Deux mois après le 11-Septembre, dans une tribune du *Monde**, et puisque Ben Laden incarne aux yeux du monde le terroriste hyperbolique, comme Hitler l'indépassable génocidaire, il décide d'affronter de son propre chef la question de son châtiment et de battre les casuistes sur leur propre terrain, en empruntant sans trembler ce qu'ils pensent être leur arme fatale :

> « [...] Il est bien improbable que Ben Laden tombe vivant entre les mains de ses ennemis. Lui-même aurait fait son choix : plutôt finir

*28 novembre 2001.

comme Hitler dans son bunker que prisonnier de ses ennemis. Mais aussi ténue soit-elle, la chance de voir Ben Laden capturé vivant existe et l'arrestation de certains de ses complices est vraisemblable. La question de leur jugement se pose donc avec acuité. Et la réponse revêt une portée morale et juridique considérable. [...]
À cet égard, le président George W. Bush et son gouvernement paraissent avoir pris leur décision. Le président Bush a signé, le 15 novembre, en sa qualité de commandant en chef des armées, une décision autorisant le jugement par des tribunaux militaires spéciaux des auteurs présumés des attentats terroristes du 11-Septembre et de leurs complices. [...]
Les terroristes d'Al-Qaida, et d'abord leur chef, sont des criminels, auteurs d'attentats d'une ampleur meurtrière sans précédent. Perpétrés par une organisation dans le dessein de répandre la terreur dans les populations civiles, ces actes atroces constituent des crimes contre l'humanité, selon la définition qu'en donne le traité de Rome de 1998 créant la Cour pénale internationale. Ils constituent aussi, par leur nature, des crimes de droit commun : meurtres innombrables, détournements d'avion, incendies volontaires causant la mort d'autrui.
Les auteurs de ces crimes relèvent de la justice américaine, parce que leurs actes ont été commis aux États-Unis et que les victimes sont en majorité des ressortissants américains. Et les juridictions civiles américaines sont naturellement compétentes pour juger ces criminels.
Alors, pourquoi cette volonté d'éviter que Ben Laden et ses complices soient traduits devant elles ? Le gouvernement américain invoque la nécessité d'une prompte justice. Mais il s'agit de rendre une bonne justice, non de procéder, comme dans un western, à un simulacre de jugement suivi d'une exécution immédiate. Veut-on interdire un procès public, de crainte de voir l'audience se transformer en une tribune pour la propagande des islamistes ? Ils disposent de bien d'autres relais pour faire entendre leur voix et celle de leurs partisans. Serait-ce parce que le gouvernement américain redouterait de ne pas disposer de preuves établissant la culpabilité des accusés ? Mais que serait une justice qui condamnerait sans preuves

suffisantes un accusé, et l'exécuterait ensuite, sinon la négation de l'État de droit dont les États-Unis se proclament les zélateurs ?
En faisant juger à huis clos des terroristes accusés par un tribunal militaire d'exception, sans les garanties légales requises, les États-Unis altéreraient la portée morale de leur victoire sur Ben Laden et ses complices. Puisque le président Bush et ses proches se réfèrent à l'action du président Roosevelt, qu'ils méditent sur son attitude à l'encontre des chefs nazis. Leurs crimes étaient sans commune mesure avec ceux imputés aux terroristes d'Al-Qaida. Ils avaient semé la destruction et la mort dans l'Europe entière. Leurs victimes se comptaient par millions.
Au plus fort de la guerre, Staline avait souhaité que, aussitôt appréhendés, les chefs nazis fussent exécutés sur place. Franklin Roosevelt, inspiré par le grand juriste américain Jackson, voulut, avec l'assentiment de Churchill, que les responsables des crimes nazis fussent traduits en justice. Plus d'un demi-siècle après le procès de Nuremberg, tous les hommes de liberté se réjouissent que les pires ennemis de l'humanité aient été jugés selon les principes du droit. Puissent les États-Unis auxquels la liberté doit tant se souvenir que le bénéfice moral d'une victoire peut disparaître si le vainqueur cède à la tentation d'une vengeance brutale, camouflée sous une parodie de justice. »

Encore n'était-il question dans ce texte que de la nécessité de juger Ben Laden, sans que soient évoquées la nature de la sanction et la peine de mort. On sait ce qu'il est advenu de Ben Laden. À maintes reprises, Robert Badinter s'est montré tout aussi radical à cet égard que face à la question de Bernard Pivot. En septembre 1978, interrogé par Jean-Louis Servan-Schreiber dans l'émission « Questionnaire », il livrait à ce sujet une analyse approfondie*. Il s'appuyait certes sur l'exemple de la Fraction Armée Rouge, mais son argumentation, qui se voulait absolue, anticipait donc tous les attentats à venir, dont ceux commis en 2001 sur le sol américain et commandités par le chef d'Al-Qaida.

---

* Cet entretien est reproduit dans *Contre la peine de mort*, LGF, 2008.

« […] dans le cas des terroristes, penser qu'ils vont reculer devant la mort est une absurdité. Je crois qu'en général les hommes ne sont pas arrêtés par la mort, sinon il y a longtemps qu'il n'y aurait plus de guerres et il n'y aurait plus non plus de chauffards sur les routes. Mais, dans le cas des terroristes, il y a une espèce d'engagement mortel et, quand ils se lancent dans une de leurs entreprises – par exemple une prise d'otages aériens –, ils savent qu'à un instant ou un autre de cette entreprise ils vont ou ils peuvent rencontrer la mort. Et ça ne les arrête pas, il y a au contraire une espèce de fascination de la mort qui joue dans le cas du terrorisme. Donc, se dire que c'est par peur de la mort qu'ils vont s'arrêter, c'est un leurre.
Alors, on pense purement et simplement à la liquidation physique de l'adversaire, à l'élimination. Je répondrai en disant que ce qu'il y a de tout à fait remarquable en ce qui concerne le terrorisme, c'est que, si vous exécutez le terroriste, à cet instant-là vous le changez presque de nature; à la limite, je dirais que vous le transfigurez, que vous en faites d'un seul coup, par une espèce de rédemption due au châtiment, pour certains, un homme qui est allé jusqu'au bout de sa destinée. J'ai été très frappé de constater, l'année dernière, lorsque Baader est mort – beaucoup ont dit qu'il avait été exécuté –, à quel point on a, parmi certains, oublié le criminel terrible qu'avait été Baader et les crimes sanglants qu'il avait commis. D'un seul coup, il est devenu une espèce de symbole de celui qui, par une véritable passion révolutionnaire, est allé jusqu'au bout de sa cause. C'est un délire, mais j'en ai noté les conséquences sur certains. Il y a une transfiguration, on dirait que la mort le grandit et que la mort transforme celui qui avait été un criminel et, à mon sens, un criminel porté par une sorte de délire paranoïaque : il est transformé d'un seul coup en héros révolutionnaire.
Alors, loin d'arrêter par l'exemplarité, vous transformez par la mort, et vous suscitez des vocations. Vous avez, à ce moment-là, des martyrs. Et je reviens aux considérations internationales : c'est pour ça que les pays qui sont le plus directement menacés par le terrorisme ne rétablissent pas la peine de mort. Je prends, par exemple, le cas de l'État d'Israël qui, entre tous, est le plus

directement menacé : si vous interrogez ses dirigeants, ils diront tous : “Non, en aucun cas, parce que, si nous exécutons, une fois que nous avons pris – il est resté, par exemple, blessé au moment de l’action – un terroriste, et que nous le pendons, nous susciterons des vocations plus nombreuses encore chez d’autres, chez certains jeunes gens. Et, par conséquent, nous aurons surmultiplié le risque du terrorisme, loin de lutter contre.” »

*
* *

Impossible de ne pas remarquer que, à la toute fin de son intervention, alors que la salle est remplie de personnalités et de professeurs de l’ENS, c’est vers les élèves que se tourne Robert Badinter, et c’est à eux qu’il pose une question décisive.

Il n’a cessé d’expliquer, on l’oublie trop souvent, combien sa première et véritable vocation n’était pas le métier d’avocat, embrassé au fond par hasard, parce qu’il lui fallait bien gagner sa vie, mais l’université et l’enseignement. Avocat à la cour d’appel de Paris depuis 1951, il commence sa vie de professeur comme chargé de travaux pratiques à la faculté de droit de Paris, de 1954 à 1958. Puis, en 1966, il est nommé professeur agrégé à la faculté de droit de Dijon. Ce sera le véritable commencement d’un exceptionnel *cursus honorum*, en parallèle de ses autres et si prenantes responsabilités.

Souvent, et jusqu’à ses ultimes interventions, il rendra hommage à ses étudiants. Ainsi, en octobre 2023, lors de la rentrée solennelle de la faculté de droit de Toulouse, quand, interrogé par son doyen, il raconte une difficile mise à la retraite :

« [Il évoque d’abord sa] constante affection pour l’université. J’ai passé l’agrégation, je crois, en 1965 ou quelque chose comme ça, de droit privé bien sûr, et je n’ai jamais cessé d’enseigner jusqu’à ce que, un beau matin, la secrétaire du doyen de Paris 1 me téléphone : “Vous allez avoir 65 ans, il faut me dire quand vous partez.

— Pas le jour et l'heure de mon anniversaire."
J'ai appelé le doyen, un vieil ami :
"Dis donc, qu'est-ce que c'est que ça ?
— Mais il faut partir."

Au même moment, les universités américaines me proposaient des dotations substantielles pour que j'aille enseigner aux États-Unis. Je n'ai pas voulu, voilà. Et c'est ainsi, je le dis maintenant à nos étudiants, à vos étudiants, que de toutes les passions que j'ai eues dans la vie, celle qui m'a apporté le plus de satisfaction intellectuellement, c'est la fonction d'enseignant. Rien n'égale un public d'étudiants*. »

Il faut lire également l'hommage que l'université Paris 1 – Panthéon-Sorbonne, dont il fut un pilier, lui rendit juste après sa disparition** :

« Merci, professeur Robert Badinter.
De chez lui, il n'avait qu'à traverser le jardin du Luxembourg pour rejoindre notre université – son université – en face du Panthéon. La Sorbonne d'abord, où il a suivi des études de sociologie au sortir de la Seconde Guerre mondiale, puis la faculté de droit à partir de 1949, où il a soutenu son doctorat en droit privé en 1952. L'université Paris 1 – Panthéon-Sorbonne, celle où il est revenu en 1974 comme professeur des universités, et où il a continué d'enseigner lorsqu'il était garde des Sceaux (1981-1986), président du Conseil constitutionnel (1986-1995) et sénateur (1995-2008); celle où il a marqué de sa participation des dizaines de colloques. »

*La vidéo est disponible ici : https://fr.linkedin.com/posts/st%C3%A9phanie-fontaine_lors-de-la-rentr%C3%A9e-solennelle-de-la-facult%C3%A9-activity-7162001048545517568-mPCD?utm_source=li_share&utm_content=feedcontent&utm_medium=g_mb_web&utm_campaign=copy

**Université Paris 1 Panthéon Sorbonne, « Hommage à Robert Badinter (1928-2024) », 9 février 2024, disponible ici : https://share.google/8K8Efl2p089E1BjDq

Et parce qu'il aimait tellement la compagnie des universitaires, cette passion avait largement déterminé son activité d'avocat et la composition de ses cabinets :

> « Robert Badinter* s'est toujours entouré d'universitaires, de son association en 1966 avec le professeur de droit privé à Paris 1 – Panthéon-Sorbonne Jean-Denis Bredin, dans un cabinet d'avocats précurseur, à la création en 2010 de Corpus, qui réunit une douzaine de professeures et professeurs de droit. Car il portait en lui-même une très haute vision de l'université, qu'il considérait comme un lieu de savoirs et de liberté dans la transmission de ces savoirs. »

Si l'avocat est revenu si souvent sur le théâtre et la rhétorique judiciaires, il a réfléchi également, notamment, au dispositif spatial idéal entre le professeur et ses élèves : doit-on par exemple faire son cours assis ou débout ? Mais s'il a aimé par-dessus tout les cours magistraux et les amphithéâtres bondés, il aura également témoigné à plusieurs reprises de son tropisme pour une formation plus modeste, en petit comité, mais plus propice à la recherche : le séminaire, et plus particulièrement le séminaire fermé, celui que les organisateurs réservent à leurs meilleurs élèves, invités à une grande discrétion, sinon au secret absolu. Une formation récente, qui s'est développée au cours des années 1970, à l'étranger comme en France, où la pratique s'impose dans les établissements d'enseignement les plus prestigieux, comme à l'EHESS, au Collège de philosophie ou au Collège de France. Là, Jacques Derrida, Michel Foucault ou Roland Barthes rassemblent un auditoire trié sur le volet, constitué d'étudiants, mais aussi de pairs, pour mener, en parallèle du cours délivré *ex cathedra*, et sur le même sujet, un travail collectif qui repose sur le dialogue, la discussion parfois vive et la mise en commun des résultats.

---

* *Ibid.*

C'est ainsi que, après ses deux premières interventions, dont l'une est introuvable, la collaboration de Robert Badinter avec l'ENS va prendre un tour plus régulier. Il entretient en réalité avec la célèbre institution, qui réunit recherche et enseignement, un rapport très ancien. Son père Simon, comme il l'a souvent raconté, imaginait volontiers Claude, son fils aîné, sinon en major, du moins en élève de l'École. Ce ne sera pas le cas, mais c'est à Robert qu'il reviendra de fréquenter assidûment le 45, rue d'Ulm. En 2013, il est invité en compagnie de Mireille Delmas-Marty à la table ronde de clôture d'un colloque sur la peine de mort. Son titre : non pas l'habituel « Vers l'abolition universelle », mais « Vers l'abolition absolue ». Ce colloque est organisé par Marc Crépon, déjà à la tête du département de philosophie, et par le juriste phare de l'École, Jean-Louis Halpérin, agrégé de droit, tout comme celui qu'ils ont convié à conclure la journée.

Marc Crépon est en train de livrer à l'auditoire de la salle Dussane son exposé, « Du droit à la vie : une lecture de Victor Hugo », quand la porte s'ouvre. Robert Badinter vient de faire son apparition. Il s'installe au premier rang. « J'étais dans mes petits souliers », se souvient le philosophe, ce d'autant qu'il n'ignore pas combien ce nouveau spectateur est un hugolâtre incollable.

Entre la dernière intervention et la table ronde a lieu un cocktail. Robert Badinter est en train de discuter avec Marc Mézard, le directeur de l'institution, quand il lui lance une suggestion. Bien plus qu'une suggestion en fait. Il s'adresse en termes très directs à Marc Mézard, en lui faisant une proposition qu'on ne peut pas refuser :

> « Bon, maintenant, il est important qu'un séminaire de recherche sur les religions et la peine de mort voie le jour ici, dès que possible. »

Marc Mézard interpelle alors le directeur du département de philosophie :

> « Ça me paraît une excellente idée, n'est-ce pas ? »

Voilà le séminaire sur des rails, et l'intendance suivra. Cette scène en dit long, et sur le prestige intellectuel, et sur le charisme et la capacité d'entraînement de Robert Badinter, y compris dans un champ qui n'est pas *a priori* le sien.

En 2016, le colloque sur « l'abolition absolue » donnera lieu à un livre, qui rassemblera les différentes contributions*. L'intervention de Robert Badinter est devenue une postface, qui suit la « conclusion » de Mireille Delmas-Marty. À la toute fin de son exposé, l'orateur interpelle en quelques phrases l'un des spectateurs, Marc Mézard sans doute, en lui rappelant son engagement. Une manière d'acter en la rendant publique ce qui n'est encore qu'une initiative officieuse :

> « De même que les rapports entre totalitarisme politique et peine de mort ont été étudiés dans le passé, de même la question “religion et peine de mort” doit faire l'objet d'une réflexion. C'est un programme à développer ici, à l'École normale supérieure, par un séminaire de recherche sur Dieu et la peine de mort. »

En réalité, dans la captation originale, Robert Badinter ne cesse de revenir sur ce séminaire, et l'on comprend au nombre de ses allusions, qui s'accompagnent toujours d'un mouvement de tête vers un spectateur invisible, combien ce qui n'est déjà plus un projet lui importe.

Co-organisé par les départements de philosophie et de sciences sociales, ce séminaire, qui durera deux ans, se déroule volontairement dans une petite salle, à l'étage du pavillon Pasteur, dans un espace qui ne comprend guère plus d'une quinzaine de places assises autour d'une grande table ovale. Il s'agit vraiment de dissuader les candidats qui n'ont pas eu la chance d'être sélectionnés, mais qui entendraient parler de cet événement. Cet exercice est donc animé, comme le colloque sur l'abolition, par Marc Crépon et Jean-Louis Halpérin,

*Marc Crépon, Jean-Louis Halpérin, Stefano Manacorda (dir.), *La Peine de mort : vers l'abolition absolue ?*, éditions Rue d'Ulm.

« avec la collaboration de Robert Badinter », qui ne manquera pas une seule séance.

Quant au principe, il est des plus simples. Un invité est convié à chaque séance et livre son point de vue sur le sujet : comment les religions perçoivent la question de l'abolition, comment analyser leurs résistances, comment s'appuyer aussi sur leurs ressources abolitionnistes. Il s'agit pour beaucoup de personnalités religieuses : rabbins, prêtres catholiques, plusieurs imams également, car Robert Badinter, dans sa conclusion au colloque de 2013, a largement insisté sur l'islam ; avec la Chine et les États-Unis, les pays musulmans, pour qui la peine capitale est un impératif religieux, un élément non discutable de la charia, fournissent les plus gros contingents d'exécutions capitales. Et Robert Badinter est certain que ces derniers continueront longtemps à détenir un triste record, quand les deux superpuissances auront décidé à leur tour de renoncer à la peine de mort.

Après l'exposé de l'invité vient le temps de la discussion. Et c'est alors que, en général, Robert Badinter, qui est demeuré attentif et silencieux tout au long de la présentation, intervient, selon une formule bien réglée. Emmanuel Levine, qui faisait partie des heureux participants, n'a pas oublié la façon dont, selon son expression, la « star » du séminaire « rentrait à chaque fois dans l'orateur », assumant la position du procureur. Mais l'ancien normalien de préciser aussitôt que, si les arguments pouvaient s'entrechoquer, la conversation restait toujours empreinte d'une cordialité placide.

Il va d'ailleurs plus loin :

> « Voir ce dernier travailler ainsi, découvrir que la recherche pouvait être plus polémique, plus engagée, plus politique, plus en lien avec la société contemporaine, tout cela a profondément influencé mon parcours intellectuel. »

Ces confrontations entre chercheurs consacrés, étudiants doués et praticiens subtils, que le séminaire exacerbe, Robert Badinter les apprécie tout autant. Il a élu le cours magistral comme son exercice préféré, pourtant cette formule réduite, mais intense, exerce sur lui, on l'a dit, une telle attraction qu'il n'hésite pas à susciter les occasions, prêt à soumettre ses idées à l'épreuve des plus grands. Il n'abandonne jamais ses sujets d'élection mais il aime à croiser les disciplines. Trente ans plus tôt, le ministre de la Justice s'affrontait par exemple à des apories sur l'institution carcérale que l'homme d'action voulait surmonter. Mais il pressentait* que son « expérience professionnelle » ne lui serait ici que d'un « secours limité » s'il voulait comprendre, par exemple, « pourquoi, après deux siècles d'existence, l'échec de la prison apparaissait [...] comme inhérent à l'institution ». Guère plus le Conseil des ministres ou les discussions avec ses conseillers.

Qu'à cela ne tienne. Il fera part de ses interrogations à Michel Foucault, mais sans hésiter à lui expliquer que « *Surveiller et punir*, livre fulgurant, n'apportait pas les réponses aux questions majeures qu'il soulevait ». On fait l'hypothèse très vraisemblable que les ors de la place Vendôme n'impressionnaient guère le philosophe et que, pour le convaincre de se lancer avec lui dans un travail collectif, pour survivre également à son ironie et à son rire légendaires, il fallait plus que quelques intuitions, même adossées au terrain et au pouvoir de transformer, parfois, les rêves en réalité.

Comme dans le cas de Normale Sup, Robert Badinter ne se contentera pas de formuler un désir, il fera la démonstration d'une nécessité, et si impérieuse que son interlocuteur ne peut qu'acquiescer. Plus encore : il déterminera, à lui seul, entre une réunion urgente, un coup de fil du président et un déplacement en province, le champ de ce séminaire. Sans autre instrument de conviction que ce charisme intellectuel qui désarmera d'une phrase, rue d'Ulm, en 2013, les habituelles préventions des principaux intéressés.

Ce sera donc la prison de la IIIe République, « de sa naissance à 1914 ». Et, après la mort de Foucault, c'est avec Michelle Perrot et

---

*Robert Badinter, *La Prison républicaine*, « Avant-propos », Fayard, 1992.

Marc Augé, sans doute embarqués avec la même aisance, qu'il lancera à l'EHESS cet espace de recherche rassemblant, de 1986 à 1991, chercheurs et « techniciens » de tous âges.

La Prison républicaine est le prolongement personnel de ce travail, mais, à la fin, Robert Badinter n'omet, comme à son habitude, personne. Pas seulement les collaborateurs qui lui apportent un concours pratique, mais les contributeurs, rassemblés sur une liste de quatre-vingts noms. Le ministre écrit ses discours tout seul, l'historien ses livres lui-même, il puise dans les archives sans se contenter de notes et de sources secondaires, mais chacun est mentionné pour le rôle précis qui fut le sien, c'est-à-dire pour l'une des monographies présentées et auxquelles, peut-être, le livre fait écho ici ou là. Jamais de « petites mains ».

Sans ce souci de rendre à chacun son dû, cette gratitude précise qui ne se contente pas d'une simple liste de noms sous un obscur « Remerciements », il n'est pas de séminaire possible. Sans cette reconnaissance, qui éclaire chaque livre de leur auteur dans ses dernières pages, il n'est pas de bon « séminariste ». Robert Badinter, s'il fut à l'évidence un grand professeur, fut aussi ce « séminariste » accompli.

L'avocat qui plaide aux Assises ne reçoit que des réponses indirectes et différées à ses propos, quelle que soit leur nature. Car il est souvent difficile d'apprécier si le verdict prolonge le dialogue que le défenseur a voulu entamer, lui aussi indirectement, avec les jurés. Une salle d'audience n'est pas un lieu d'échanges égaux, mais de confrontations, d'interruptions, d'invitations à modérer ses élans et de rappels à l'ordre. De même du professeur d'université, qu'il soit assis ou debout, qui donne un cours magistral. Un amphithéâtre n'est pas plus propice à ce genre de discussions.

Le colloque, en dépit de son nom, ressemble si souvent à une course contre la montre que la partie réservée aux questions après chaque intervention est réduite à la portion congrue, quand elle n'est pas complètement supprimée. Et, par convention, les amis s'abstiennent souvent ou jouent les faire-valoir.

C'est pour cette raison que les colloques convoquent, une à deux fois par jour, des tables rondes durant lesquelles les participants sont censés débattre. De l'avancée des travaux et de la progression des connaissances. Malheureusement, ces tables rondes, qui ont d'ailleurs acquis aujourd'hui une existence autonome, ne sont en général qu'une illusion topologique. On peut très bien enchaîner des exposés réunis autour d'une table, même ronde.

Reste alors le colloque singulier, celui de la pause-café ou de la marche à deux, et surtout quand les deux participants n'habitent pas du tout dans le même quartier, que l'un consent donc à un détour plus ou moins large.

Marc Crépon se souvient que les séances du séminaire se prolongeaient très souvent par une promenade, de la rue d'Ulm à la rue Guynemer, pendant laquelle les deux hommes aimaient à prolonger la discussion interrompue. C'était pour lui un moment de bonheur, et Robert Badinter ne dissimulait pas non plus le plaisir éprouvé à discuter le long des grilles du Luxembourg.

Dans la vingtième des *Lettres à un ami* (*Le Rhin*), Hugo loue en ces termes la *Musa pedestris* :

> « Et puis tout vient à l'homme qui marche. Il ne lui surgit pas seulement des idées, il lui échoit des aventures ; et, pour ma part, j'aime fort les aventures qui m'arrivent. S'il est amusant pour autrui d'inventer des aventures, il est amusant pour soi-même d'en avoir. »

Y compris, bien sûr, des aventures de la pensée.

« Le Barreau de Paris et les avocats juifs, 1940-1944 »

[Toutes les vidéos disponibles de cette intervention proviennent de la même captation par le Palais littéraire et musical. La fin est malheureusement inaudible, mais, de l'avis des témoins interrogés, seules quelques minutes font défaut.]

> « J'ai découvert l'antisémitisme à 10 ans, en regardant *Nuit et brouillard*. Et à mon arrivée au Palais, chez des confrères de 30 ans, moi qui venais de Limoges, où je n'en avais jamais entendu parler. C'est vous dire que le livre de Robert Badinter n'a pas fait l'unanimité. »
>
> « Pourquoi s'est-il opposé au déboulonnage du médaillon de Charpentier ? Parce qu'il y avait chez lui la volonté de n'être pas excessif, de ne jamais apparaître comme l'enragé d'une cause. Il était très heureux que j'organise cet hommage à Pierre Masse et, chez lui, le côté positif de la mémoire l'emportait toujours*. »
>
> Christian Charrière-Bournazel

En 2014, le Bâtonnier de Paris, Christian Charrière-Bournazel, demande à Robert Badinter s'il accepterait de prononcer une seconde fois une conférence qui a fait sur lui une très forte impression, et cette fois devant le public du Palais littéraire et musical, une association fondée par Raymond Poincaré, placée sous le patronage du Barreau de

---

*Entretiens avec l'auteur.

Paris et dont il assume la présidence après Henri Ader. Robert Badinter accepte, à deux conditions, qu'il rappelle en ouverture de son texte.

Cette conférence est une synthèse de son livre fameux sur l'exclusion des avocats juifs pendant l'Occupation, *Un antisémitisme ordinaire.* En effet, si un hommage solennel a été rendu à Pierre Masse, à l'initiative déjà du Bâtonnier Charrière-Bournazel, en 2009, le discours de Robert Badinter à cette occasion abordait tous les aspects de la vie et de la carrière de l'avocat exclu, puis déporté, les plus tragiques mais aussi les plus glorieux, et il laissait dans l'ombre, au profit de ces éléments biographiques et du souci de la singularité, une politique élevée à la hauteur d'un système, la constitution d'un droit antisémite que l'Ordre valide sans barguigner et que les avocats vont voir appliquer « comme de bien entendu » à leurs confrères juifs.

C'est d'ailleurs la grandeur de l'hommage à Pierre Masse que de ne jamais traiter ce glorieux aîné comme un simple « exemple », de refuser d'en faire une illustration pour rendre à celui qui ne pèserait bientôt plus que « son poids de cendres » sa complexion de chair, de sang et de pensée. Ce parti pris se paie bien sûr d'une contrepartie : l'hommage à Pierre Masse, prononcé d'ailleurs devant un public largement « éclairé », exige en effet que l'on ait lu le livre de 1997, ou qu'on en connaisse les grandes lignes, pour atteindre sa cible.

Dans le cas contraire, on peut toujours faire semblant de croire que Pierre Masse a décidé d'assumer jusqu'au bout, à ses risques et périls, les principes de la République, et choisi de mourir pour la France, en patriote « moral ». « En jetant le manteau de Noé » – pour reprendre une expression que Robert Badinter affectionnait – sur sa mort à Auschwitz au profit de son séjour, même difficile, à Drancy.

C'est pourquoi nous avons choisi d'inverser la chronologie et de faire précéder le discours sur Pierre Masse, prononcé en 2009, par cette conférence de 2015. Bien que tardive, cette dernière n'est en réalité, nous l'avons dit, qu'une forme concentrée du livre de 1997, ouvrage indispensable à la bonne et pleine compréhension de l'allocution de 2009.

Un mois exactement après cette reprise, Christian Charrière-Bournazel revenait sur son initiative dans un texte publié sur le site de l'association. Très hostile, on va le lire, au « devoir de mémoire », il y défendait dès le titre, forgeant une expression inédite, ce qu'il considérait comme la seule voie à suivre, dans le sillage de Robert Badinter : « l'honneur de se souvenir ».

> « Le 13 février 2015, Robert Badinter a accepté d'évoquer à nouveau, dans le cadre du Palais littéraire et musical, le comportement de notre conseil de l'Ordre à l'égard des avocats juifs de 1940 à 1944.
> Des dizaines avaient été radiés parce que juifs, sans état d'âme.
> Il a souhaité que cette évocation ait lieu le 13 février, jour anniversaire des arrêts de la cour d'appel de Paris validant, en 1942, les décisions du conseil de l'Ordre dans la salle de la première chambre de la Cour où furent plus tard jugés Pierre Laval et le maréchal Pétain.
> Ce rappel d'une période indigne de notre Barreau présente à mes yeux une nécessité impérieuse.
> C'est aussi ce qui m'avait déterminé comme Bâtonnier à faire sculpter le visage de Pierre Masse dans un médaillon en bronze apposé dans la galerie de la première chambre de la Cour.
> Je n'aime pas l'expression "devoir de mémoire".
> En revanche, l'histoire* est une liberté publique dont personne ne doit se trouver privé. Se souvenir n'est pas de l'ordre de l'abaissement. C'est au contraire l'honneur des êtres libres : les peuples dont on réécrit l'histoire* sont des peuples tyrannisés. Ceux qui l'oublient volontairement se déshonorent.
> Né en 1946, je ne me sens d'aucune manière coupable de ce que les aînés de mes compatriotes ou des membres de mon Ordre ont pu tolérer ou commettre. Au demeurant, le Barreau de Paris a compté, en même temps que des avocats qui le déshonoraient

*Nous avons respecté l'orthographe du texte original.

jusque dans les fonctions officielles qu'ils remplissaient, des victimes et des résistants.
Comme Bâtonnier de l'Ordre, parce que j'avais reçu comme dans une succession un actif et un passif, j'ai estimé indispensable de ne pas oublier ce qui fut de l'ordre de l'indignité de quelques-uns comme de l'héroïsme et du martyre des autres.
Le souvenir de ce qui fut misérable et de ce qui fut grand fonde, non pas le remords de ceux qui ne sont pas coupables, mais l'espérance des vivants et de leur descendance.
Voilà pourquoi je remercie de tout cœur Robert Badinter d'avoir contribué, à nouveau, sans haine et sans crainte, à raviver la flamme du souvenir. »

Dix ans plus tard, le 27 février 2024, c'est à Robert Badinter que le Palais littéraire et musical rendait hommage à la Maison du Barreau. À l'initiative, cette fois encore, de Christian Charrière-Bournazel, désormais ancien Bâtonnier, qui choisit de célébrer *Un antisémitisme ordinaire*, dans le respect absolu de cet « honneur de se souvenir » qu'il avait déjà défendu, avec une « exactitude » et une obstination qui forcent le respect. Il fut le seul parmi les six orateurs de la soirée, et face à une foule d'avocats qui, pour les plus âgés des admirateurs de Robert Badinter réunis dans une salle pleine à craquer, n'avaient pas tous apprécié ce brûlot si parfaitement documenté. Pas un pamphlet, pas un essai, mais bien un grand livre d'histoire, acharné à rassembler des preuves puisées dans les archives.

« [...] Je voudrais parler de quelque chose qui me tient beaucoup à cœur, comme à Robert Badinter, c'est ce combat qu'il a mené contre les crimes contre l'humanité. Nous nous rappelons bien sûr que son enfance n'est pas étrangère à ce qui a été sa formation d'humaniste abominant tout ce qui était de l'ordre de l'atteinte aux personnes, on l'a dit tout à l'heure. Mais, plus encore, il a été le révélateur, pour nous autres avocats, de ce qu'avait été le conseil de l'Ordre de Paris pendant la guerre.

La politique de l'Ordre allait au-delà de ce que les Allemands nazis demandaient sur les indications de Pétain, qui a promulgué les premières lois anti-juives avant même que les Allemands les demandent, et l'Ordre où siégeait Xavier Vallat comme membre du conseil présidé par le Bâtonnier Charpentier, un résistant dit-on, on veut le croire, a radié les avocats parce qu'ils étaient juifs.
Ce qui fut probablement le crime le pire, c'est ce que Robert explique dans son livre *Un antisémitisme ordinaire*, qui porte comme sous-titre *Vichy et les avocats juifs (1940-1944)*.
*Ce qui est tout à fait poignant, c'est qu'avant lui on n'en parlait pas**. On avait même, c'était sous le Bâtonnat d'un Bâtonnier tout à fait estimable qui avait fait l'éloge comme premier secrétaire de Pierre Masse, on avait vu apposé sur les murs du couloir de la première chambre de la Cour un médaillon forgé en l'honneur de Jacques Charpentier. Et la question avait été posée à plusieurs reprises de savoir s'il fallait déboulonner ce médaillon quand on avait compris que, en réalité, lorsque le conseil de l'Ordre de Paris siégeait pour radier les avocats juifs, le Bâtonnier Charpentier n'avait pas menacé de démissionner et avait ratifié les arrêtés radiant les avocats juifs.
Après ce livre remarquable, Robert avait fait une conférence que je lui ai demandé de reprendre quand je suis devenu président du Palais littéraire et musical. Il m'a répondu : "Je veux bien refaire cette conférence sur le sort des avocats juifs pendant la guerre. Mais je veux que ce soit un 13 février et dans la première chambre de la Cour." Je lui ai demandé pourquoi. "Parce que c'est le 13 février 1942 que la cour d'appel de Paris a rendu les abominables arrêts ratifiant les détestables arrêtés du conseil de l'Ordre de Paris."
Cette demande de Robert lui ressemble complètement. Il n'est pas quelqu'un qui s'imagine qu'il invente le monde. Il est, comment dirais-je, totalement solidaire de l'Histoire. Il a les pieds et les mains façonnés par l'Histoire, y compris celle de son père et de son oncle, qui sont tous deux morts en déportation. Et c'est ce souvenir des douleurs vécues, des douleurs passées, des injustices abominables souffertes autour de lui qui a déterminé chez lui, non

*C'est moi qui souligne.

pas le sens de la vengeance, il ne l'avait absolument pas, mais la mémoire, l'honneur de ce souvenir, de façon que l'âme humaine s'ouvre davantage à l'humanisme, à la fraternité.
Je me rappelle un jour où il m'avait invité à déjeuner. Nous parlions de Victor Hugo, et il répétait ce vers du poète : « Ah! Insensé qui croit que je ne suis pas toi! » Et c'était tout à fait l'esprit de Robert Badinter. L'autre est un autre moi-même, et c'est la raison pour laquelle il s'est battu. Il l'avait dit, il ne voulait pas qu'on déboulonne Charpentier, mais j'avais suggéré que l'on fasse un médaillon en l'honneur de Pierre Masse, ancien premier secrétaire, dont le père, Bâtonnier de Strasbourg, avait en 1870 abandonné ses propriétés, son cabinet, tout ce qu'il avait, pour ne pas devenir allemand. Et avec en plus cette détermination à être français et, dans les lettres écrites avant d'être déporté à Drancy, puis à Auschwitz, à ne pas comprendre comment on pouvait avoir été à la fois un combattant de 14-18, avoir eu un frère tué et se demander s'il fallait aller enlever sur les cadavres de ses proches enterrés les Légions d'honneur ou les médailles militaires reçues.
Cette histoire terrible avait empoigné Robert Badinter. Lorsqu'on a posé le médaillon, j'ai demandé à Simone Veil de venir le dévoiler, et c'est Robert qui a fait ce discours remarquable [...].

Les deuxièmes crimes contre l'humanité sur lesquels il a fait une autre conférence au Palais littéraire, ce sont les bagnards de Cayenne, qui ont été littéralement exterminés pendant la guerre par l'État français, pour une raison simple. C'est que ces bagnards, s'ils avaient été libérés ou s'ils s'étaient enfuis, auraient pu prêter la main à la résistance contre le régime nazi. Ils ont donc été traités de manière épouvantable. Robert Badinter explique que, en proportion du nombre de bagnards, celui des morts pendant cette seule période de la guerre est supérieur au nombre des déportés morts à Dachau par rapport au nombre total de captifs. C'est vous dire que c'est bien un crime contre l'humanité, et c'est ainsi que Robert Badinter l'a qualifié*.

---

*Nous n'avons pas retrouvé cette conférence, mais on pourra lire en annexe une tribune de Robert Badinter sur le sujet.

> Ce drame l'a évidemment saisi, puisque ce qui était très caractéristique chez Robert Badinter, c'était de ne rien laisser dans l'oubli de ce qui avait pu être l'horreur des temps passés, une attitude fondée sur une très grande et très belle espérance, celle qu'on pouvait au moins changer le cœur des hommes.
> Vous vous rappelez que, dans *Pelléas et Mélisande*, Arkel dit : « Si j'étais Dieu, j'aurais pitié du cœur des hommes. » Robert Badinter avait pitié du cœur des hommes et il avait beaucoup d'espérance dans la lutte qu'il menait constamment. [...] Je voulais simplement vous dire qu'il a jusqu'à son dernier souffle continué à être dans ce combat contre les crimes contre l'humanité puisque le dernier ouvrage qu'il a fait en co-édition, en co-écriture plutôt, porte sur les crimes contre l'humanité commis par Poutine et c'est un livre qu'il a écrit il y a quatre ou cinq mois, pas davantage. Et donc je trouve très remarquable qu'il ait été aussi vigilant sur le sort de chacun de ses frères humains.
> C'était son obsession alors qu'il n'a jamais eu l'obsession ni des honneurs, ni des reconnaissances, ni des décorations, et il avait comme sens le sens le plus noble qui soit, c'est-à-dire le sens du service et du service de l'humain [...]*. »

Le mérite de l'orateur était d'autant plus grand que ce livre bref mais définitif, s'il avait reçu à sa sortie un accueil assez unanime, dans la presse en tout cas, a connu ensuite un sort étrange, notamment dans la communauté des spécialistes de la période.

En mars 2024, l'historien Marc Knobel lui consacre un article très complet et passionnant sur le site de la revue *La Règle du jeu***. Il s'attache notamment à ces réactions médiatiques, tout en cernant de façon subtile et inédite la « mélancolie abyssale » qu'il suscita chez son auteur. Il insiste dès le chapeau de son texte sur une mystérieuse amnésie et y

---

*Transcription de Marc Grinsztajn.

**Ce texte est reproduit intégralement, avec ses nombreuses notes, en ouverture du dossier de presse consacré à l'ouvrage. On trouvera également dans cette annexe plusieurs des articles de journaux mentionnés par Marc Knobel.

revient quelques lignes plus loin : « Lors de l'hommage au grand avocat mort le mois dernier, un aspect de sa vie et de son œuvre aurait mérité un plus long développement. »

> « *Il fallait qu'un grand avocat juif, arrivé au Barreau après-guerre, aille au bout de sa propre douleur et défende ses aînés humiliés.*
>
> Comme bon nombre de mes compatriotes, le décès de Robert Badinter, survenu dans la nuit du 8 au 9 février 2024, m'a profondément peiné. L'annonce de son décès fut comme un coup de tonnerre, j'étais sonné. Tout au long de la journée, de nombreux journalistes, politiques et juristes firent l'éloge de l'homme, son engagement, toute une vie consacrée au droit et à l'humanisme et son combat indéfectible pour l'abolition de la peine de mort. Les commentaires se succédaient, unanimes. S'il fut rappelé que le père de Robert Badinter avait été arrêté sous ses yeux à Lyon, pendant l'Occupation, et qu'il était mort en déportation dans le camp de Sobibór, en Pologne, *il est un aspect de sa vie et de son œuvre qui aurait mérité un plus long développement. Il n'a pas été évoqué la rédaction d'un ouvrage qui avait été pour lui douloureux et qui avait suscité chez lui "une mélancolie abyssale", selon ses propres mots. Pas facile en effet, pour celui qui avait été un si brillant avocat, garde des Sceaux de 1981 à 1986, président du Conseil constitutionnel de 1986 à 1995, de rappeler que sous l'Occupation, des avocats ont pratiqué l'exclusion de leurs confrères juifs, avec l'acquiescement du Barreau à une législation antisémite pourtant contraire à son éthique**. [...] »

Avant de s'attacher longuement aux réactions de la presse à la parution d'*Un antisémitisme ordinaire*, Marc Knobel en relate la naissance et décrit le minutieux travail archivistique de l'auteur.

> « [...] Mais, pourquoi, parmi tant de professions où l'exclusion des Juifs fut la règle sous Vichy, s'était-il attaché plus particulièrement aux avocats ? Par "commodité", répond-il, et parce que l'accès

*C'est moi qui souligne.

aux archives lui était plus aisé et que la connaissance du monde judiciaire lui facilitait la compréhension de ce qui était advenu. C'est ainsi qu'il décide de se mettre à l'ouvrage afin de rechercher ce qu'avait été le sort réservé, en France métropolitaine, aux avocats juifs sous le régime de Vichy. Pour effectuer ses recherches, Robert Badinter dit avoir fait de la "micro-histoire" en se plongeant dans les archives. *C'est ainsi qu'il se mit à prospérer dans les archives de l'Ordre des avocats, du Conseil d'État, du parquet de Paris et des villes de province, au Centre de documentation juive contemporaine (CDJC), aux Archives nationales, au ministère de la Justice et à celui de l'Intérieur**. »

Rappel ô combien précieux, qui fonde pour Marc Knobel « l'utilité » du livre, qu'il élargit en conclusion à une compréhension plus large de « la loi de Vichy ». Immersion historienne qui rend plus énigmatique encore l'occultation qu'il souligne en ouverture de son article.

« [...] Un chemin déchirant pour Robert Badinter qui, dès 1940, aurait pu être exclu de sa profession, arrêté et déporté ? Certes. Mais un travail néanmoins utile.
Car, entre les discours qu'il avait entendus dans sa jeunesse et la réalité, il y avait un fossé saisissant. Alors que, aux XIXe et XXe siècles, les avocats ont joué un rôle fondamental dans la défense contre l'oppression, ils ne se sont pas opposés au régime de Vichy. À eux comme à l'ensemble du monde judiciaire, la pratique du droit antisémite ne paraît pas avoir posé problème.
Alors, ce que Badinter soutient dans son livre, c'est qu'il n'y a eu ni refus de principe, ni rejet massif. Et, à l'examen des très nombreuses archives consultées, Robert Badinter soutient que l'attitude de l'élite de la profession a été contraire aux principes proclamés. Les grandes juridictions, comme le Conseil d'État, par exemple, sont devenues vichyssoises avec une facilité consternante. L'Ordre des avocats a accepté sans difficulté les lois

*C'est moi qui souligne.

> antisémites d'exclusion. Il a même accueilli avec satisfaction les premières mesures qui excluaient les fils d'étrangers. Et, même s'il y eut des actes individuels d'amitié et d'aide à des confrères juifs, il n'y eut pas, il n'y aura jamais eu la moindre réaction collective. Et donc ? En février 1942, deux cent dix-sept avocats sont ainsi chassés du Barreau de Paris. Le conseil de l'Ordre des avocats de Paris n'émet aucune protestation, pas même une motion de principe, comme le fit le Barreau de Bruxelles dans des circonstances similaires.
> Maître Joë Nordmann raconte : "Comme d'autres avocats juifs, j'ai été radié du Barreau en 1942. J'ai d'abord reçu une lettre de mon Bâtonnier (Jacques Charpentier) me demandant quel titre j'avais à faire valoir. Je lui ai répondu que j'étais avocat et fils d'avocat ; que j'avais exercé ma profession honorablement et que je ne comprenais donc pas sa lettre. Ensuite, par décision de la cour d'appel, il me fut interdit de plaider. C'était la loi de Vichy." »

Dans sa note pénultième, l'historien renvoie « plus généralement » à ce qu'il considère à raison comme un ouvrage de référence signé Laurent Joly*, sans doute l'un des meilleurs spécialistes français de Vichy et de sa politique antisémite.

L'opus badintérien n'y apparaît pourtant que fort succinctement, à la note 48 du premier chapitre, appelé par ces quelques lignes sur les lois d'août et de septembre 1942 : « Au Barreau de Paris, deux cent trois avocats d'origine, parmi lesquels une soixantaine de Juifs, sont ainsi exclus. » On peut juger fort légitimement que le sort de cette profession ne mérite guère plus dans une somme qui embrasse si largement la période. Mais ce n'est pas exactement le cas et l'on ne peut manquer de s'interroger, déjà, à la lecture des trois passages sur Pierre Masse, dont une longue note sur son séjour à Drancy. Car l'hommage rendu par Pierre Badinter à son aîné, publié en 2007, soit onze ans avant la

---

* *L'État contre les juifs. Vichy, les nazis et la prévention antisémite*, Grasset, 2018. Nous avons respecté l'orthographe du titre.

première édition du livre de Laurent Joly et dans une revue prestigieuse, y est passé tout simplement par pertes et profits.

Paru sept ans plus tard, *Le Savoir des victimes. Comment on a écrit l'histoire de Vichy et du génocide des juifs de 1945 à nos jours** apparaît malheureusement comme une confirmation contemporaine, plus marquée encore, des absences énigmatiques pointées dans *La Règle du jeu.* La décision d'omettre quasi totalement *Un antisémitisme ordinaire* n'y est même pas débattue. Au regard du titre de Laurent Joly et des critères de sélection des historiens retenus, sa pertinence semblait pourtant indiscutable. Mais il doit se contenter de faire de la figuration en fin de volume (s'il figure dans la longue liste des « principaux ouvrages sur Vichy et sur la persécution des Juifs sous l'Occupation parus de 1951 à 1998 », il n'intègre pas la « bibliographie indicative », qui court quant à elle jusqu'à nos jours) et ne fait l'objet d'aucune analyse. Pas la moindre ligne.

C'est d'autant plus remarquable que Robert Badinter n'est pas totalement absent de cet ouvrage, c'est même tout le contraire. Il y apparaît à maintes reprises (dix, selon l'index), et pour la première en majesté, puisqu'il est l'auteur d'un des deux exergues que Laurent Joly a choisis pour figurer en ouverture : à l'évidence parce que chacun problématise une question décisive pour lui. Georges Wellers a signé le premier, contestation désormais classique de la défense habituelle de Laval, qui aurait été « obligé de consentir des sacrifices destinés à limiter les dégâts », sauvant ainsi, notamment, les Juifs français de la déportation. À la lecture des pages qui suivent cette entrée en matière, il ne fait aucun doute en tout cas que c'est bien un historien qui s'exprime d'entrée, fort des recherches magnifiées par l'ouvrage de Laurent Joly.

La citation de Robert Badinter, qui fait suite au texte de Wellers, mêle quant à elle deux affirmations distinctes : si la seconde (« L'État français de Vichy, c'est un État criminel ») a désormais le même caractère attendu que les quelques lignes empruntées à Georges Wellers

---

*Grasset, 2025. Même remarque sur le titre.

(nul besoin d'être un spécialiste pour les formuler), le premier segment, rabouté au suivant par-delà une coupe, est autrement intéressant : il ne porte pas sur la nature du régime de Vichy, mais sur un constat historiographique : « L'historien de l'histoire ne manquera pas de relever qu'il aura fallu plus d'un demi-siècle pour que soit admise cette évidence : [...] L'État français de Vichy...* »

Est-ce « un historien de l'histoire » que Laurent Joly distingue ici ? Nullement. Pas même un historien de Vichy. Ou alors, un historien sans travaux, comme on va le découvrir en avançant dans l'ouvrage. Mais qu'est-ce qu'un historien sans travaux ? Un publiciste, tour à tour présenté comme avocat, comme garde des Sceaux, comme président du Conseil constitutionnel, comme source même (pour sa correspondance sur l'affaire du « fichier juif »), mais, comme historien, fût-il amateur, jamais !

On ne peut d'ailleurs s'empêcher de remarquer que l'exergue de Robert Badinter n'est extraite ni d'un livre ni d'une revue scientifique, pas plus d'une préface à un livre savant (il en a pourtant rédigé un grand nombre) que d'une intervention à un colloque (au contraire de Georges Wellers). On a préféré puiser à une source grand public, et l'on est en droit de se demander, en commençant *Le Savoir des victimes*, si ce choix liminaire vaut dans ces conditions approbation ou contestation.

Dès lors, comment comprendre cette décision qui s'affirme par contraste ? Serait-ce parce que Robert Badinter ne saurait être compris parmi les historiens étudiés ? L'analyse est assez simple, puisqu'ils sont au nombre de quatre pour les principaux, répartis en deux groupes d'inégale importance numérique (en fait, trois chercheurs d'un côté, un seul de l'autre) et travaillant à des périodes différentes.

Les premiers, ce sont en effet trois victimes juives qui vont devenir les historiens si rigoureux du Centre de documentation juive contemporaine, et produire un nombre incroyable de monographies remarquables qui font toujours autorité. En 1945, Joseph Billig est un

---

* *Le Nouvel Observateur*, 27 juillet 1995.

« prisonnier de guerre récemment rapatrié », Georges Wellers, un rescapé d'Auschwitz, et Joseph Poliakov, un ancien résistant « affilié au mouvement Combat ». Ce qu'explique très bien Laurent Joly, c'est que ces trois hommes, les forces vives du CDJC, animés d'une énergie inépuisable, vont développer une pratique « objective », exclusivement « archivistique », afin que leurs recherches ne puissent apparaître biaisées ni par leurs origines, ni par leur passé militant ou victimaire. Oui, ils n'ont qu'un seul cri de ralliement : « Tous aux archives. »

Pour qui a lu sa production liée à l'histoire juive et à celle de l'Occupation (le livre sur le procès Bousquet ne concernant qu'en partie le premier domaine), de *Libres et égaux* à cet *Antisémitisme ordinaire* occulté, Robert Badinter partage avec ces trois historiens amateurs devenus des chercheurs professionnels d'une exemplaire rigueur cette même exigence.

Différence de générations alors ? Si l'on fait fi de la photographie de couverture (Serge Klarsfeld en 1972, un ouvrage de Joseph Billig à la main) comme d'un clin d'œil historiographique destiné à illustrer la « longue traîne » des travaux du CDJC, on peut penser jusqu'à la page 249 qu'il s'agit en effet d'une monographie vouée à une seule « école », homogène scientifiquement *et** biographiquement.

Mais voilà que réapparaît soudain « Le moment Klarsfeld (1983-1998) ». Ce moment s'impose avec éclat lors d'un « Apostrophes » de Bernard Pivot, le 15 juillet 1983, réunissant le susnommé, ainsi que Jean-Baptiste Duroselle et l'ineffable René de Chambrun, gendre intarissable de Laval et l'assurance d'un spectacle réussi, comme à chacune de ses apparitions.

Klarsfeld vient de publier *Vichy-Auschwitz. Le rôle de Vichy dans la Solution finale de la question juive en France – 1942***. Laurent Joly précise peu après cet épisode que ce livre « parachève le savoir élaboré par les

*C'est moi qui souligne.

**Fayard, 1983. Le second volume, *1943-1944*, paraîtra deux ans plus tard.

chercheurs du CDJC depuis la fin des années 1940 ». Certes. Mais ce dernier affine encore sa réflexion au cours de l'ouvrage : si Klarsfeld a sa place ici, c'est qu'il partage avec ses prédécesseurs, même si ses ambitions sont différentes, le même culte du document brut, de la recherche patiente dans les fonds connus mais aussi de la découverte de fonds inconnus. D'ailleurs, la couverture, qui le saisit aux obsèques de Xavier Vallat, exhibant le « classique » de Billig sur le commissariat général aux Questions juives, l'inscrit plus spectaculairement dans cette filiation historique.

La méthode, on l'a dit, est identique, mais pas le but poursuivi. Si les mousquetaires du CDJC n'ont d'autre motivation que d'enrichir le savoir, Serge Klarsfeld, qui n'est pas plus un historien universitaire que Robert Badinter mais un avocat à la double casquette, entreprend ses travaux pour les transformer en armes judiciaires. L'historien prépare et assoit les procédures lancées par l'avocat. Et son cri de ralliement ne saurait être différent de celui des chercheurs du CDJC : « Rien que les archives. » C'est la condition *sine qua non* pour l'emporter face à la justice.

L'exemple de Serge Klarsfeld le prouve, Laurent Joly ne limite pas son ouvrage à la première génération des historiens victimes du nazisme. L'auteur de *Vichy-Auschwitz* est né en 1935, Robert Badinter en 1928. C'est dire qu'ils sont parfaitement contemporains. Ce ne saurait donc être une raison pour disqualifier le second. Reste un point décisif : la condition de victime. Là encore, les événements ne permettent pas d'éliminer l'un des deux. Seule la destination finale a distingué le destin de leurs pères. Simon, celui de Robert Badinter, a trouvé la mort à Sobibór en 1943, celui de Serge Klarsfeld à Auschwitz en 1944.

Résumons-nous : voilà deux hommes nés avec sept ans d'écart seulement, deux avocats devenus des historiens du dimanche reconnus, cultivant le même culte pour la recherche, deux orphelins de père, égales victimes impossibles à distinguer, mais le livre fait de Serge Klarsfeld l'unique personnage principal de la seconde partie du récit.

Un élément supplémentaire, qui ajoute à la confusion et à l'incompréhension : en octobre 2022, Robert Badinter fait paraître un nouveau livre consacré à l'Occupation et, en partie, à l'histoire des Juifs sous Vichy (*Le Procès Bousquet : Haute Cour de justice, 21-23 juin 1949**). En novembre, dans le bureau de l'ancien ministre de la Justice, Laurent Joly se confond en remerciements et ne tarit pas d'éloges sur ce livre. Leur entretien de quarante-trois minutes est disponible sur le site Akadem**.

> « Monsieur Badinter, un grand merci de nous accueillir. C'est un grand honneur pour nous de vous rencontrer à l'occasion de ce livre, *Le Procès Bousquet.* C'est un livre important que vous livrez à la connaissance, c'est la sténographie intégrale, commentée et annotée par vous [...] du procès Bousquet qui a eu lieu en juin 1949. C'est un document important, on va y venir. [...] »

C'est en vain cependant qu'on chercherait une seule mention de ce « livre important » dans le travail du directeur de recherche au CNRS, qui a pourtant longuement interrogé son auteur à ce sujet. Un auteur qui remplit toutes les conditions fixées par l'historien pour avoir droit de cité dans ces pages. Que s'est-il passé entre-temps ? Quelle mystérieuse réévaluation a pu le conduire à écarter deux ouvrages qui avaient toute leur place ?

Occultation bis : en février 2025, Jacques Duret publie *Vichy et la justice****. L'auteur est décrit en quatrième de couverture comme « un ancien avocat au Barreau de Paris », « docteur en histoire contemporaine », dont « les recherches portent sur l'histoire de la justice française contemporaine, notamment sous le régime de Vichy et à la Libération... » *Un antisémitisme ordinaire*, pour être consacré aux

---

*Fayard, avec la collaboration de Bernard Le Drezen.

**Transcription de Marc Grinsztajn.

***Passés composés.

avocats, évoque également la magistrature de l'époque, et Robert Badinter est aussi l'auteur d'un texte qui s'intéresse exclusivement aux juges pendant cette période*. Pas une seule référence, cependant, à l'ex-président du Conseil constitutionnel, ni dans le corps du texte, ni dans la bibliographie. Il est vrai que celle-ci est présentée comme « sélective », mais les avocats n'en sont pas absents. Deux références au moins, un livre et un article de Liora Israël : *Robes noires, années sombres : avocats et magistrats en résistance pendant la Seconde Guerre mondiale*, et « Résister par le droit ? Avocats et magistrats dans la Résistance (1940-1944) », *L'Année sociologique*, vol. 59, 2009. Le lecteur aura sans nul doute remarqué que si, au fil des textes évoquant le Bâtonnier Charpentier, ses activités clandestines s'étiolent progressivement aux yeux de Robert Badinter, c'est en invoquant cet engagement dans la Résistance qu'il s'opposera au déboulonnage de son effigie des murs du Palais. Il méritait donc, *à ce titre également***, de figurer dans cet ouvrage sur la justice de Vichy, mais son absence y est si marquée, tellement systématique, qu'elle pourrait de prime abord sembler légitime. Ici, aucune des contradictions qui semblent opposer le livre de Laurent Joly à lui-même et à certaines de ses interventions publiques.

Mais s'il y avait beaucoup mieux à faire que de tenter d'esquisser une réponse à ces questions en guise de conclusion, ou de finir cette note sur une aporie, faute d'explications ? Et si ces explications, au vu des similitudes évidentes entre les élus et le grand absent, étaient condamnées à l'insuffisance ? Parce que, si Jacques Duret et Laurent Joly ont fait ce choix qu'on renonce à comprendre, d'autres historiens, et certains parmi les plus éminents, ne cessent de revenir à *Un antisémitisme ordinaire* comme à un événement devenu lui aussi un classique. Comme le dit plus haut Christian Charrière-Bournazel : « Avant, il

---

*« Juger après Vichy », qu'on pourra lire en annexe.

**C'est moi qui souligne.

n'y avait rien. » Désormais, il y aura pour toujours le chef-d'œuvre de Robert Badinter.

C'est pourquoi cette note se terminera par un article de Marc-Olivier Baruch, reproduit en totalité.

Auteur d'une thèse qui a fait date sur l'administration vichyssoise, devenue ensuite un livre : *Servir l'État. L'Administration en France 1940-1944* (Fayard, 1997), polytechnicien et énarque, mais aussi docteur en histoire, il a mené, comme Robert Badinter, plusieurs carrières de front, à la fois comme haut fonctionnaire et comme chercheur. Et cet éloge de l'ouvrage de Robert Badinter, c'est à une encyclopédie qu'il le réserve, c'est-à-dire à un épais volume voué à servir de référence et pour longtemps. Et pas n'importe quelle encyclopédie. L'*Universalis*, évidemment. C'est bien le mot qui convenait à Robert Badinter. Voici donc cette longue recension à vocation universelle, et qui installe son livre dans la très longue durée :

> « La photo – tristement célèbre – est reproduite dans deux journaux parisiens : on y voit côte à côte sept des avocats parisiens les plus réputés, l'air grave. Le commentaire, certes étroitement contrôlé par la censure allemande, évoque, à l'exemple de *Paris-Soir*, "ces Juifs millionnaires, ex-célébrités du Barreau parisien, internés dans un camp proche de la capitale". Ce camp s'appelle Drancy, nous sommes le 12 septembre 1941, les sept avocats ont été arrêtés, en même temps que trente-cinq de leurs collègues, lors des grandes rafles opérées à Paris par les Allemands – alors sans le concours de la police française – entre le 20 et le 23 août précédents. L'image figure en annexe de l'ouvrage de Robert Badinter* sur cet "antisémitisme ordinaire" qui gouverne la relation entre "Vichy et les avocats juifs" – sous-titre de son ouvrage –, peut-être réducteur dans la mesure où, dans le cas des rafles déjà évoquées comme dans celui du port de l'étoile jaune, les Allemands étaient à l'origine d'un processus intervenant au demeurant pour l'essentiel

*Elle figure aussi dans les annexes de cet ouvrage.

en zone occupée, et surtout à Paris. Mais c'est bien Vichy qui voulut, conçut et mit en œuvre l'exclusion des Juifs des fonctions publiques, comme des professions libérales.

Le livre de Robert Badinter est passionnant et riche, nourri de sources multiples, qu'il s'agisse de fonds d'archives ou de travaux historiques parmi les plus récents, mais aussi de témoignages, souvent difficiles à collecter, qui nous permettent de mesurer le désarroi des victimes de la politique d'exclusion menée par le gouvernement de l'État français, avec à sa tête le maréchal Pétain. Rien ne manque à cette étude de cas, ni l'amont, avec un rappel de la forte xénophobie des Barreaux d'avant-guerre, ni l'aval, avec une réflexion sur les réécritures qui, après la Libération, parvinrent à fondre les persécutions dont furent victimes les Juifs présents en France dans l'indéniable cortège de souffrances que connurent les multiples victimes de l'occupant nazi. Choix alors habile, et sans doute nécessaire pour maintenir une forme d'unité nationale, mais qui laissait aux générations suivantes le soin de s'interroger, douloureusement, sur le rôle des institutions françaises dans la mise en œuvre de la Solution finale d'une part, dans le projet vichyste d'exclusion antisémite d'autre part.

C'est ce dernier projet que nous décrit Robert Badinter, avec une exactitude de ton grâce à laquelle la précision – indispensable – n'est jamais sécheresse. L'exclusion des Barreaux, comme celle qui touche alors bien d'autres strates de la société française, frappe d'abord ceux en qui les influences d'extrême droite qui structurent le régime voient des « métèques », à savoir les Français nés de pères non français. Cette haine de l'étranger – et plus généralement de l'autre –, traduite en loi le 10 septembre 1940 pour ce qui concerne les avocats, fut vite complétée par le rejet de l'idée même que les Juifs puissent s'assimiler à la société française. Ce fut la fonction du premier Statut des Juifs, signé le 3 octobre 1940, d'en faire des Français de seconde zone ; s'agissant des professions libérales, le texte envisageait la possibilité d'un *numerus clausus*, que vint institutionnaliser le second statut, daté du 2 juin 1941. Il est inutile de dire la souffrance, chez des hommes qui se pensaient solidement installés dans la société française, née de cette remise en cause d'un processus d'émancipation vieux de cent cinquante ans (on renverra à ce sujet au précédent ouvrage de Robert Badinter sur l'émancipation des Juifs par la Constituante) : Léon Lyon-Caen, avocat général près la Cour de cassation, y voyait ainsi "l'effondrement de tout ce qui [lui était] cher".

Mais le plus frappant est que cette absolue négation des principes républicains n'empêcha pas la mise en œuvre, par la communauté de leurs pairs, de l'exclusion des avocats juifs. Robert Badinter nous en décrit, là encore avec une précision non dénuée d'émotion, l'implacable déroulement : pour chaque Barreau, les conseils de l'Ordre furent chargés de transmettre à la cour d'appel la liste des avocats qui s'étaient déclarés juifs, liste accompagnée d'un "avis motivé" sur chacun d'entre eux. Cette "sélection", pour reprendre un terme de l'auteur, fut partout faite : c'est ainsi qu'à Paris, à l'issue de ce processus, la cour d'appel prononça, le 13 février 1942, l'exclusion de deux cent vingt et un avocats juifs*. Xavier Vallat, commissaire général aux Questions juives, avocat de profession et membre du conseil de l'Ordre de Paris, accepta certes l'examen de cinq dérogations exceptionnelles à la rigueur des textes; mais ces demandes furent sans suite, son successeur, Darquier de Pellepoix, s'y opposant, avec l'accord de Laval. Il est vrai qu'on était alors en septembre 1942, et que l'antisémitisme avait pris d'autres proportions : Laval et Bousquet venaient d'écrire une des pages les plus noires de la collaboration, en accordant l'aide de l'Administration et de la police françaises à la mise en œuvre du projet nazi d'anéantissement des Juifs d'Europe.

Essentiel par l'analyse sans concessions qu'il fait des réactions d'une communauté humaine face à la ségrégation de certains des siens, l'ouvrage de Robert Badinter a aussi le grand mérite de poser la question, trop rarement débattue, de la libéralité de la norme dans le raisonnement juridique français. Tous ces

---

*À la page 172, Marc Knobel n'en compte que deux cent dix-sept. Il ne s'agit pas d'une contradiction. Comme l'explique Robert Badinter dans *Un antisémitisme ordinaire*, sont touchés « deux cent vingt et un avocats juifs, dont deux cent dix-sept pour le seul Barreau de Paris ».

avocats appliquant le statut, ne l'oublions pas, avaient été pétris des principes issus de la Déclaration des droits de l'homme, sur lesquels s'était construit le droit français. Or, pas plus que les fonctionnaires ou que les professeurs de droit, ils ne semblent avoir été suffisamment choqués par la construction d'un ordre juridique à proprement parler inique pour s'y opposer d'une manière plus ou moins frontale. Il ne faut certes pas oublier le contexte, à commencer par le choc terrible de la défaite de juin 1940, ni l'effet d'anesthésie né de l'existence d'un gouvernement ayant à sa tête une figure aussi prestigieuse que celle du maréchal Pétain. Arguments bien réels, mais moins significatifs pendant l'été 1941, lorsque le processus d'exclusion des avocats juifs est conduit, qu'ils ne l'étaient un an plus tôt. C'est plutôt cette "culture légicentriste des juristes français" que remet en cause Robert Badinter, en soulignant quelques-uns des méfaits auxquels peut conduire une application des textes qui se soucie plus de leur forme que de leur contenu. Le problème est vaste, intemporel sans doute ; l'un des mérites de ce beau livre est d'inviter à le méditer. »

« Mort d'un Israélite français »

[Nous avons reproduit la version écrite de l'hommage à Pierre Masse prononcé au Palais de Justice de Paris le 19 mai 2009. Publiée dans *Le Débat* (numéro 158, janvier-février 2010), elle présente quelques différences très minimes avec la captation audiovisuelle, à l'exception d'une suppression plus importante : l'adresse initiale, que nous restituons ici :

> « Monsieur le Bâtonnier,
> Chère Simone Veil,
> Mesdames, Messieurs,
> Chers confrères,
>
> Lorsque Monsieur le Bâtonnier m'a fait l'honneur de me demander de porter la parole et d'évoquer devant vous le destin de Pierre Masse, je n'ai pas balancé un instant. Par égard pour sa famille – j'ai connu son fils –, par amitié aussi pour certains membres de cette famille, et parce qu'il y a dans le destin exceptionnel de Pierre Masse un fil rouge qu'il me faut maintenant évoquer.
> Le Bâtonnier Stasi a évoqué devant nous la carrière de Pierre Masse, avocat célébré, député, secrétaire d'État à la Guerre dans les heures difficiles de 1917, sénateur, qui unissait dans une passion commune la France, la République et la profession d'avocat.
> Rarement pareilles qualités ont été rassemblées dans la Cité et au Palais. Seulement voilà [...]. »

Dans *Le Débat*, le texte de Robert Badinter ouvrait un dossier consacré au judaïsme. Suivaient les contributions de Timothy Snyder (« La réalité ignorée de l'extermination des Juifs »), d'Ilan Greilsammer (« Les tourments du

sioniste de gauche ») et de Ran Halévi (« Israël : imbroglio démocratique, paix introuvable »).
Ce numéro comprenait un débat supplémentaire, « Autour de *Comment le peuple juif fut inventé* de Shlomo Sand », avec la participation d'Esther Benbassa, de Denis Charbit, de Maurice-Ruben Hayoun, de Maurice Sartre et de l'auteur du livre. Les pauses matérialisées par des étoiles qui séparent deux paragraphes appartiennent au texte du *Débat*.]

Dans son édition du 28 juin 2009, la *Gazette du Palais* parisienne rend compte, avec force détails, de la longue cérémonie organisée en l'honneur de Pierre Masse, à l'occasion du dévoilement par Simone Veil de l'effigie de l'avocat assassiné à Auschwitz. Le ton est à l'enthousiasme, l'harmonie semble régner. Après le récit des événements, et à l'exception de la communication de Mario Stasi, le journal reproduit *in extenso* l'intervention du Bâtonnier Charrière-Bournazel, qui lit trois lettres de l'avocat adressées au maréchal Pétain, puis celle de Robert Badinter, avant de citer également la conclusion du premier.

Mais pas un mot de la polémique qui a précédé cet événement : depuis 1997 et la publication par Robert Badinter, convié ici à prononcer le discours principal, de son *Antisémitisme ordinaire*, c'est peu dire que la haute figure du Bâtonnier Charpentier suscite la controverse. Et certains avocats n'hésitent pas réclamer que l'on déboulonne le visage de ce Bâtonnier qui résume pour eux la lâcheté de l'Ordre parisien pendant l'Occupation. Robert Badinter s'y oppose fermement.

Sur ce point, et même si, au fil de ses interventions postérieures à la publication de son livre, Robert Badinter n'a cessé de se montrer de plus en plus critique et incisif à l'égard de Charpentier, il est toujours demeuré vent debout contre le déboulonnage.

Pour sortir de la crise, le Bâtonnier va donc proposer qu'on appose également, tout près de la représentation contestée, le visage de Pierre Masse, dont il commande l'effigie à Thérèse Dufresne. Née en 1937, « sculpteur médailleur » – c'est ainsi qu'on désigne ces artistes spécialisés –, ancienne élève des Beaux-Arts passée par la Casa Velázquez, cette dernière a réalisé, pour la Monnaie de Paris par exemple, un très grand nombre de pièces. Le médaillon de Pierre Masse sera d'ailleurs l'un de ses derniers, puisqu'elle décède en 2010.

La cérémonie relatée n'apaisera pas cependant la situation, remise en cause sporadiquement par quelques avocats déterminés. Et les institutions juives de s'en mêler à leur tour.

Ainsi, *L'Express*, une dizaine d'années après la pose du médaillon, s'empare de « l'affaire Charpentier ». L'hebdomadaire n'est pas avare de précisions qui témoignent d'un climat très dégradé au Palais.

On lira ci-dessous, sous la plume de Jean-Gaston Moore, la relation de la *Gazette*, suivie d'un extrait du dossier de *L'Express*.

Le Barreau de Paris rend hommage à Pierre Masse

Après avoir célébré en avril 2000 la mémoire de Gaston Monnerville, dont l'effigie a pris place aux côtés de celle du Bâtonnier Jacques Charpentier, Christian Charrière-Bournazel, Bâtonnier de l'Ordre des avocats de Paris, a rendu le 10 mai dernier un vibrant hommage à Pierre Masse, en présence de sa famille, de Simone Veil, de Robert Badinter, d'anciens Bâtonniers, de membres du conseil de l'Ordre, de la famille judiciaire et de personnalités civiles. L'effigie de Pierre Masse a pris place dans la galerie de la Première présidence du Palais de justice de Paris. Le Bâtonnier a, à cette occasion, remercié Jean-Claude Magendie, Premier président de la cour d'appel pour sa bienveillante autorisation.

Gazette du Palais,
28-30 juin 2009

Le Bâtonnier Christian Charrière-Bournazel a ouvert la cérémonie, qui s'est déroulée dans la grande salle de la bibliothèque des avocats, par la lecture des trois lettres de Pierre Masse au maréchal Pétain, datées d'octobre 1940, de septembre et de décembre 1941.

Le Bâtonnier fit observer une minute de silence à la mémoire de Pierre Masse. Il donna ensuite la parole au Bâtonnier Mario Stasi – dont le discours de Premier secrétaire de la Conférence était justement consacré à Pierre Masse – puis à Robert Badinter. Mario

Stasi, avec éloquence et émotion, nous a retracé l'éblouissante carrière de Pierre Masse, les origines de cette grande famille de Lorraine, de confession israélite ; son arrière-grand-père avait été soldat de la Grande Armée de Napoléon, décoré de la médaille de Sainte-Hélène ; son grand-père, Bâtonnier du Barreau de Strasbourg, après l'annexion de l'Alsace et de la Lorraine, choisit la France. Il fut d'abord avocat à la cour de Paris, secrétaire de la Conférence puis magistrat.

Pierre Masse débuta au Barreau de Paris en 1900. Docteur en droit, premier secrétaire de la Conférence, conseiller général de l'Hérault, député, sénateur, officier d'infanterie pendant la Grande Guerre, décoré de la croix de guerre, de la Légion d'honneur à titre militaire, membre du gouvernement Painlevé. D'un patriotisme ardent, ses lettres au Maréchal sont demeurées sans réponses. Elles témoignent de son amour de la France mais également de sa confiance en sa patrie, d'où son impatience de quitter sa circonscription de l'Hérault pour rejoindre Paris. Il n'hésita pas à plaider avec fougue pour Henry Bernstein contre un journaliste de l'hebdomadaire antisémite *Je suis partout.*

À Drancy, Compiègne et Fresnes, il fit preuve d'une dignité bouleversante, qui fit l'admiration de ses compagnons d'infortune. Dans ce repère de la famine, où les hommes sont squelettiques, le plus bel hommage qui lui ait été rendu tient dans ce témoignage, invraisemblable et magnifique, qui doit suffire à faire pencher en sa faveur auprès de Dieu la balance de la miséricorde : « À Compiègne. Pierre Masse m'a donné une orange*. » D'une dignité bouleversante, sachant le sort qui l'attendait, il nous a quittés le 30 septembre 1942**.

---

*Jacques Lorach, *Pierre Masse*, Calmann-Lévy, 1948

**Il ne s'agit pas de la date de son assassinat mais de celle du départ de son convoi.

Dans leurs allocutions successives, Christian Charrière-Bournazel, Mario Stasi et Robert Badinter, en des termes poignants et superbes, nous ont fait revivre cette grande figure disparue et la fin tragique de cet homme qui, en dépit des injustices et des privations, conserva sa dignité jusqu'au bout.
Robert Badinter a bouleversé l'auditoire par la profondeur et le ton de son discours. Il communiqua son émotion à un auditoire passionné. Il nous décrit une page tragique de notre Histoire où tous n'ont pas eu le courage de Pierre Masse.
Le Bâtonnier Charrière-Bournazel, en une allocution, a su trouver les mots qui convenaient pour clôturer cette émouvante cérémonie organisée à son initiative et pour laquelle le Palais ne peut que le remercier.
J. G. M.

Introduction du Bâtonnier Christian Charrière-Bournazel
Vous avez vu tout à l'heure le superbe médaillon à l'effigie de Pierre Masse qu'a dévoilé Simone Veil et qu'avait réalisé Thérèse Dufresne que je tiens à remercier pour son talent et pour la ferveur qu'elle a mise à exécuter cette œuvre.
Je veux remercier aussi Monsieur le Premier président de la cour d'appel qui m'a autorisé, quand je lui en ai parlé, à apposer ce médaillon dans le couloir de la Première présidence qu'arpentent tous les jours magistrats et avocats. Tous les jours, ils passeront devant Pierre Masse.
Pour moi, qui suis né en 1946 et arrivé au Barreau en 1973, Pierre Masse représente une immense figure de la profession d'avocat. Je ne veux rien en dire de plus, sinon vous lire trois de ses lettres dont le retentissement dans la mémoire et pour l'avenir est considérable.

« Paris, le 20 octobre 1940,

Monsieur le Maréchal,

J'ai lu le décret qui déclare que les Israélites ne peuvent plus être officiers, même ceux d'ascendance strictement française.

Je vous serais obligé de me faire dire si je dois aller retirer leurs galons à mon frère, sous-lieutenant au 36e régiment d'infanterie, tué à Douaumont en avril 1916, à mon gendre, sous-lieutenant au 14e régiment de dragons portés, tué en Belgique en mai 1940, à mon neveu Jean-Pierre Masse, lieutenant au 23e colonial, tué à Rethel en mai 1940 ?
Puis-je laisser à mon frère la médaille militaire, gagnée à Neuville-Saint-Vaast, avec laquelle je l'ai enseveli ?
Mon fils Jacques, sous-lieutenant au 62e bataillon de chasseurs alpins, blessé à Soupir en juin 1940, peut-il conserver son galon ?
Suis-je enfin assuré qu'on ne retirera pas rétroactivement la médaille de Sainte-Hélène à mon arrière-grand-père ?
Je tiens à me conformer aux lois de mon pays, même quand elles sont dictées par l'envahisseur.
Veuillez agréer, Monsieur le Maréchal, les assurances de mon profond respect.

Pierre Masse

Anc. Capitaine au 36e RI
Off. Légion honneur Croix de Guerre
Anc. Sous-Secrétaire d'État à la Justice militaire. »

Lettre de septembre 1941 :

« Monsieur le Maréchal,

J'ai reçu, sous le couvert de Monsieur le Président du Sénat, la circulaire par laquelle vous me demandez de faire connaître si je suis de famille juive.
Mon premier mouvement a été de ne pas faire réponse : il n'y a pas de « Juifs » au Sénat. Ne font partie de cette assemblée que des citoyens français, quelle que soit leur religion,

élus par un collège électoral français, conformément à une Constitution qui n'a pas été abrogée sur ce point.
J'ai décidé cependant de répondre, par déférence pour le gouvernement dont vous êtes le chef.
Les deux grands-pères étaient de religion israélite. L'un, Bâtonnier de l'Ordre des avocats de Strasbourg en 1870, a tout abandonné, propriétés familiales et sa situation, pour rester français ; l'autre a été, il y a un siècle, maire de la commune de l'Hérault que je représente depuis trente-quatre ans au Conseil général. Leurs femmes appartenaient à la même religion.
J'élève contre la loi du 3 octobre 1940 la protestation la plus formelle.
D'ascendance strictement française, dans toutes les branches et aussi loin que je puis remonter, officier d'infanterie, titulaire de citations qui ont toutes été gagnées en avant des lignes françaises, ancien chef de la justice militaire à une époque où les gens de la Cinquième colonne étaient envoyés aux fossés de Vincennes, ayant parmi mes parents les plus proches quatre officiers tués à l'ennemi, membre du conseil de mon Ordre, régulièrement élu sénateur par mes compatriotes de l'Hérault, je n'accepte pas d'être traité en Français de la 2e catégorie.
Croyez que je regrette, m'adressant à vous, d'avoir à m'exprimer avec cette fermeté. Je n'oublie pas la déférence que je vous dois, ni que j'ai eu l'honneur de siéger avec vous au Comité de guerre en 1917.
Veuillez agréer, Monsieur le Maréchal, l'assurance de ma respectueuse considération.

Pierre Masse »

Drancy. De Drancy, il est appelé pour Compiègne. De Compiègne à la Santé, de la Santé à Drancy d'où il partira par le convoi du 30 septembre 1942 pour Auschwitz.
Le 14 décembre 1941, quand il est appelé de Drancy, il ne sait pas où il va et c'est sa lettre d'adieu, son testament spirituel :

« Monsieur le Bâtonnier,

Je suis appelé. Je vais probablement mourir.
Je suis venu ici comme avocat. Je mourrai, j'espère, dignement, pour ma patrie, ma foi et mon Ordre.
Dites à mes confrères que je les remercie des honneurs qui ont accompagné ma vie professionnelle. J'en emporte une juste fierté.
Je vous recommande mon fils.
Je finirai en soldat de la France et du Droit, que j'ai toujours été.
Bien vôtre, en toute amitié et en déférent respect.

Pierre Masse »

Je vous invite à quelques moments de silence pour sa mémoire.

Conclusion du Bâtonnier Christian Charrière-Bournazel

Mesdames, Messieurs, il n'y a plus rien à dire sinon un immense merci au président Badinter, à Simone Veil, au Bâtonnier Mario Stasi, pour avoir participé à cette cérémonie importante pour moi comme elle l'est pour chacun de nous qui devons notre liberté à ceux qui ont vécu ces destins tragiques.
Pierre Masse aurait aujourd'hui 130 ans. Il avait, en 1942, l'âge qui est le mien aujourd'hui. Puissions-nous, grâce à ce médaillon, chère Madame Dufresne, à chaque moment où le présent est trop lourd et le passé plus écrasant, opposer à la lâche tentation de l'oubli l'honneur de nous souvenir. Merci*.

---

*L'Ordre des avocats, qui a filmé l'ensemble des événements, a édité un DVD hors commerce. Intitulé « Hommage à Pierre Masse – Cérémonie du 19 mai 2009 », et accompagné par un fascicule illustré, il est malheureusement introuvable aujourd'hui, et l'Ordre lui-même ne dispose plus que d'un unique exemplaire.

« Au palais de justice de Paris, l'encombrant portrait de l'ex-Bâtonnier collabo »

Polémique. Sur un mur de l'ancien tribunal de l'île de la Cité, un médaillon de bronze célèbre toujours Jacques Charpentier, le Bâtonnier qui appliqua les lois antijuives de Vichy.

Laurent Léger et Thibaut Solano,
L'Express, le 27 février 2020

[…] Ayant prêté serment d'avocat en 1951, le futur ministre de François Mitterrand [Robert Badinter], qui rencontre Charpentier à cette époque – ils n'étaient pas amis, confie-t-il –, est revenu en 1997 sur la question de l'antisémitisme qui régnait alors au Barreau de Paris dans son livre *Un antisémitisme ordinaire. Vichy et les avocats juifs (1940-1944)*, publié par Fayard.
« Jacques Charpentier était un antisémite ordinaire, foncièrement antisémite, mais moins que d'autres, il passait même pour un libéral à côté de certains. Il était l'expression même de l'élite du Barreau. Le milieu judiciaire était antijuif et, avant tout, particulièrement xénophobe », explique-t-il à *L'Express*, rappelant que le premier commissaire aux Questions juives de Vichy, Xavier Vallat, était un avocat parisien.

> « Il ne faut pas oublier que dans le discours prononcé juste après la victoire de 1945 par le nouveau Bâtonnier, destiné à commémorer les avocats morts pour la France, pas une seule fois le mot "Juif" ne fut prononcé… »

Pour Badinter, le décrochage « serait malvenu »
Jacques Charpentier, qui rêvait de l'Académie française, était « parfaitement méprisant » vis-à-vis de ses confrères mais aussi « talentueux » avocat, précise encore Robert Badinter. Ce dernier ne souhaite pas le déboulonnage du Bâtonnier :

> « Ce serait malvenu. Je suis médusé de voir qu'on projette sur cette époque des visions d'aujourd'hui qui n'ont rien à voir avec la réalité de la guerre. Charpentier fut aussi un résistant. »

Ce « seigneur du Barreau », selon Badinter, rejoignit la résistance judiciaire dans la seconde partie de l'année 1943 et mériterait donc de rester accroché sur les murs du Palais, aux côtés d'une petite poignée de ses confrères, dont Vincent de Moro-Giafferri, Gaston Monnerville ou encore Pierre Masse.
Bernard Vatier, qui fut Bâtonnier de Paris (1996-1997), confirme cette position « complexe » :

> « Le livre de Robert Badinter avait provoqué la stupeur au sein du Barreau, c'était un déchirement de savoir que notre Ordre s'était livré à de tels agissements. De jeunes avocats ont exigé que le conseil de l'Ordre demande pardon, mais j'avais considéré que seules les victimes auraient pu le faire. »

Un communiqué fut néanmoins publié à ce moment-là :

> « Le conseil de l'Ordre, conscient de ses responsabilités au regard de l'histoire du Barreau, s'incline devant la souffrance de ceux qui en ont été victimes. »

« Nous n'avons pas la légitimité pour juger », conclut Vatier, tout comme le Bâtonnier Christian Charrière-Bournazel (2008-2009) :

> « J'avais été interpellé par une initiative individuelle pour ôter l'effigie de Charpentier, mais j'ai estimé qu'il serait plus légitime que les associations d'avocats déportés ou résistants me saisissent eux-mêmes. Personne ne l'a fait. »

À Drancy pour apporter les certificats de radiation

Rapportée par plusieurs anciens Bâtonniers, une anecdote cristallise l'ambiguïté du personnage : Charpentier, qui venait à Drancy

> apporter leurs certificats aux avocats internés dont il avait prononcé la radiation, avait un jour traversé les dortoirs pour aller saluer son ami Pierre Masse, qui avait été raflé et interné lui aussi dans les mêmes locaux. Ce dernier, qui fut avocat, sénateur et secrétaire d'État en 1917, mourra à Auschwitz.
> « J'avais trouvé invraisemblable qu'on ait accroché en 1974 sur les murs du Palais le médaillon de Charpentier, qui avait exécuté les lois de Vichy contre les Juifs. Du coup, j'ai fait apposer à côté l'effigie de Pierre Masse, qui avait été candidat au Bâtonnat sans avoir été élu, car il était juif. C'est Simone Veil qui dévoila son effigie, au cours d'une cérémonie, et Robert Badinter qui prononça le discours », se souvient Charrière-Bournazel. Hommage est donc rendu à Masse, mais Charpentier reste honoré [...]*.

Aujourd'hui, grâce à Robert Badinter, Pierre Masse est devenu un héros unanimement et régulièrement célébré par les institutions judiciaires, et l'ancien Bâtonnier Christian Charrière-Bournazel s'est voué à préserver sa mémoire, dans une double fidélité : à la victime héroïque et à son premier thuriféraire. Sa notoriété dépasse largement les rangs des vieux ténors du Barreau, des Bâtonniers et anciens Bâtonniers, des membres du conseil de l'Ordre et des jeunes secrétaires de la Conférence.

En octobre 2022, par exemple, l'École de droit de l'université Paris-Panthéon-Assas lui rend hommage dans un amphithéâtre rempli d'étudiants. C'est d'ailleurs le responsable de l'Association du Collège et de l'École de droit d'Assas qui introduit la soirée au Centre Panthéon. Comme en 2009, des parents de Pierre Masse sont présents pour écouter Stéphane Braconnier, le président de l'université : selon lui, « évoquer Pierre Masse, c'est se remémorer la "République des avocats", manifestation d'un temps où "la politique se concevait avec et pour le droit", dans le culte des vertus démocratiques, héritées de la Révolution française ». Christian Charrière-Bournazel lit à nouveau des textes de

*Cet article figure dans son intégralité en annexe.

celui que *La Semaine juridique* (c'est elle qui, cette fois-ci, rend compte de l'événement) n'hésite pas à qualifier de « héros » dans un titre spectaculaire (« Les juristes comptent parfois des héros »).

C'est sans doute la limite de l'exercice. Car cette héroïsation est ambiguë, assez largement découplée du judaïsme du personnage, de l'antisémitisme vichyssois et de sa mort en victime absolue dans un camp d'extermination, et non en héros, les armes à la main, ou dans une courageuse confrontation juridique avec le régime en place. En témoigne, en 2009 déjà, cette très étonnante expression sous la plume du journaliste de la *Gazette* :

> « D'une dignité bouleversante, sachant le sort qui l'attendait, il [Pierre Masse] *nous a quittés le 30 septembre 1942**. »

Quelle curieuse façon de décrire la fin abjecte du vénérable avocat. Quel euphémisme inattendu pour désigner son départ pour les chambres à gaz et sa réduction à « son poids de cendres », comme Robert Badinter s'obligeait à l'évoquer, dans un crématoire. On a l'impression d'assister subliminalement au départ précipité d'un déjeuner dominical ou au doux endormissement d'un vieillard entouré jusqu'au dernier moment de l'amour des siens. Et l'héroïsation de Pierre Masse, bien que prenant le contre-pied de cette évocation, produit aussi une confusion historique dommageable à la juste compréhension de ce qui lui est advenu.

Sans doute considère-t-on que cette métamorphose guerrière est nécessaire à la curiosité des jeunes générations, mais à quel prix, sinon, là encore, par une étrange manière de circonscrire l'antisémitisme dont il fut victime à de simples « complications » : des cours « interrompus », mais probablement par des militants venus de l'extérieur, puis une « brillante carrière brisée » par un antisémitisme hypostasié, sans

---

*C'est moi qui souligne.

théoriciens, sans militants, sans nervis, sans adeptes ni défenseurs. Sans Pétain, sans Laval, sans Charpentier. Sans SS ni gestapistes.

La Semaine juridique, à nouveau :

> « [...] Pierre Masse fit ses études à la faculté de droit de Montpellier, puis les poursuivit à Paris où il côtoya des professeurs admirables : Planiol, en droit civil, et Émile Auguste Garçon (le père de Maurice) en droit pénal. Ce fut le commercialiste Charles Lyon-Caen qui dirigea sa thèse. *Victime de l'antisémitisme, ses cours furent régulièrement perturbés, au Centre Panthéon, pendant l'affaire Dreyfus. La brillante carrière de Masse fut brisée par la bêtise et l'inhumanité de l'antisémitisme**. La thèse de Masse était pionnière, elle portait sur « Le droit moral de l'auteur. [...] »

La carrière est interrompue, mais la vie continue, que Masse, aux yeux de trop nombreux commentateurs, aurait vendue chèrement, comme s'il avait été arrêté pour « faits de résistance morale et intellectuelle », c'est-à-dire pour s'être opposé avec courage, dignité et ironie aux errements du Maréchal.

Sur le site du Barreau de Paris, à la rubrique « Mémoire d'avocats 39-45 », Pierre Masse bénéficie aujourd'hui d'une notice d'une précision et d'une longueur étonnantes. Mais elle apparaît sous une mention trompeuse : « Morts pour la France ». Cette notice se conclut ainsi :

> « Au-delà de l'avenue qui porte son nom à Paris, au sein du Barreau de Paris, il est un symbole et il n'est pas rare que, lors des prestations de serment, on lise aux jeunes confrères entrant dans la profession le courrier que Pierre Masse a adressé, en décembre 1941, à son Bâtonnier. Cette lecture, qui se perpétue plus de quatre-vingts ans après la mort de Pierre Masse, est hommage aussi rare que mérité. »

---

*C'est moi qui souligne.

Cette lettre, l'une des trois que Christian Charrière-Bournazel lut en avril 2009, est également citée par Robert Badinter dans son hommage à Pierre Masse. Mais il importe de l'avoir à l'esprit, et c'est pourquoi nous la reproduisons une nouvelle fois.

« Monsieur le Bâtonnier,

Je suis appelé. Je vais probablement mourir.
Je suis venu ici comme avocat. Je mourrai, j'espère, dignement, pour ma patrie, ma foi et mon Ordre.
Dites à mes confrères que je les remercie des honneurs qui ont accompagné ma vie professionnelle. J'en emporte une juste fierté.
Je vous recommande mon fils.
Je finirai en soldat de la France et du Droit, que j'ai toujours été.
Bien vôtre, en toute amitié et en déférent respect.

Pierre Masse »

Pour Christian Charrière-Bournazel, cette lettre annonce à Charpentier qu'il s'apprête à partir pour un voyage dont il ignore la destination, mais pas la fin qui l'attend. La notice du Barreau explique en revanche qu'on a fait croire à Pierre Masse qu'il allait être fusillé comme otage, à Drancy (Robert Badinter en fait la même interprétation, mais n'en tire pas du tout, on va s'en rendre compte, les mêmes conclusions). Ce serait le sens de l'expression « Je suis appelé ». Et c'est parce qu'il pense être exécuté très rapidement par les Allemands, et pour cette raison, non comme Juif, que l'avocat aurait ajouté : « Je finirai en soldat de la France. »

On comprend dès lors pourquoi, pour le Barreau, la biographie de Pierre Masse trouve sa place parmi celles de ces « avocats morts pour la France ». Et l'on comprend aussi la raison pour laquelle on lit cette lettre, qui contribue très fortement à l'héroïsation pointée plus haut, aux avocats entrant dans la carrière. L'ensemble est extrêmement cohérent, mais, malheureusement pour tous ceux qui ont contribué à cette notice officielle (au-delà de sa seule auteure)*, Pierre Masse *n'a pas été fusillé comme otage à Drancy***. S'il a finalement été déporté, ce n'est pas non plus comme résistant, à Dachau ou à Buchenwald, mais bien comme Juif, à Auschwitz, envoyé directement à la chambre à gaz parmi des milliers de ses coreligionnaires, qui, pour n'avoir pas écrit plusieurs missives cinglantes à Pétain, étaient tout aussi héroïques que lui, ou aussi peu en vérité.

Contre ces arrangements, il est temps de rendre enfin obligatoire, en première année de droit, la lecture en regard de deux textes de Robert Badinter, *Un antisémitisme ordinaire* et son discours en hommage à Pierre Masse. Quand le site du Barreau feint de croire que la vie de celui qu'elle célèbre comme une exception remarquable, un modèle que tous devraient suivre, s'arrête dans un camp de transit français, Robert Badinter monte avec lui dans un wagon surpeuplé et l'accompagne jusqu'à la fin du voyage, de la rampe d'Auschwitz aux portes de la chambre à gaz. Oui, Pierre Masse a cru mourir en « soldat de la France », mais le discours en son honneur fait justice de cette illusion qui s'empara brièvement du vieil homme. Même si les nazis lui vouaient une haine exacerbée en raison de son rôle en 14-18, cette vie qui s'achève n'est pas celle d'un soldat patriote ou d'un héros national qui ont fait don de leur personne à leur pays, mais bien celle d'un martyr juif ordinaire, désormais sans qualités, capable dès lors d'incarner, comme l'écrit Robert Badinter à la dernière phrase de son hommage, « l'humanité souffrante face à ses bourreaux ».

---

*Nous avons choisi de ne pas considérer ce parti pris comme une interprétation individuelle, mais comme une expression corporatiste dûment approuvée par les instances ordinales.

**C'est moi qui souligne.

Discours de *Hazkara*

[Il ne subsiste aucun enregistrement de ce discours. Nous avons donc reproduit la transcription établie par *Le Monde juif* dans son numéro 136, 1989/4.
La revue du CDJC précisait en préambule au texte de Robert Badinter : « Le dimanche 8 octobre 1989, au Mémorial du martyr juif inconnu, s'est déroulée la célébration annuelle à la mémoire de nos morts (*Hazkara*). Dans une brève introduction, M. Claude Kelman, président du comité exécutif du Mémorial, a relevé "l'inquiétude qui assombrit notre horizon devant le refus de certains de reconnaître la spécificité de la Shoah, et priver ainsi ses victimes de leur identité dans la mort". »]

Dans un entretien, qu'on lira plus bas, avec différents responsables du futur Mémorial de la Shoah, ouvert au public en 2005, après plusieurs années de travaux (une première phase avait eu lieu en 1991), Robert Badinter soulignait le caractère exceptionnel de la création, à Paris, du Mémorial du martyr juif inconnu, l'ancêtre d'un nouvel établissement qui serait bien plus qu'un bâtiment rénové, comme en témoigne son changement de nom. Et c'est ici dans l'enceinte originelle que Robert Badinter prononce ce discours de *Hazkara*, le 8 octobre 1989, accueilli par Claude Kelman.

Afin de marquer combien cette création fut en effet un événement majeur, nous reproduisons un article paru dans *Le Monde juif*, la revue du Centre de documentation juive contemporaine, le célèbre CDJC, accueilli alors dans ce qui faisait déjà figure d'institution incontournable, inaugurée solennellement, le 30 octobre 1956, par le président de la République, René Coty.

« Ainsi, le Mémorial qui demeura longtemps en état de projet – souvent âprement discuté, parfois brutalement, injustement dénigré – est désormais une réalité.
Il n'est plus une vue de l'esprit, une construction en paroles et en lignes tracées sur du papier, mais un édifice puissant et noble dans son austère simplicité, construit en pierre et en marbre, qui se dresse sur le sol de la Ville lumière, dans son enceinte la plus ancienne – celle qui constitue son cœur.
Il sera inauguré le 30 octobre, au cours d'une cérémonie solennelle et profondément émouvante ; M. René Coty, président de la République, a tenu à la présider en personne.
Le chef de l'État aura à ses côtés les présidents des Assemblées, les membres du gouvernement et du corps diplomatique, les représentants du conseil municipal. Des personnalités étrangères de haut rang seront présentes ainsi que de très nombreuses délégations des communautés juives de tous les pays de l'Europe continentale – y compris des Républiques populaires de l'Est –, d'Angleterre, des États-Unis, comme de toutes les communautés de France. La plupart de ces délégations seront conduites par les Grands Rabbins des communautés respectives.
La réunion devant le Mémorial des représentants des communautés de la diaspora, des représentants de l'État d'Israël et des grandes organisations juives mondiales conférera à la cérémonie inaugurale l'ampleur et la portée d'une vaste manifestation du judaïsme dans son ensemble, rendant hommage – pour la première fois – à toutes les victimes juives du massacre hitlérien, sans distinction aucune.

C'est là le premier aspect hautement significatif de l'œuvre réalisée. C'est, en effet, pour la première fois qu'un vaste monument est érigé à la mémoire, non plus des martyrs juifs ayant appartenu à telle ou telle communauté nationale ou locale, mais en hommage à tous ceux et toutes celles – quelle que fût leur appartenance nationale ou leur origine – qui sont morts *Al Kiddouch Hachem*, fusillés en masse dans les plaines de l'Est, étouffés dans les chambres à gaz, brûlés dans les fours crématoires, torturés à mort par la faim et l'angoisse, pourchassés et abattus "individuellement".

En hommage à tous ceux – en un mot – qui sont morts sans sépulture parce qu'ils naquirent juifs.
Voilà pourquoi, par-delà les frontières, par-delà les mers – et qui plus est, par-delà cette ligne imaginaire, mais si tragiquement présente, qui sépare de nos jours le monde de l'Ouest du monde de l'Est –, les représentants de toute la vaste famille d'Israël se réuniront fraternellement le 30 octobre, dans la piété commune pour leurs disparus, victimes du crime le plus abject et le plus horrible de l'Histoire.
C'est à Paris qu'ils se réuniront le 30 octobre, ces fils et filles d'Israël, venus des quatre coins du monde ; car Paris a été choisi – entre toutes les capitales – par un comité formé de personnalités internationales pour abriter le monument dont la destination est de perpétuer dans le temps le souvenir de l'Holocauste juif sous la croix gammée et de rappeler solennellement à l'humanité civilisée le danger mortel qui la menace quand l'atroce haine raciale ne se trouve plus endiguée par l'attachement à l'idéal lumineux de la solidarité de tous les hommes.
Vu sous cet angle, le choix de Paris est un hommage à la France et à sa capitale, berceau de l'émancipation des Juifs – hommage spontané venu du plus profond des cœurs endoloris. Et aussi une preuve de la persistance du rayonnement humain de la France, dont la capitale demeure – aujourd'hui comme hier – le centre spirituel de la civilisation.
C'est ainsi que le chef de l'État a interprété le choix de Paris par le comité mondial – et s'en est déclaré profondément ému ; et aussi le conseil municipal de la capitale, qui a offert, par un vote unanime, le terrain sur lequel s'élève le Mémorial – terrain soigneusement et judicieusement choisi, au cœur de la grande cité, entre l'Hôtel de Ville et celui de Sens, tout près du quartier que les Juifs habitent depuis des siècles.
C'est pour cette raison aussi que les drapeaux des associations des anciens déportés français salueront le tombeau symbolique du martyr juif inconnu en un geste auguste de piété et de solidarité ; c'est là le deuxième aspect hautement significatif de la cérémonie du 30 octobre.

L'œuvre qui sera inaugurée ce jour n'est pourtant pas d'ordre uniquement commémoratif et symbolique.
Elle a, en plus, une destination d'utilité immédiate dans le domaine de la culture juive.
Le Mémorial sera, en effet, un centre d'études de la période la plus tragique de l'histoire du judaïsme européen, disposant des archives et de la bibliothèque du Centre de documentation juive contemporaine – dont nos amis lecteurs connaissent bien la richesse et la valeur scientifique incomparables. Il abritera un musée où un tableau succinct, mais soigneusement étudié, de l'ensemble de la catastrophe juive sous Hitler sera présenté au moyen de reliques, de vestiges, de documents de toutes sortes, accessibles au grand public. Ainsi, le Mémorial servira à l'éducation des jeunes, à la large diffusion des connaissances d'un grand passé horrible et récent que l'oubli guette déjà, se servant de l'ignorance comme d'un allié fidèle. Et le grand "Livre du souvenir" sera là, ce douloureux répertoire des noms sacrés, ruisselants de sang…
De plus, une salle de conférences aménagée avec soin sera mise au service de la pensée et de la science juives.
Le Mémorial enrichira de ce fait le patrimoine spirituel du judaïsme français en dotant Paris d'une institution culturelle de première importance.

C'est là le troisième aspect – et non des moins significatifs – de la manifestation du 30 octobre.
La population juive de Paris avait pressenti la vaste portée du Mémorial. Guidée par son intuition infaillible, elle est venue spontanément en masse compacte assister, vibrante d'émotion, à la cérémonie de la pose de la première pierre, le 17 mai 1953.
Nous sommes certains de la retrouver le 30 octobre 1956, serrée autour du Mémorial réalisé.
Elle marquera la cérémonie inaugurale de l'élan puissant qui anime son grand cœur, encore saignant de mille et mille blessures.

> Car elle sait que ce qui sera inauguré ce jour-là est une forteresse du souvenir, sur laquelle ne mordra jamais le venin de l'oubli*. »

On remarquera que l'article présente le Mémorial tout entier comme un « hommage à tous ceux – en un mot – qui sont morts sans sépulture parce qu'ils naquirent juifs », c'est-à-dire comme une *Hazkara* de pierres, une véritable célébration architecturale.

Qu'est-ce en effet que cette cérémonie que marque ici le discours de Robert Badinter** ? Dans son avant-propos à un recueil de dix allocutions de *Hazkara*, publié très discrètement par le Mémorial de la Shoah***, son président, Éric de Rothschild, y a consacré quelques lignes d'une grande et simple beauté. Au premier plan de ce texte, comme dans l'article du *Monde juif*, un impératif inconditionnel : célébrer les morts sans sépulture, car, comme l'affirmait Claude Lanzmann dans une phrase saisissante, lors d'une même occasion, en 2005 : « Nommer, c'était ressusciter, à tout le moins donner la seule sépulture possible. »

> « Le 27 janvier 2025, le Mémorial de la Shoah, anciennement nommé le Mémorial du martyr juif inconnu, rouvrait ses portes après quatre années d'importants travaux. Que de chemin parcouru en dix ans. Le Mémorial est en effet devenu, au cours de ces années, le centre d'archives le plus important d'Europe. […] Le Mémorial est devenu l'institution de référence sur la Shoah.
>
> Les missions du Mémorial ont évolué, elles restent néanmoins fidèles à l'esprit des fondateurs : transmettre, préserver et enseigner l'histoire de la Shoah. Mais rappelons-nous que le Mémorial a été

---

* *Le Monde juif*, 1956/4, n° 7 (74).

**Robert Badinter, *Cérémonie de* Hazkara *au Mémorial du martyr juif inconnu*, Centre de documentation du Mémorial. Le texte, d'abord imprimé dans *Le Monde juif* n° 136, a fait ensuite l'objet d'un tiré à part confidentiel publié par ses initiateurs.

***Éric de Rothschild, *Commémoration du souvenir des victimes sans sépulture de la Shoah : Discours prononcés de 2005 à 2015*, « Avant-propos », 2015.

essentiellement créé afin de donner une sépulture aux disparus et permettre aux familles de commémorer le souvenir de leurs parents assassinés dans la Shoah. Cette mission sacrée perdure. [...]

Parmi toutes ces cérémonies qui marquent notre calendrier, il en est une qui occupe une place particulière, celle de la *Hazkara*. Cette dernière, qui se déroule depuis 1957 entre les fêtes juives de Roch Hachana et de Yom Kippour, est particulièrement émouvante. Elle se tient au début de l'année juive, pendant une période d'introspection.

Pour prendre la parole à cette commémoration sont choisies des personnalités du monde culturel, politique, scientifique ou religieux concernées par l'histoire de la Shoah. Elles expriment toutes des réactions douloureuses, profondes, variées à ce drame.

Cette cérémonie est bien plus qu'un moment tourné vers le passé. Entre commémoration et discours, la *Hazkarah* lie notre passé à notre avenir. Elle nous amène à nous questionner sur le souvenir, mais aussi et surtout sur notre présent et notre futur [...]. »

Certains, rares, ont eu l'occasion de prendre la parole à deux reprises : ce sera le cas de Robert Badinter, convié à nouveau par le Mémorial, le 12 septembre 2010. Sur un parvis métamorphosé, il aura soin de relier son discours à celui de 1989, mais surtout de distinguer très nettement ses deux interventions, à l'exception de la fin de chacune d'entre elles, conclues par un même *chana tova*. Voici les premières lignes de ce texte de 2010, qui enjambent les décennies :

« Je ressens à cet instant la même émotion que celle éprouvée, voici près de trente ans [vingt et un, en réalité], lorsque vous m'aviez fait l'honneur de me convier à prendre la parole en cette cérémonie qui s'inscrit dans cette semaine, si particulière pour les Juifs, qui s'écoule de Roch Hachana à Yom Kippour.

> À l'époque n'était pas encore édifié ce mur de marbre blanc qui porte gravés les noms des soixante-seize mille déportés juifs de France, dont deux mille sept cents revinrent. »

Mais, si en 1989 Robert Badinter s'était installé au micro en simple invité, certes prestigieux, en 2010 l'orateur est aussi, un peu, chez lui. Huit ans plus tard, lors d'une rencontre organisée dans l'auditorium Edmond J. Safra à l'occasion de la parution d'*Idiss*, Jacques Fredj, le directeur général de l'établissement, accueille l'auteur qui s'apprête, interrogé par Nathalie Saint-Cricq, à présenter la biographie de sa grand-mère maternelle devant un public très nombreux. Et c'est en ces termes que l'organisateur de la soirée tient à présenter, d'entrée, le héros du moment – et du lieu :

> « Nous accueillons M. Robert Badinter, ministre de la Justice, président du conseil constitutionnel mais, ici, c'est Me Robert Badinter, le membre du conseil d'administration du Mémorial également [signe de tête approbateur de l'intéressé] que je suis fier et que j'ai l'honneur d'accueillir. Je le remercie vraiment d'être ici ce soir, parce que vous savez qu'il est extrêmement sollicité pour présenter ce livre.
> Il nous a fait l'honneur d'être là parce qu'il est attaché à cette maison et c'est pour nous vraiment une grande joie de l'avoir aujourd'hui, plus particulièrement, et de l'avoir toute l'année et toutes ces années à nos côtés depuis si longtemps. De manière discrète mais toujours extrêmement efficace. Dans son évolution, le Mémorial a toujours bénéficié des conseils de Me Robert Badinter, des conseils extrêmement importants sur le concept mais également, parfois, extrêmement pratiques. Parce que je lui rappelais tout à l'heure que c'est à [lui] que l'on doit la construction de cet auditorium. Lorsqu'on a pensé l'évolution du Mémorial, c'est vous qui m'avez grondé en me disant : "Mais où est l'auditorium ? Vous pensez qu'on va continuer à faire des conférences en étant suspendus au plafond ?" Et, donc, je suis ressorti tout penaud de chez vous et on a travaillé avec les architectes à nouveau pour mettre en place

cet auditorium dans lequel nous sommes si honorés de vous accueillir*. »

Jacques Fredj ne pouvait évidemment développer dans ce préambule l'engagement qui fut celui de Robert Badinter lors des phases de réflexion préalables à la conception définitive du nouvel établissement, mais un document exceptionnel, et par sa longueur et par son envergure, révèle à quel point le futur membre du conseil d'administration joua alors un rôle absolument capital, sans nul doute décisif.

Il s'agit de l'enregistrement d'un long entretien (près de cinquante minutes) repéré dans les archives sonores du Mémorial. Totalement inédit, il éclaire sans discussion possible cette part prépondérante. Robert Badinter n'ignore rien en effet de la nécessité impérieuse de constituer un comité scientifique distinct du comité d'honneur, pas plus que les enjeux mémoriaux et les impératifs historiques de l'exposition permanente. Sans négliger, bien au contraire, le nombre de mètres carrés total de cette exposition (pas uniquement « au plancher »), celui qu'on peut accorder à la dernière salle, modeste et unique concession à l'actualité (« pas plus de cinquante mètres »), approuvant aussi avec humour la création d'une cafétéria ou celle d'une librairie.

Et ce sans jamais rien céder sur des principes inflexibles, à l'évidence mûrement réfléchis. En dépit de l'insistance obstinée de ses interlocuteurs, qu'on sent déterminés à filer les comparaisons contemporaines, il leur oppose une radicalité courtoise mais austère. L'austérité de la vérité, qui seule doit triompher.

C'est pourquoi nous avons tenu à reproduire plus haut l'intégralité de l'article du *Monde juif* paru en 1956. Évoquant précisément le cahier des charges du premier bâtiment, il permet de comparer les missions des deux établissements et de marquer une considérable évolution historiographique.

Voici donc ce long échange sans pareil :

---

*Transcription de Marc Grinsztajn. La vidéo est disponible ici : https://youtu.be/Cf-EjeJXU2U?feature=shared

Présentation du projet de Mémorial de la Shoah à Robert Badinter par Jacques Fredj*

[La direction de l'établissement consulte Robert Badinter sur le projet d'extension du Mémorial du martyr juif inconnu, appelé à devenir le Mémorial de la Shoah, et sur ses choix pratiques et scientifiques. Le début de la discussion est centré sur les premiers. Un point important à préciser : il n'est pas ici question du mur des noms, qui ne sera érigé qu'en 2009 et n'est pas encore inscrit à l'ordre du jour.]

R. B. : [...] On est passé de la Mémoire à l'Histoire, on passe de la Mémoire à l'Histoire. Il s'agit des jeunes générations qui, par définition, n'ont rien connu de ça, les témoins étant de plus en plus rares. Entre 2002 et 2012, vous aurez quoi comme survivants de l'époque ? Très peu. Alors, c'est vraiment un institut, un lieu

*Transcription de Marc Grinsztajn. Discussion disponible en ligne, en accès libre, dans la salle de lecture du Mémorial de la Shoah. Ce titre est celui qui figure en tête de la notice. L'introduction est en revanche signée par l'éditeur, de même que les « didascalies » entre crochets qui ponctuent le texte. Outre le directeur général du Mémorial, la discussion implique plusieurs membres de la direction, impossibles à identifier. C'est pourquoi nous ne les distinguons pas et les présentons comme l'expression du Mémorial (« Mémorial », puis « M »). Nous avons pris le parti de respecter à la lettre l'expression de ces protagonistes, à de rarissimes exceptions, y compris les longueurs et les redites fréquentes. Mais nous avons donné la priorité à Robert Badinter, dont les interventions occupent la quasi-totalité de l'enregistrement et qui est en réalité son véritable animateur. Et parce que les questions émanant du Mémorial sont souvent redondantes (et plus particulièrement quant aux rapports de l'exposition permanente avec l'actualité), nous avons choisi d'en résumer la plupart. L'enregistrement mis en ligne est de qualité médiocre, et de nombreux passages sont douteux ou inaudibles. Pour éviter toute erreur, nous avons préféré supprimer ces passages. Ils sont signalés par les crochets suivants : [XXX]. En revanche, les coupes à caractère éditorial, qui concernent pour beaucoup les redondances évoquées plus haut, sont marquées par des crochets différents : [...]. Enfin, cet entretien n'est pas daté, mais Robert Badinter, en évoquant les événements tragiques qui s'annoncent en Tchétchénie, permet de le situer assez précisément (1999 ou 2000).

d'enseignement. [XXX] Vous me direz : « Comment est-ce qu'on fait ? » [XXX]

Il y a deux pièges : « Le premier, le pire, c'est l'esprit partisan, ou l'esprit militant. Le deuxième, c'est l'utilisation des puissants ressorts émotionnels que fait naître l'évocation de la Shoah. En d'autres termes, pas de néo-Washington. Ce n'est pas non plus Yad Vashem. Il s'agit de savoir si ce que l'on fait, c'est de l'Histoire, ou si ce que l'on fait, c'est une commémoration permanente du martyre de la communauté juive en France.

Si c'est un lieu d'Histoire, il aura inévitablement une sorte sinon d'aridité, en tout cas d'ascétisme de la présentation, d'austérité, voilà. S'il s'agit d'un lieu de commémoration, ce que je ne pense pas [XXX], alors il faut prendre en compte l'appel à la sensibilité [XXX]. Vous ne pouvez pas confondre une crypte et un musée. [XXX] Ce que vous êtes, c'est un lieu d'enseignement et un lieu de recherche historique.

[Ses interlocuteurs demandent à Robert Badinter comment il envisage les liens du Mémorial avec l'actualité. Ce sera une question récurrente. La réponse de Robert Badinter ne varie pas, quel que soit l'angle adopté.]

R. B. : Sans lien entre les deux. Par l'événement, oui, mais par le message, non. Je pense d'ailleurs pour ma part qu'il est tout à fait important d'ailleurs, et déjà pour que le message passe, que maintenant il retrouve l'Histoire. Pourquoi ? Vous savez bien que les rapports de l'Histoire et de la Shoah ont été extraordinairement complexes et qu'ils le sont toujours parce qu'ils ont été occultés et que la vérité a été mise sous le manteau de Noé, pour des raisons qui étaient à la fois politiques et affectives.

Politiques, parce qu'on avait construit un mythe au lendemain de la Seconde Guerre sur ce qu'avait été en réalité l'Occupation. Et pour des raisons affectives parce que c'était très douloureux d'en parler [XXX] ou de n'en pas parler, selon le tempérament personnel des survivants de la communauté, qui étaient à la fois déchirés par la douleur et, d'une certaine manière, par une étrange culpabilité d'être des survivants. C'est très névrotique.

Des générations nouvelles sont venues, qui ont établi des rapports d'intensité de recherche et de vouloir-savoir, sans avoir évidemment les mêmes rapports que ceux qui avaient vécu cette période. Maintenant, on en arrive, je pense, à la troisième génération. [...]
Le Centre est un centre considérable historiquement, c'est, je considère, le plus grand après Yad Vashem. C'est un miracle qu'il ait été constitué. L'histoire du Centre même est déjà intéressante. Alors, comment le faire ? C'est à vous de le savoir. Comment est-ce que vous pouvez remplir votre contrat ? Il vous faut inévitablement un lieu de conférences [XXX]. C'est-à-dire où l'on peut faire de l'enseignement, des conférences et des débats.
En termes d'espace, vous ne pouvez pas y échapper. Ça, c'est comme si on parlait d'un espace universitaire, il y a là un aspect universitaire. Ça veut dire que vous avez des éléments, des fonds, des moyens de consultation. Nous sommes aussi à l'époque de l'électronique, il faut être en relation directe avec quatre ou cinq très grands autres centres, pour pouvoir les enrichir et s'enrichir. Il faut que vous puissiez être consultés depuis Washington et que vous consultiez Washington. Il faut que vous ayez des liens directs, évidemment vous en avez déjà, avec Yad Vashem.
Tout ça, c'est technique, mais, au point de vue de la place, c'est d'abord cela qu'il faut prendre en compte. Il faut d'abord voir l'instrument avant de savoir comment on va l'orner, le décorer ou le composer. Au départ, il vous faut tant de place pour une salle de conférences, tant de place pour les archives, mais, ça, c'est déjà là, je pense.

[Ses interlocuteurs détaillent les agrandissements permis par un don de la Ville de Paris : deux immeubles à l'arrière du bâtiment existant, dans son prolongement, permettant ainsi d'agrandir bibliothèque et archives sans changer d'étage. Par ailleurs, les archives vont être séparées de la salle de consultation et stockées dans une salle particulière.]

R. B. : Il faut voir très grand pour les archives parce qu'il y en aura de plus en plus. Contrairement à ce que l'on croit, il y en a plus. Ne serait-ce que les travaux récents de la Commission Mattéoli qui mettent à jour beaucoup de documents. Beaucoup provenant de la Caisse des dépôts. Vous allez crouler sous les documents qui vont peu à peu être réunis là. Il faut voir très grand pour les archives. C'est d'abord le cœur des choses en histoire. [...]

[Il est maintenant question d'un espace nouveau : une petite librairie-cafétéria afin que deux amis qui se rencontrent dans l'établissement ne soient pas condamnés à discuter au milieu des archives.]

R. B. : Il faut en effet un lieu où l'on puisse boire un café. On ne se rend pas assez compte en effet à quel point c'est important et à quel point la nouvelle bibliothèque n'a pas réussi. La convivialité est tout à fait importante. Même si ce n'est pas pour deux vieux amis, on a le droit d'avoir un café à un moment déterminé [rires]. La librairie, c'est le lieu où l'on vend les documents, les cartes, les cartes postales, les livres, un petit lieu de vente pour la vente de souvenirs ? Tout ça rapporte de l'argent.

Mémorial : Les gens le demandent.

R. B. : Oui, je comprends très bien. Il faut le faire. Bref, les besoins, vous les connaissez, les réponses, c'est vous.

[Question essentielle et récurrente aussi, celle de la conception de l'exposition permanente.]

R. B. : Si vous voulez une exposition permanente sur dix ans, il faut d'abord un comité scientifique, c'est très important, parce que les passions sont très vives, comme vous le savez. Il faut absolument éviter que ce soit un comité judéo-judaïque. Il faut donc un comité scientifique avec des historiens, des spécialistes de l'époque. Il vous faut l'étendre à mon sens à des spécialistes étrangers [XXX]. On sait très bien qui sont les grands historiens de la Shoah, en langue française de préférence. Il vous faut un comité scientifique de première qualité. C'est tout à fait indispensable. C'est de cette autorité-là que dépendra la crédibilité. Il faut que ce comité scientifique ne soit

pas un comité d'honneur. J'insiste sur la différence. [XXX] Donc il faut un comité d'honneur et un comité scientifique. [XXX] C'est au niveau des organes du Mémorial et du comité scientifique que vous pouvez préparer le contenu de l'exposition.
Mais je souligne encore une fois la nécessité que ce soit aussi dépouillé que possible. Parce que je suis convaincu qu'on est en train de passer d'un extrême à l'autre. C'est-à-dire qu'après avoir été dans une période « Tous innocents et les Allemands sont coupables », on arrive à un système où maintenant, ce sont les Français qui sont coupables, même si les Allemands ont existé. « Tous coupables », et ce n'est pas juste [XXX]. C'est beaucoup plus complexe que cela. Par conséquent, il vous faut réserver une place, c'est beaucoup plus difficile d'ailleurs, parce que les documents n'existent pas. Ce qui existe, ce sont des évidences et des chiffres sur l'assistance apportée par les Français aux Juifs pendant cette période.
Je dis que c'est très difficile parce que ça ne passe pas par des documents. Ce sont des activités par définition illégales. Ce n'est pas un petit problème. Parce que, à la fin [XXX], on sera convaincu que la nation française a livré avec allégresse la totalité des Juifs sur lesquels elle pouvait mettre la main aux Allemands pour qu'ils les mettent dans des chambres à gaz. Ce qui n'est quand même pas la réalité. Il ne faut pas que ça devienne l'occasion d'un procès injuste qu'on fait à la nation. Et, ça, c'est le courant actuel. Parce que tout est schématique et va dans ce sens. Jadis, c'était exactement le contraire. On aurait cru qu'il n'y avait que des pétainistes et des résistants en France, ce n'est pas vrai [...]. Et maintenant, c'est le contraire. C'est très important de mettre aussi les bons points, sans les colorier en bleu blanc rouge, comme on le faisait de 1945 à 1970. C'est pour ça qu'il faut un comité scientifique.
[...] Je vais vous poser une question : quand vous faites l'histoire de la Shoah, vous envisagez de retracer l'histoire complète de l'entreprise génocidaire des Allemands ? Alors, évidemment, il faut que vous vous mettiez en rapport avec ce qui se fait actuellement à Berlin là-dessus. Parce que l'histoire de la Shoah est complexe. Parce que, qu'est-ce que vous allez avoir ? Ce ne seront pas des

documents français. Ce seront les reproductions de documents allemands, documents qui sont à Yad Vashem pour la plupart. [...] C'est pour ça que je posais la question. Vous faites l'histoire de la Shoah *in globo* avec une partie française développée ?

M. : On ne peut pas éviter de la brosser.

R. B. : Oui, mais on peut la faire très schématique.

M. : Ça va être schématique. Mais, justement, pour ne pas tomber dans le travers dont vous parliez, à savoir évoquer le sort des Juifs de France uniquement dans un axe franco-français, on tenait à la replacer dans le contexte général de l'Europe, donc de la Shoah.

R. B. : Oui, oui, je comprends. J'approuve tout à fait. [...] En ce qui concerne la scénographie, la mise en scène, vous disposez de combien de mètres carrés ?

M. : Mille mètres carrés. [XXX]

R. B. : Pour une exposition comme ça, mille mètres carrés ! Mille mètres carrés, c'est le plancher, mais comme surface utilisable ? [...] Ça, il faut le calculer [XXX]. Moi, je ne vous en dirai pas plus, parce que le reste, c'est à vous de l'imaginer.
La seule chose, prenez garde à ne pas écraser sous le poids des documents. Trop de choses dans les vitrines tuent l'intérêt. J'avais organisé en 1989 une exposition sur l'histoire de la justice française sous la Révolution. [XXX] Je vous passerai le catalogue : il y avait une masse inimaginable de documents. On avait pris le plus grand soin à chercher autant qu'on pouvait les représentations, les objets, les scénographies, la tenue des juges, la guillotine [XXX], etc. Tout ce qui intéresse le public plus que l'érudit. L'érudit, lui, le document, il le consultera, vous comprenez.
Dans une exposition, il faut arriver à focaliser sur des objets ou des textes symboliques. Le symbolique est très important, qui exprime et qui incarne l'Histoire. La Déclaration des droits de l'homme, on

avait un original. [XXX] Comme cela, on n'était pas obligé d'avoir la série des discussions, des lois.

M. : On le voit actuellement par les copies des lettres d'enfants qui sont très émouvantes et que les gens lisent.

R. B. : Ça, c'est très bien.

M. : Ce sont des documents qui sont choisis, relativement passionnants, mais il n'en faut pas trop.

R. B. : Non, il n'en faut pas trop, mais il en faut, c'est là qu'intervient l'excellence de la sélection

[Ses interlocuteurs demandent à nouveau à Robert Badinter quelles relations établir avec le monde contemporain.]

R. B. : Je ne le ferais pas, ou dans les conférences. C'est un musée d'Histoire. Si vous faisiez un musée d'Histoire de la Révolution, vous ne le projetteriez pas sur les luttes sociales d'aujourd'hui. Ce n'est pas un musée du Génocide. Vous faites le musée d'un génocide. Ce que vous voudriez, ce serait une salle ultime sur les génocides qui ne sont pas finis ?

M. : On se pose cette question, oui. […]

R. B. : Là, il vous faut de la place aussi parce que vous ne pouvez pas négliger que, hélas, les génocides n'arrêtent pas, on en connaîtra certainement en Tchétchénie dans les heures qui viennent. [XXX] C'est ça qui est terrible. On ne peut pas faire une sélection sur les génocides qui se sont succédé depuis la Shoah. On peut dresser la liste si vous voulez, on peut l'évoquer, on peut faire un panneau là-dessus. Mais si on se lance dans une exposition…

M. : Est-ce que, sur le principe, ça vous choque ?

R. B. : Non, ça ne me choque pas, mais il faut prendre garde à ne pas confondre l'Histoire et l'actualité. L'Histoire, c'est précisément ce que nous allons vivre maintenant, ce qui va advenir de la Shoah, qui est entrée dans l'Histoire comme la guerre de 14-18 et bientôt 39-45. L'actualité, c'est la Tchétchénie, l'actualité, c'est la Sierra Leone, l'actualité, c'est le Timor oriental, et, hélas, avant, j'imagine, qu'on ouvre l'exposition permanente, on en aura probablement encore un ou deux. Il faut donc une fin d'exposition qui ne soit plus documentaire mais qui rappelle que le génocide n'a pas quitté cette terre le soir de la Shoah. Ça, il faut le rappeler.

M. : C'est aussi une manière de dire que ce n'est pas une histoire fermée, qu'elle peut se reproduire autrement.

R. B. : Qu'elle se reproduit, hélas. Que ça a continué. Alors, faites attention…

M. : Il y a le problème de la banalisation de la Shoah.

R. B. : Voilà, vous allez avoir immédiatement, et notamment dans la communauté juive, des hurlements. Parce que, par rapport à des Juifs religieux, la Shoah est un événement unique, que, moi, je ne considère pas comme cela. [XXX] La pulsion génocidaire de l'époque n'est pas liée simplement à la vision hitlérienne de l'élimination des Juifs d'Europe. Hélas, il y a eu [des génocides] avant, il y en eut après, mais [celui-ci] est unique par ce qu'il implique de la part d'une nation civilisée à l'intérieur de l'Europe. [XXX] Le monstre génocidaire n'est pas mort. Je crains qu'il ne meure jamais. Je crois qu'on ne peut pas négliger le fait que, en cinquante ans, la leçon n'a pas été entendue. Cela, il faut le rappeler. Je crois qu'un texte final, un panneau avec des photographies est indispensable. […] Mais vous ne pouvez pas consacrer une pièce entière de l'exposition aux autres génocides. Vous devez le rappeler, mais ce n'est pas l'objet. Vous n'êtes pas le musée du Génocide.

[La question porte à nouveau sur l'actualité, mais plus précisément sur le racisme et l'intolérance.]

R. B. : Si vous vous lancez là-dedans, on est foutus. C'est ça qui me fait peur. Si vous vous lancez sur toutes les manifestations d'intolérance depuis la fin de la Seconde Guerre mondiale, alors vous avez toute la décolonisation, tout le problème de l'apartheid [XXX] et vous n'en finissez plus. Alors là, vraiment, dans une exposition permanente ! Vous pouvez le faire sous forme de textes, à la fin, mais on ne peut pas l'inscrire en Histoire, ou alors c'est fini, c'est tout autre chose. Parce que vous êtes dans une exposition. À la fin, vous concluez en disant : 1) « Malheureusement, le mal n'a pas quitté l'homme ni l'humanité. Vous avez des génocides. » 2) le racisme ordinaire. [XXX]

Si vous vous lancez sur des photos de Le Pen et des textes des néonazis allemands, vous abaissez le niveau qui doit être le vôtre. N'oubliez pas qu'il s'agit d'une grande tragédie et d'un moment historique considérable. Si vous l'actualisez, vous le banalisez. C'est « CRS SS », ce qui est grotesque. Les SS sont les SS, avec leurs spécificités, les CRS sont les CRS, avec leurs fonctions. Ce n'est pas la même chose. Une confusion inextricable dans laquelle on plonge les esprits.

[La direction du Mémorial revient sur le racisme contemporain, en insistant sur le procès fait au musée de Washington : dans une ville où règnent les discriminations raciales à l'égard de la population noire, il ne traite que de la Shoah, la condamnant selon ses détracteurs à apparaître comme un événement du passé.]

R. B. : Ce n'est pas la même chose. Si vous deviez faire ça, c'est un autre musée, c'est une autre exposition. Je ne verrais pas d'inconvénients à ce que l'on fasse une exposition permanente sur le racisme, mais vous ne faites pas une exposition permanente sur le racisme, vous faites une exposition permanente sur la Shoah, [même en incluant à la fin] l'apartheid.

Si vous faites une exposition sur le racisme, il faut prendre des pans entiers pour les consacrer en effet à l'apartheid et au racisme. Vous ne pouvez pas négliger à ce moment-là l'esclavage et la

traite. Enfin, vous êtes perdus. Vous êtes perdus [*sic*]. Ce n'est plus le musée de la Shoah. Mais on n'arrivera pas à échapper aux critiques. Vous aurez les critiques des intégristes juifs qui vous diront : « Quelle honte, vous n'avez pas fait de ça un événement unique, incomparable, mystique et mythique. Vous avez donné une dimension historique presque contradictoire, séculière, presque laïque, quelle horreur. » [XXX] Deuxièmement, vous aurez alors tous les militants des ONG anti-racistes : « Quelle honte, vous vous êtes clôturés vous-mêmes, vous vous êtes ghettoïsés vous-mêmes dans vos souvenirs. »
On ne pourra pas y échapper. [XXX] Si on doit prendre un parti pris, je prendrai parti pour l'Histoire, pas pour le manifeste. Une conférence universitaire n'est pas une réunion de militants.

[Actualité toujours : certains messages sont-ils pour Robert Badinter plus importants à transmettre que d'autres, sous une forme explicite ou implicite ?]

R. B. : [XXX] En ce qui concerne le message, on trouvera dans la Déclaration universelle une dénonciation du racisme, ce qu'il faut. Il faut clôturer. Il faut une pièce [qui serve de] sas. Il faut qu'après avoir été immergé dans l'horreur, vous émergiez par une pièce qui nous rappelle que le combat n'est pas fini [XXX]. Moi, je ne prendrais pas plus de cinquante mètres carrés. Pas plus. Pour finir. À la sortie. Et, ça, c'est le message militant adressé à ceux qui travaillent pour les droits de l'homme : rappeler qu'ils sont constamment bafoués. [...]

[La dernière question répète la précédente : un ou deux messages quand même ?]

R.B. : Là, vous tombez dans l'utilité. On passe de l'Histoire et de l'enseignement de l'Histoire à la morale républicaine. [XXX] Ce sont plutôt les professeurs qui emmènent leurs élèves qui doivent en dégager la leçon. [XXX]
Non, moi, je ne sais pas pourquoi, je suis attaché plus que tout à la qualité scientifique. C'est la vérité qui est essentielle. Alors, les discours, la morale...

Je vais vous donner mon sentiment. Ce n'est pas un message. Mon message serait tragique. Le message se résumerait en trois mots : « L'homme est mauvais. Méfions-nous de lui. » J'irais même plus loin. Je dirais à chacun de se méfier de lui-même. C'est pourquoi, contrairement à beaucoup, je crois à [la] spécificité [de la Shoah], mais je ne crois pas que ce soit un événement unique qui ne soit pas susceptible de se reproduire sous d'autres formes. Je ne le crois pas. Je crois que c'est un événement extraordinaire [XXX] plus que riche de significations mais qui n'est pas un événement unique. Il y aura d'autres génocides, il y a eu d'autres génocides, et il y a eu ce génocide-là. Pourquoi, comment ? C'est l'Histoire. Dans le cadre du musée d'Histoire, vous devez faire un choix : ou vous en faites un lieu de lutte contre le racisme et l'antisémitisme, c'est en effet l'espace central de la Licra, les choses comme elles sont, ou vous en faites un lieu de recherche et d'enseignement. Rien ne vous interdit au regard de l'enseignement de faire de l'éducation civique, mais, dans l'exposition permanente, je ne lui consacrerais pas une place significative. Parce que, si vous le faites, on vous dira que vous ne faites pas assez. Vous allez passer de l'un à l'autre.
La vérité est accablante. Rien ne se compare à la force de la vérité. Je ne crois pas aux discours qui s'ajoutent à la vérité.
La lettre de l'enfant est infiniment plus parlante que le plus éloquent des discours. Le commentaire sur n'a jamais la force brute de l'horreur du fait. Donc, vous l'affaiblirez. En plus, vous n'en faites pas assez, alors vous allez inévitablement en faire trop. Ce n'est jamais assez [...].
Vous me demandez mon sentiment, ma conviction. Rien n'a la force de la vérité. Le discours sur la vérité n'est jamais aussi fort que la vérité elle-même.
Vous savez aussi bien que moi de surcroît que, quand on veut l'émotion, vous avez un élément surchargé, une surintensité émotionnelle. Le discours affaiblit. Le visage de l'enfant qui lève les bras en dira plus sur le ghetto que deux cent cinquante livres et deux cents films. [...]

> Ce sont ces choses-là qu'il faut que vous mettiez en relief pour l'éternité, à travers tous les documents. Là est l'œuvre très importante du créateur de l'exposition. C'est le choix : une véritable construction artistique, au bon sens du terme, des documents. Comment les présenter ? Ça, c'est un travail utile.
> Si vous souhaitez que j'y participe, je serais heureux de le faire. Je le dis parce que je le ressens profondément. Il y a une scénographie de la vérité aussi. Il ne suffit pas de la vérité, il y a aussi la façon de la présenter. C'est là où interviennent notamment les architectes et les auteurs de l'exposition, mais, en plaquant la rhétorique dessus, là, je crois qu'on perd. Voilà, c'est fait. Je m'en tiendrai là.

Invité à donner le discours de *Hazkara* 2005, l'année de l'inauguration du Mémorial de la Shoah, Claude Lanzmann accepte après avoir reçu l'assurance qu'on serait « entre nous – Simone Veil, Éric de Rostschild, Robert Badinter, Ady Steg ». Et, dans son exorde, il ne tarit pas d'éloges sur le nouvel ensemble :

> « Je connais d'autres musées, d'autres mémoriaux de la Shoah en d'autres points du monde, Yad Vashem bien sûr, ceux de Washington, de New York, de Berlin, chacun a ses vertus, sa grandeur ou son grandiose – c'est une affaire de goût –, aucun n'est aussi radicalement dépourvu d'emphase que celui-ci, comme si l'évidence écrasante des faits et du tribut payé imposait la simplicité, l'effacement devant la vérité. »

*La simplicité et l'effacement devant la vérité** : après avoir lu le dialogue des représentants du Mémorial avec l'un de leurs futurs administrateurs, on mesure ce que l'éloge de l'auteur de *Shoah* doit à l'inflexible volonté de Robert Badinter.

---

*C'est moi qui souligne.

ANNEXES*

---

*Les annexes ont été rassemblées par Marc Grinsztajn, qui a également rédigé les légendes des photographies.

JOINDRE LE GESTE À LA PAROLE : QUELQUES PHOTOGRAPHIES DE ROBERT BADINTER

Théâtre de l'ENS, 10 mars 2015. De gauche à droite, Marc B. de Launay, Robert Badinter, Dan Arbib et Marc Crépon.

Palais de justice de Paris, 23 février 2015.

Palais de justice de Paris, 19 mai 2009, hommage à Pierre Masse. Derrière Robert Badinter, à sa gauche, une partie de l'étrange monument aux morts « biface » qui suscita en lui le désir d'en savoir plus sur le sort des avocats juifs pendant l'Occupation.

Cérémonie en l'honneur de Pierre Masse. Robert Badinter avec Simone Veil et le Bâtonnier Christian Charrière-Bournazel, qui ont tous deux dévoilé l'effigie de l'avocat assassiné à Auschwitz.

Mémorial du martyr juif inconnu, 8 octobre 1989, discours de *Hazkara.* À droite de la tribune, en manteau à carreaux, Élisabeth Badinter aux côtés de son père, Marcel Bleustein-Blanchet. Derrière Robert Badinter, Claude Kelman, en costume.

PIERRE MASSE À DRANCY

soir

VENDREDI 12 SEPTEMBRE 1941

37, rue du Louvre, Paris (2e)

De gauche à droite : les avocats Weill, Théodore Valensi et Azoulay.

JE LES AI VUS, CES JUIFS

MILLIONNAIRES...

EX-CÉLÉBRITÉS DU BARREAU PARISIEN

De gauche à droite : les avocats Ulmo, Crémieux, Bloch et Pierre Masse.

internés dans un camp

proche de notre capitale

C'est un camp tout proche de Paris...

Un camp qui servit jadis de caserne à nos braves gendarmes. Une sorte de cité ouvrière, très vaste, entourée çà et là de bouquets d'arbres. Actuellement, ce camp héberge les Juifs arrêtés au cours des dernières mesures d'épuration...

Plus une seule place
POUR LE GALA
de demain soir
AUX AMBASSADEURS

RETOUR À JANSON

Le 9 décembre 2019, Robert Badinter répond à l'invitation de Corinne Guillen, qui enseigne l'histoire et la géographie au collège. C'est un passage d'*Idiss* qui est à l'origine de cette rencontre avec les classes de 3e : un de ses anciens condisciples lui a fait parvenir un jour « un palmarès ou figurait en bonne place pour l'année scolaire 1940-1941 le nom de [son] frère ». Cette « continuité des usages dans les lycées parisiens en pleine Occupation nazie » est pour lui une surprise. Il essaie de se procurer le document original, en vain. C'est Corinne Guillen qui le retrouvera dans les archives de Janson. Et c'est munie de ce précieux sésame qu'elle écrira à Robert Badinter.

SEMAINE SUR LE TERRORISME, ENS, MARS 2015

*Communiqué de presse et programme**

*Nous avons respecté la mise en page et la typographie des documents originaux que nous a transmis Emmanuel Levine.

ENS
ÉCOLE NORMALE SUPÉRIEURE

COMMUNIQUE DE PRESSE

Après janvier 2015, s'exprimer contre la terreur

A l'initiative d'élèves de l'Ecole Normale Supérieure de la rue d'Ulm, une semaine de réflexion en hommage aux victimes des attentats se tiendra à l'ENS du samedi 7 au samedi 14 mars 2015. Intitulée "Après janvier 2015, s'exprimer contre la terreur", elle sera ouverte à tous.

◆◆◆

Cette semaine, inaugurée par **Hubert Védrine** et Marc Mézard, proposera, outre des demi-journées d'études, des conférences et des tables rondes, des expositions des concerts ainsi que des projections de film. Les interventions des spécialistes et des chercheurs croiseront celles des élèves de l'école : il s'agit de proposer une réflexion ouverte à un public hétérogène.

Notre démarche se présente d'abord comme celle d'un débat participatif, à travers les discussions prolongeant les interventions, mais surtout au sein des tables rondes qui inviteront les participants à réfléchir autour de thématiques spécifiques, encadrés par des historiens, des sociologues, ou des philosophes de renom. Pour rompre avec l'hermétisme et l'élitisme souvent associés aux « grandes écoles » et au monde de la recherche, nous souhaiterions donc que cet événement soit relayé par un panel médiatique large. C'est avant tout la diversité des publics qui fera de cette semaine un creuset fertile pour appréhender les défis nouveaux auxquels nous

sommes confrontés.
Le programme complet, la présentation des intervenants et les informations pratiques sont disponibles sur notre site internet : http://apres-janvier2015.ens.fr/index.php

Contact presse -

Emmanuel Levine (Président du Comité d'organisation) : emmanuel.levine@ens.fr
Justine Janvier : justine.janvier@ens.fr
Marion Dupont : dupont-marion@hotmail.fr

Programme de la Semaine « Après janvier 2015, s'exprimer contre la terreur »

Samedi 7 mars

10h30 : Conférence inaugurale sur le métier de journaliste satirique après janvier 2015, suivie d'une discussion avec la salle – **David Fontaine**, journaliste au *Canard Enchaîné* – **salle Jean-Jaurès au 29, rue d'Ulm.**

12h : Cérémonie d'ouverture de la semaine par **Marc Mézard**, directeur de l'École normale supérieure, et **Hubert Védrine**, ancien ministre des Affaires étrangères.

13h : Inauguration des expositions :

- « Les victimes des violences des 7, 8 et 9 janvier 2015 » – **Aquarium.**
- « Les élèves s'expriment face aux événements de janvier 2015 » – **Rez-de-chaussée du carré.**

14h30 : Conférence en hommage à Bernard Maris – **Daniel Cohen**, professeur d'économie à l'École normale supérieure – **salle Jean-Jaurès au 29, rue d'Ulm.**

17h30 : Conférence sur les commémorations et le deuil national – **Annette Becker**, professeure en histoire contemporaine à l'Université Paris Ouest Nanterre La Défense – **salle Jean-Jaurès au 29, rue d'Ulm.**

20h30 : Projection et commentaire d'extraits de films par **Françoise Zamour**, directrice des études littéraires de l'École normale supérieure, professeure d'études cinématographiques à l'ENS – **salle Dussane.**

Dimanche 8 mars

En partenariat avec le club HackEns :

16h : « Le rôle de la France dans la surveillance globale au sein des dictatures et des États policiers » – **Antoine Champagne**, de Reflets.info – **salle Dussane.**

17h : « Guerre contre le terrorisme et libertés » – **Jérémie Zimmermann**, de La Quadrature du Net – **salle Dussane.**

18h : « Franciliens.net, fournisseur d'accès à internet associatif en Île-de-France, pour la neutralité du net » – **Stéphane Vilboux**, de franciliens.net – **salle Dussane.**

19h : « Compromis entre liberté et sécurité, un exemple à taille humaine » – **Pablo Rauzy**, ancien de l'École normale supérieure et doctorant à Télécom ParisTech – **salle Dussane.**

19h30 : Pot et discussion.

Lundi 9 mars

9h30-10h : Ouverture de la semaine de réflexion par **Emmanuel Levine**, élève à l'École normale supérieure, président du comité d'organisation de la Semaine – **théâtre de l'ENS.**

10h : Demi-journée d'étude sur la haine, la violence et la terreur – **théâtre de l'ENS.**

- « Contrer la violence » – **Marc Crépon**, directeur du Département de philosophie à l'École normale supérieure.
- « Terrorisme, barbarie : des mots pour penser l'événement » – **Mélanie Zappulla**, élève au Département de philosophie.
- « Violence et vérité monothéiste » – **Justine Janvier**, élève au Département de philosophie.
- Discussion.

14h30 : Demi-journée d'étude sur l'intégration, l'exclusion et la radicalisation en France – **théâtre de l'ENS.**

- « La radicalisation en prison » – **Ouisa Kies**, doctorante en sociologie au Centre d'Analyse et d'Intervention sociologiques (CNRS-EHESS).
- « La Banlieue : géosymbole de l'exclusion sociale et urbaine » – **Elias Burgel**, élève au Département d'histoire.
- « L'intégration, une pression sociétale et administrative : le cas des "sans-papiers" » – **Isabelle Lendrevie**, avocate spécialiste en droit des étrangers.
- Discussion.

18h : Table ronde sur les terrorismes et le contre-terrorisme (en collaboration avec la Filière diplomatie de l'ENS) – Avec **Alexandre Garcia**, sous-directeur de la lutte contre le terrorisme et la criminalité organisée au Ministère des Affaires étrangères et du développement international, **Gilles de Kerchove**, coordinateur de l'Union européenne pour la lutte contre le terrorisme, **Guillaume Schlumberger**, directeur de la stratégie de défense, de la prospective et de la contre-prolifération à la DGRIS/Ministère dc la défense, et **Floran Vadillo**, chercheur associé au Centre Montesquieu de Recherche Politique de l'Université Bordeaux IV et membre de la Commission des lois de l'Assemblée nationale – **théâtre dc l'ENS.**

21h : Concert avec la participation des élèves de l'École Normale Supérieure et du Conservatoire National Supérieur de Musique et de Danse de Paris – **salle des Actes.**

Mardi 10 mars

10h : Demi-journée d'étude sur l'art, une arme contre la terreur – **théâtre de l'ENS.**

- « L'art peut-il *encore* quelque chose contre la violence ? » – **Nadeije Laneyrie-Dagen**, professeure d'histoire de l'art à l'École normale supérieure.
- « La statue de la République dans la crise "Charlie" : une guerre des icônes » – **Marion Dupont**, élève au Département d'Histoire et Théorie des Arts.
- « Brecht face au nazisme : les enjeux d'un traitement burlesque de la terreur » – **Julien Allavena**, élève au Département d'Histoire et Théorie des Arts.
- Discussion

14h30 : Demi-journée d'étude sur l'épreuve de l'antisémitisme – **théâtre de l'ENS.**

- « L'antisémitisme – pathologie européenne congénitale ou passion historique ? » – **Marc de Launay**, traducteur et philosophe, membre des Archives Husserl (CNRS – ENS Ulm).
- « Philosémitisme et antisémitisme en France : coexistences religieuses des années 1940 aux années 1960 » – **Claire Maligot**, ancienne élève de l'École normale supérieure et doctorante à l'EHESS.
- « Quelques réflexions sur l'antisémitisme actuel et ses réponses » – **Dan Arbib**, ancien élève de l'École normale supérieure, ATER en philosophie à l'Université Jean-Moulin Lyon-III.
- Discussion.

18h : Forum sur l'identité « Je suis Charlie » – **théâtre de l'ENS.**

18h : Groupes de réflexion « L'identité Je suis Charlie », ***non publics*** : des élèves autour de **Christian Delporte** (historien), **Thierry Dupont** (journaliste politique), **Paul Egré** (philosophe), **Charles Girard** (philosophe), **Benoît Pellistrandi** (historien), **Philippe Urfalino** (sociologue).

20h30 : En collaboration avec le Ciné-Club de l'ENS, projection *Nostalgie de la lumière*, de Patricio Guzmán, European Film Award du meilleur documentaire, suivie d'une discussion animée par **Julie Amiot-Guillouet**, maître de conférences à l'Université Paris-Sorbonne Paris IV, spécialiste du cinéma latino-américain, **Pamela Biénzobas**, critique de cinéma chilienne, et **Jean-Loup Bourget**, professeur émérite d'études cinématographiques à l'École normale supérieure – **salle Dussane.**

Mercredi 11 mars

10h : Demi-journée d'étude sur le rôle du chercheur en dehors du champ universitaire – **théâtre de l'ENS.**

- « L'intellectuel à la lumière de janvier 2015 » – **Pascal Ory**, professeur d'histoire contemporaine à l'Université Paris I.
- « La liberté d'expression hors et dans le cadre académique, le cas du sociologue » – **Alizée Delpierre et Sarah Martin**, élèves au Département de Sciences Sociales.
- Discussion.

14h30 : Demi-journée d'étude sur les rapports entre la France et le monde arabo-musulman – **théâtre de l'ENS.**

- « De la question d'Orient au terrorisme » – **Jacques Frémeaux**, professeur d'histoire à l'université Paris-Sorbonne Paris IV.
- « L'écriture des dessous : sur quelques écrivains marocains de langue française » – **Chakib Ararou**, élève au Département de Littérature et Langages.
- « Comment peut-on parler de l'Islam aujourd'hui ? – La laïcité en question » – **Alice Martin**, élève au Département de Sciences Sociales.
- Discussion.

18h : Table ronde sur l'islamophobie – Avec **François Burgat**, politologue, directeur de recherche à l'Institut de recherches et d'études sur le monde arabe et musulman (IREMAM) à Aix-en-Provence, **Thomas Deltombe**, journaliste, éditeur et essayiste, collaborateur du *Monde diplomatique* et des éditions La Découverte, et **Raphaël Liogier,** sociologue et philosophe, professeur des universités à l'Institut d'Études Politiques d'Aix-en-Provence, directeur de l'Observatoire du religieux et **Lila Ray**, porte-parole du Collectif contre l'islamophobie en France.

18h : Groupes de réflexion « L'amalgame entre pratiques et extrémismes religieux », ***non publics*** : des élèves autour de **R. Stephen Berkowitz, P. Nicolas de Brémond d'Ars** (sociologue), **Marc de Launay** (philosophe), **Perrine Simon-Nahum** (historienne).

20h30 : Projection *Iranien,* Grand Prix du Festival international des films documentaires Cinéma du Réel en 2014, suivie d'un débat animé par **Sabrina Mervin**, chargée de recherche au CNRS et membre du Centre d'études en sciences sociales du religieux (EHESS), en présence du réalisateur **Mehran Tamadon – salle Dussane.**

Jeudi 12 mars

10h : Demi-journée d'étude sur la législation contre le terrorisme – **théâtre de l'ENS.**

- « La répression pénale et le terrorisme » – **Jean-Louis Halpérin**, professeur de droit à l'École normale supérieure.
- « L'ordre juridique international : un champ de réflexion et d'action pertinent pour la lutte contre le terrorisme ? » – **Florian Reverchon**, élève au Département de Sciences Sociales.
- « Cyber-censure et cyber-terrorisme » – **Marine Hermenault**, élève au Département de Sciences Sociales.
- Discussion.

14h30 : Demi-journée d'étude sur les Français face aux attentats terroristes de janvier 2015 – **théâtre de l'ENS.**

- « Des logiques de guerre dans des espaces de paix » – **Cédric Moreau de Bellaing**, maître de conférences en sociologie du droit et en science politique à l'École normale supérieure.
- « L'Unité républicaine du 11 Janvier devant l'Histoire : entre mémoire et défi » – **Nils Renard**, élève au Département de Sciences Sociales et au Département d'histoire.
- « Les marcheurs républicains du 11 janvier avaient-ils vraiment le choix ? » – **Joffrey Collington**, élève au Département de Sciences Sociales.
- Discussion.

18h : Groupes de réflexion « Les discours sur l'unité nationale », ***non publics*** : des élèves autour de **Stéphane Audoin-Rouzeau** (historien), **Pierre Manent** (philosophe), **Nicolas Mariot** (sociologue et historien), **Benoît Pellistrandi** (historien), **Perrine Simon-Nahum** (historienne), **Philippe Urfalino** (sociologue), **Francis Wolff** (philosophe).

20h30 : Textes sur l'expérience traumatique lus par **Muriel Mayette,** comédienne et metteur en scène, ancienne administratrice de la Comédie Française – **théâtre de l'ENS.**

Vendredi 13 mars

10h : Demi-journée d'étude sur les limites de la liberté d'expression – **théâtre de l'ENS.**

- « Défendre la liberté d'expression en démocratie » – **Charles Girard**, maître de conférences en philosophie à l'Université Lyon III.
- « Limiter la liberté d'expression, est-ce "voler le genre humain ?" » – **Émilie Brusson**, élève au Département de philosophie.
- « Les lois mémorielles et la liberté d'expression » – **Alexis Antois**, élève au Département de Sciences Sociales.
- Discussion.

14h30 : Demi-journée d'étude sur la question du fanatisme et de l'extrémisme – **théâtre de l'ENS.**

- « Le cas Rushdie » – **Marc Porée**, directeur du Département Littérature et Langages, professeur de littérature anglaise à l'École normale supérieure.
- « La question du fanatisme » – **Clotilde Perret,** élève au Département de Sciences Sociales.
- « Lumières et fanatisme? La référence à Voltaire en janvier 2015 » – **Nicolas Fréry**, élève au Département de Littérature et Langages.
- Discussion.

18h : Groupes de réflexion « La médiatisation en direct des crises, et les réseaux sociaux », ***non publics*** : des élèves autour de **Romain Badouard** (science de l'information), **Agnès Granchet** (juriste), **Alexandre Piquard** (journaliste politique et nouvelles technologies), **Rémi Rieffel** (sociologue).

20h30 : Textes sur le rire et le satirique présentés par **Anne-Marie Paillet**, maître de conférences en linguistique et stylistique à l'École normale supérieure, et lus par le **groupe de diction de l'ENS** et **Jean-Daniel Laval**, comédien et metteur en scène, directeur de la Compagnie de la Reine et du Théâtre et Cinéma de Fontenay-le-Fleury – **théâtre de l'ENS.**

Samedi 14 mars

10h : Demi-journée d'étude sur les défis de l'école – **théâtre de l'ENS.**

- « La haine de l'autre : un défi pour l'école » – **Frédéric Worms**, professeur de philosophie à l'École normale supérieure.
- « L'enfant qui ne croit pas aux images » – **Charif Kiwan**, cinéaste, président de l'association Abounaddara.
- Entretien avec **Catherine Robert**, enseignante.
- Discussion.

14h : Conférence « Les musulmans de France : la laïcité en pratique » – **Olivier Roy**, politologue, professeur à l'Institut universitaire européen de Florence – **théâtre de l'ENS.**

16h : Conférence sur les engagements normaliens au XXe siècle – **Jean-François Sirinelli,** professeur d'histoire contemporaine à l'Institut d'études politiques de Paris et directeur du Centre d'histoire de Sciences Po – **théâtre de l'ENS.**

20h30 : Concert de clôture avec la participation des élèves de l'École Normale Supérieure et du Conservatoire National Supérieur de Musique et de Danse de Paris – **salle des Actes.**

« UN ANTISÉMITISME ORDINAIRE »

Dossier de presse

MARC KNOBEL

« La mélancolie abyssale de Robert Badinter »

La Règle du jeu,
Mars 2025

Il fallait qu'un grand avocat juif, arrivé au Barreau après-guerre, aille au bout de sa propre douleur et défende ses aînés humiliés.

Comme bon nombre de mes compatriotes, le décès de Robert Badinter, survenu dans la nuit du 8 au 9 février 2024, m'a profondément peiné. L'annonce de son décès fut comme un coup de tonnerre, j'étais sonné. Tout au long de la journée, de nombreux journalistes, politiques et juristes firent l'éloge de l'homme, son engagement, toute une vie consacrée au droit et à l'humanisme et son combat indéfectible pour l'abolition de la peine de mort. Les commentaires se succédaient, unanimes. S'il fut rappelé que le père de Robert Badinter avait été arrêté sous ses yeux à Lyon, pendant l'Occupation, et qu'il était mort en déportation dans le camp de Sobibór, en Pologne, il est un aspect de sa vie et de son œuvre qui aurait mérité un plus long développement. Il n'a pas été évoqué la rédaction d'un ouvrage qui avait été pour lui douloureux et qui avait suscité chez lui « une mélancolie abyssale », selon ses propres mots. Pas facile en effet, pour celui qui avait été un si brillant avocat, garde des Sceaux de 1981 à 1986, président du Conseil constitutionnel de 1986 à 1995, de rappeler que sous l'Occupation, des avocats ont pratiqué l'exclusion de leurs confrères juifs, avec l'acquiescement du Barreau à une législation antisémite pourtant contraire à son éthique.

Pourquoi parler de l'exclusion des avocats juifs sous le régime de Vichy ?

Alors, pourquoi publie-t-il en 1997 *Un antisémitisme ordinaire. Vichy et les avocats juifs (1940-1944)** dont je veux rendre compte ici, brièvement ? Dans l'avant-propos de son livre**, Robert Badinter raconte que lorsqu'il devint avocat au Barreau de Paris, la guerre et l'Occupation étaient encore très présentes dans les esprits. Jeune stagiaire au Palais de Justice, il incite ses aînés à évoquer les années noires. D'autres avocats décrivaient les événements dramatiques auxquels ils avaient assisté, mais bien peu étaient enclins à retracer ce qu'avait été le sort des avocats juifs au Palais. Ce que j'avais constaté moi-même lorsque je fis quelques entretiens avec certains d'entre eux, dans les années 1985 et suivantes***.

Robert Badinter précise même que les avocats juifs demeurent discrets à ce sujet. Dans son épilogue****, Badinter raconte le désarroi des avocats juifs lorsqu'ils revinrent peu à peu à Paris, dès l'automne de la Libération. Or, beaucoup manquaient. Notamment ceux qui avaient été déportés, ceux qui poursuivaient le combat dans la Résistance, les prisonniers de guerre et les exilés. La plupart d'entre eux n'avaient plus ni installation professionnelle, ni clientèle. Se reconstruire devait être extrêmement compliqué. Comment retrouver son cabinet et sa

---

*Robert Badinter, *Un antisémitisme ordinaire. Vichy et les avocats juifs (1940-1944)*, Fayard, 1997.

***Ibid.*, p. 11.

***Pour la préparation de ma thèse de doctorat d'histoire sur « L'élimination des avocats et magistrats juifs en France, dans les colonies, les pays de Protectorat et de Mandat, pendant l'Occupation », Paris 1 – Panthéon-Sorbonne.

****Robert Badinter, *Ibid.*, p. 203.

clientèle ? En plus, comment raconter, fut-ce quelques années plus tard, des événements si douloureux ? N'était-ce pas comme raviver probablement une blessure, une cicatrice béante ? Et que raconter ? Comment et à qui* ?

Des années passèrent. Dès 1994, Robert Badinter voulut inciter à une réflexion sur ce qu'il avait appelé alors « un antisémitisme ordinaire ». Car, disait-il, lors d'une conférence donnée au Cercle Bernard Lazare, à Paris, le 15 mai 1997, « l'antisémitisme extraordinaire », c'est celui qui livre les enfants juifs pour qu'ils aillent à Auschwitz, pour y être assassinés. Ici, il s'agit d'abord de discrimination et d'exclusion**.

Mais comment le projet de retracer cette histoire douloureuse, faite d'exclusion et de déportation pour certains d'entre eux, est-il né ? Il faut remonter à l'automne 1994. Robert Badinter contribue alors à Dijon à des journées d'études sur le droit antisémite de Vichy, organisées par l'université de Bourgogne. Il est frappé de constater combien l'auditoire, composé pour une large part d'étudiants, est passionné par l'analyse d'une législation d'exception. Dans le train qui le ramène à Paris, il se dit qu'il doit expliquer comment cette législation antisémite avait été appliquée. Mais, pourquoi, parmi tant de professions où l'exclusion des Juifs fut la règle sous Vichy, s'était-il attaché plus particulièrement aux avocats ? Par « commodité », répond-il, et parce que l'accès aux archives lui était plus aisé et que la connaissance du monde judiciaire lui facilitait la compréhension de ce qui était advenu***.

---

*Par exemple, Robert Badinter raconte dans son épilogue (p. 208) cet épisode. Lors d'une cérémonie solennelle à la mémoire des avocats à la cour d'appel de Paris morts pour la France pendant la guerre de 1939-1945, qui se déroule le 11 juillet 1946 au Palais de justice de Paris, le nouveau Bâtonnier Marcel Poignard réussit, au fil d'un discours qui dura près de deux heures, à évoquer le sort des avocats juifs disparus sans jamais prononcer le mot « Juif » ni même celui d'« Israélite ».

**Robert Badinter, « Un antisémitisme ordinaire », *Cahiers Bernard Lazare*, numéro 174, juillet 1997, p. 15.

****Ibid.*, p. 13.

C'est ainsi qu'il décide de se mettre à l'ouvrage afin de rechercher ce qu'avait été le sort réservé, en France métropolitaine, aux avocats juifs sous le régime de Vichy*. Pour effectuer ses recherches, Robert Badinter dit avoir fait de la « micro-histoire » en se plongeant dans les archives. C'est ainsi qu'il se mit à prospérer dans les archives de l'Ordre des avocats, du Conseil d'État, du parquet de Paris et des villes de province, au Centre de documentation juive contemporaine (CDJC), aux Archives nationales, au ministère de la Justice et à celui de l'Intérieur**.

Comment le livre est-il accueilli par la presse ?

Finalement, le livre est achevé d'imprimer chez Fayard en mars 1997. Une première dépêche de l'AFP est publiée le 8 avril***. La dépêche relate brièvement toutes les étapes de « l'éviction » (ce mot est utilisé par l'AFP) des avocats juifs entre 1940 et 1944, à Paris, en mettant en évidence l'absence de réaction, voire la complaisance notamment du conseil de l'Ordre de Paris. À l'AFP, Robert Badinter explique que « la xénophobie avait trouvé dans les années trente une cible privilégiée dans les avocats d'origine étrangère parmi lesquels les Juifs étaient nombreux. En cela, dit-il, le Barreau ne différait guère du reste de la société française ».

Par la suite, quelques comptes rendus paraissent ici et là.

Dans *Libération*, Laurent Joffrin, le directeur de la rédaction écrit que « le livre fait peur » et que Badinter est « un historien implacable de sa propre profession », une profession qui « prête sans sourciller

---

**Ibid.*, p. 13-14.

**L'un de ses collaborateurs alors magistrat était venu me demander les fruits de mes recherches sur la législation antisémite de Vichy et l'élimination des juristes juifs, pendant l'Occupation.

***Dominique Vernier, « L'histoire de l'élimination des avocats juifs (1940-1944) par Robert Badinter », AFP, 8 avril 1991.

la main à une infamie ». Justement, en octobre 1940, avant toute demande allemande, et à l'insistance du maréchal Pétain en personne, le régime de Vichy promulgue le Statut des Juifs. Or, comment cette loi d'indignité allait-elle être reçue chez les avocats, qui comptaient en leur sein quelques centaines de Juifs ? « Là, la honte nous saisit, écrit le journaliste. Personne ne protesta. Personne. Pis, le conseil de l'Ordre appliqua les règles d'exclusion sans état d'âme, comptant scrupuleusement le nombre de Juifs selon les critères définis par Vichy, établissant les listes des exclus et celles des dispensés, traitant chaque cas avec la méticulosité du juriste et l'indifférence de l'exécutant*. » Mais, pour le journaliste, tout cela « a bien sûr un écho contemporain, et c'est là que Badinter fait œuvre de pédagogue du présent. Comment ne pas rapprocher les distinctions faites à l'époque de celles qu'on entend aujourd'hui, couramment avancées, non plus à l'égard des Juifs, mais des Arabes ou des Noirs. La différence entre les familles depuis longtemps établies et les immigrés de fraîche date fait aujourd'hui partie des fausses évidences, comme à l'époque ».

Seulement voilà, comparaison est-elle raison ? Si les Arabes et les Noirs sont victimes de racisme et subissent des discriminations à la fin des années 1990, ils ne subissent pas d'interdictions professionnelles, pas plus qu'ils ne sont arrêtés et/ou… déportés, comme le furent les Juifs, pendant l'Occupation. Joffrin embraye cependant. Il rappelle que la « préférence nationale » était l'une des justifications officielles de Vichy, comme elle l'est pour le Front national, dont le score est supérieur à ce qu'était celui de l'extrême droite avant-guerre**. Il faut rappeler à ce sujet que la « préférence nationale » avait été théorisée

---

*Laurent Joffrin, « Ce jour de 1940 où les avocats ont failli », *Libération*, 16 mai 1997, p. 5.

**Au soir du premier tour de l'élection présidentielle de 1995, Jean-Marie Le Pen obtient, comme en 1988, la quatrième place. Avec 15 % des suffrages, il augmente son score de 300 000 voix par rapport au scrutin présidentiel précédent. En juin 1995, aux élections municipales, les listes du Front national remportent trois mairies de la région Provence-Alpes-Côte d'Azur dans des triangulaires.

par Jean-Marie Le Pen, dans les années 1980. En 1988, alors candidat FN à la présidentielle, Le Pen en décrit le principe : « Les Français auront du travail en priorité, et les Européens, en vertu de nos accords, la priorité aussi dans les services sociaux, dans l'attribution des HLM, dans la politique familiale. » Et, avec ces mesures, « les gens n'auront plus de raisons de rester, car ils ne seront plus entretenus par les contribuables français ».

Dans son éditorial, pour *L'Obs*, Jean Daniel parle d'un « passionnant essai » qui « conduit le lecteur à penser qu'il y a tout de même en France une forte tradition xénophobe* ». Jean Daniel écrit qu'il n'a pas pu « un seul moment lâcher ce livre d'une implacable sobriété et dont le déroulement inexorable est maîtrisé avec une rare efficacité dramaturgique ». Pour *Le Figaro*, Emmanuel Le Roy Ladurie de l'Institut écrit que « l'ouvrage de Robert Badinter est un compte rendu juridique et statistique extrêmement précieux » et qu'il y a dans « ce beau livre un sens aigu de la vie quotidienne et tout simplement du suspense, compte tenu d'une tragédie de plus en plus nette et criante** ». Alors que *La Croix* fait paraître un compte rendu très sommaire du livre de Robert Badinter***, *Le Monde* titre sur « la douleur de Robert Badinter ». *Le Monde* écrit : « Certes, les historiens – les nombreuses références de ce livre l'attestent – ont déjà fait la lumière sur le rôle peu glorieux du Barreau sous Vichy. Mais, il fallait qu'un grand avocat juif, arrivé au Barreau après-guerre, aille au bout de sa propre douleur et défende ses aînés humiliés – il fut le disciple de l'un d'eux, Henry Torrès**** –, dont beaucoup sont morts pour une certaine idée de la France, le pays qu'ils avaient choisi et qui les a abandonnés. Robert Badinter, le garde

---

*Jean Daniel, « La redoutable banalité d'un mal », *Le Nouvel Observateur*, non daté dans mes archives personnelles.

**Emmanuel Le Roy Ladurie, « Les avocats juifs sous Vichy », *Le Figaro*, 8 mai 1997.

***Laurent Lemire, « Vichy vu du Barreau », *La Croix*, 15 juillet 1997.

****Henry Torrès, gloire du Barreau d'avant-guerre, avait été déchu de sa nationalité française par un décret du 29 octobre 1940.

des Sceaux qui fit abolir la peine de mort dans ce pays, ne pouvait pas ne pas faire ce chemin-là, tout déchirant qu'il fût*. »

Que dit Robert Badinter ?

Un chemin déchirant pour Robert Badinter qui, dès 1940, aurait pu être exclu de sa profession, arrêté et déporté ? Certes. Mais un travail néanmoins utile.

Car, entre les discours qu'il avait entendus dans sa jeunesse et la réalité, il y avait un fossé saisissant. Alors que, aux XIXe et XXe siècles, les avocats ont joué un rôle fondamental dans la défense contre l'oppression, ils ne se sont pas opposés au régime de Vichy. À eux comme à l'ensemble du monde judiciaire, la pratique du droit antisémite ne paraît pas avoir posé problème.

Alors, ce que Badinter soutient dans son livre, c'est qu'il n'y a eu ni refus de principe, ni rejet massif. Et, à l'examen des très nombreuses archives consultées, Robert Badinter soutient que l'attitude de l'élite de la profession a été contraire aux principes proclamés. Les grandes juridictions, comme le Conseil d'État, par exemple, sont devenues vichyssoises avec une facilité consternante. L'Ordre des avocats a accepté sans difficulté les lois antisémites d'exclusion. Il a même accueilli avec satisfaction les premières mesures qui excluaient les fils d'étrangers**. Et, même s'il y eut des actes individuels d'amitié et d'aide

*« La douleur de Robert Badinter », *Le Monde*, 24-25 avril 1997.

**L'article 1 de la loi du 10 septembre 1940 dispose que : « Nul ne peut être ou demeurer inscrit au tableau de l'Ordre des avocats ou sur les listes du stage s'il ne possède la nationalité française à titre originaire comme étant né de père français. » Dès lors, obligation est faite à chaque avocat, pour qu'il puisse demeurer inscrit au tableau de l'Ordre ou sur la liste du stage, d'établir qu'il possède la nationalité française à titre originaire comme étant né de père français. Pour ce faire, les avocats furent invités à fournir des pièces justificatives à leur Bâtonnier, avant le 1er décembre 1940, au plus tard. À Paris, le conseil de l'Ordre se mit à l'ouvrage dès

à des confrères juifs, il n'y eut pas, il n'y aura jamais eu la moindre réaction collective. Et donc ? En février 1942, deux cent dix-sept avocats sont ainsi chassés du Barreau de Paris. Le conseil de l'Ordre des avocats de Paris n'émet aucune protestation, pas même une motion de principe, comme le fit le Barreau de Bruxelles dans des circonstances similaires.

Maître Joë Nordmann raconte : « Comme d'autres avocats juifs, j'ai été radié du Barreau en 1942. J'ai d'abord reçu une lettre de mon Bâtonnier (Jacques Charpentier) me demandant quel titre j'avais à faire valoir. Je lui ai répondu que j'étais avocat et fils d'avocat ; que j'avais exercé ma profession honorablement et que je ne comprenais donc pas sa lettre. Ensuite, par décision de la cour d'appel, il me fut interdit de plaider. C'était la loi de Vichy*. »

---

le début de l'automne 1940. Même la nature rétroactive de la mesure, puisqu'elle exclut du Barreau des avocats déjà inscrits, ne souleva en son sein aucune réserve, aucune objection. Plus généralement, voir Laurent Joly, *L'État contre les juifs. Vichy, les nazis et la persécution antisémite*, Grasset, 2018.

* *L'Humanité*, 20 octobre 1997.

ÉRIC CONAN

« Le Barreau sous Vichy »

L'Express,
14 avril 1997

Pendant l'Occupation, les avocats n'ont pas protesté contre la mise à l'écart de leurs confrères juifs. Robert Badinter a voulu savoir comment cette corporation a pu en arriver là.

La grande bibliothèque des ouvrages consacrés à Vichy ne cesse de s'enrichir, mais une lacune demeure. Si le rôle du gouvernement et le comportement des Français de base ont été désormais bien étudiés, l'attitude des acteurs collectifs et des institutions – partis, syndicats, Églises et corps professionnels (médecins, magistrats, préfets, notaires, universitaires, etc.) – reste encore mal connue. Et lesdites institutions n'ont pas fait montre d'introspection, mis à part l'Église catholique à travers le rapport Touvier.

Robert Badinter s'est plongé dans les archives du ministère de la Justice pour essayer de comprendre comment ses confrères avocats – qui ont pour métier de défendre les libertés – traversèrent l'Occupation. Et pour vérifier si le Barreau avait été le « rempart suprême des libertés », comme le proclamait en 1946 le Bâtonnier Poignard, lors d'une cérémonie solennelle au Palais de justice de Paris. Les recherches de l'ancien garde des Sceaux démentent malheureusement ces fanfaronnades.

Les avocats appartenaient à ces professions que Vichy voulait libérer de l'« influence juive ». Le statut du 3 octobre 1940 exclut les Juifs des fonctions de représentation (conseil de l'Ordre, Bâtonniers) et un décret de juillet 1941 les soumet à un *numerus clausus* : leur présence ne doit pas excéder 2 % du nombre d'avocats dans chaque cour d'appel. En février 1942, deux cent dix-sept avocats seront ainsi chassés du Barreau de Paris. Une cinquantaine se verront autorisés à rester, pour la plupart en tant qu'anciens combattants. Le conseil de l'Ordre des avocats de Paris n'émit aucune protestation, pas même une motion de principe, comme le fit le Barreau de Bruxelles dans des circonstances similaires.

Définitions techniques du « Juif »

Quel est le ressort de ce consentement aux exclusions, qui se traduit par pareil silence, mais aussi par la facilité avec laquelle tous ces juristes s'initient aux définitions techniques du « Juif » ? Robert Badinter hésite, sans trancher, entre l'antisémitisme, dont il montre l'imprégnation des avocats avant-guerre, et la xénophobie, que semble plutôt traduire le comportement de beaucoup de notables du Barreau. Ainsi de la disposition permettant le maintien, en sus du quota, d'avocats juifs « en raison du caractère éminent de leur mérite professionnel » : Robert Badinter constate que les quatorze avocats juifs choisis par le Barreau de Paris comme étant dignes de cette dérogation sont tous des « notables israélites », au contraire des « naturalisés ou enfants d'immigrés, auxquels les lois d'exclusion étaient appliquées sans états d'âme ».

Cette pratique vichyste du *numerus clausus* – « Le Juif est supportable à dose homéopathique », aimait à répéter à l'époque Xavier Vallat, premier commissaire général aux Questions juives – est très mal acceptée par les nazis. Qui ne supportent pas « la vieille théorie judéo-libérale qui considère avant tout l'avocat comme le défenseur d'une cause individuelle » : selon eux, il ne saurait y avoir d'avocat que « du corps social, du peuple ». C'est pourquoi ils s'efforcent de faire figurer des avocats, juifs ou communistes, parmi les otages exécutés en France. Et ils font arrêter et transférer à Drancy dès 1941 des dizaines de grands avocats de Paris, avant leur déportation.

Ce livre bien trop bref se termine sur la figure de Lucien Vidal-Naquet, le seul, parmi les avocats juifs à qui l'on proposa leur maintien en raison de leurs « qualités éminentes », qui refusa cette « faveur » d'un gouvernement qu'il rejetait. Ce résistant a pu, avant d'être déporté en 1944 avec sa femme, exprimer dans son journal ce que son pays lui infligeait : « Je ressens comme Français l'injure qui m'est faite comme Juif. »

JOSYANE SAVIGNEAU
« La douleur de Robert Badinter »

Le Monde,
25 avril 1997

Est-ce un livre sur le malheur des hommes ou sur le chagrin d'un homme qui entreprend de montrer comment une législation d'exception fut appliquée par « les acteurs du temps », ses pairs, des avocats ? Est-ce un livre pour parler d'hier ou pour penser aujourd'hui et prévenir ce qui se profile d'avenir effrayant ? Pour comprendre « l'interrogation majeure : comment en est-on arrivé là, à cette acceptation complaisante ou résignée d'une législation raciste dans la France hier encore républicaine et patrie des droits de l'homme ? » C'est tout cela à la fois, bien sûr, ce texte bref et sec de Robert Badinter, ce récit froid et bouleversant d'*Un antisémitisme ordinaire*, celui du Barreau sous Vichy.

Le Barreau se présente constamment comme le protecteur des libertés, le refuge des persécutés, enraciné dans la République. Il porte sa fonction, « défendre », comme une oriflamme. Pourtant, sous Vichy, quand il s'est agi de délégitimer les avocats juifs, de les empêcher d'exercer, de les radier, le Barreau a été plus que docile, plus que passif, plus que soumis. Volontaire pour exclure. Qu'est-ce que « défendre », alors ? À partir de quel moment n'est-ce plus un engagement, pour devenir seulement une fonction sociale sujette à des accommodements, une posture ?

Ce que dit ici Robert Badinter a déjà été développé, notamment dans un document auquel il renvoie souvent, né d'un colloque « Le droit antisémite de Vichy », numéro de la revue *Le Genre humain* (Seuil, 1996), mais « nul ne dira jamais avec assez de force l'émotion qui soulevait alors ces âmes juives chez lesquelles se mêlaient la reconnaissance envers la France qui avait fait de leur enfant un avocat et l'amour pour cet enfant dont ils tiraient gloire ». Une fierté qui donne la mesure de la détresse quand vint le temps de l'exclusion. La longue marche qui a conduit au rejet, puis à l'extermination, est retracée avec minutie, sans commentaire, par Robert Badinter. Faits, chiffres, témoignages mettent en lumière une « logique » : le lien entre la xénophobie croissante des années d'avant-guerre et l'acceptation de « faire des Juifs des parias ».

Ils aiment tous si fort leur pays et la loi, ces avocats, que leur première réaction est une sorte d'incrédulité : « Le racisme est devenu la loi du nouvel État, écrit l'un d'eux. Quelle honte! Toutes mes illusions s'écroulent! » Néanmoins, « on ne juge pas sa mère, même quand elle est injuste. On souffre et on attend ». Les limites de l'impensable reculent sans cesse. Avocat célèbre, Pierre Masse écrit à Pétain, qu'il a connu lors de la Première Guerre mondiale : « J'ai lu le décret qui déclare que les Israélites ne peuvent plus être officiers [...]. Je vous serais obligé de me dire si je dois aller retirer leurs galons à mon frère [...], mon gendre [...], mon neveu*. Suis-je enfin assuré qu'on ne retirera pas la médaille de Sainte-Hélène à mon arrière-grand-père ? » Toutefois, Pierre Masse conclut : « Je tiens à me conformer aux lois de mon pays, même quand elles sont dictées par l'envahisseur. »

Robert Badinter reproduit aussi la lettre sobre et terrible que lui a envoyée, en 1995, Me Yves Jouffa :

> « Je fus arrêté par deux policiers français, à mon domicile, le 20 août 1941, et je fis l'ouverture du camp de Drancy. Le

*Tous sont morts au combat.

lendemain, 21 août, une cinquantaine d'avocats parisiens, quelques-uns très célèbres, Pierre Masse, Gaston Crémieux, Théodore Valensi, arrivent au camp. Ils furent l'objet d'une ovation de la part des internés, composés en grande majorité d'ouvriers et de petits artisans du XIe arrondissement [...]. Y a-t-il eu une réaction du conseil de l'Ordre ? Je l'ignore. Ce que je sais, c'est que, quelques mois plus tard, le Bâtonnier Charpentier vint au camp pour signifier à ses confrères internés leur radiation de l'Ordre. Il n'eut pas un mot pour regretter, expliquer, excuser. Lorsqu'il est parti, j'ai vu pleurer quelques-uns de ces avocats. Il y avait parmi eux des médaillés des deux guerres. »

Si l'on s'était interrogé vraiment sur la xénophobie admise de toute une société au lieu de brandir quelques boucs émissaires, de projeter comme écran de fumée des discours stéréotypés à l'abri desquels l'amnésie a prospéré, peut-être aujourd'hui ce « retour du refoulé » qui envahit la France, cette « lepénisation des esprits » qu'a dénoncée ailleurs Robert Badinter, auraient-ils été évités. Peut-être aurait-on compris ce qui se passe quand on entre dans une logique de rejet, qu'on admet (hier) qu'il y aurait eu « un problème juif » et (aujourd'hui) qu'il y aurait « un problème de l'immigration », et que des idées prennent le pas sur le respect des personnes.

Certes, les historiens, les nombreuses références de ce livre l'attestent, ont déjà fait la lumière sur le rôle peu glorieux du Barreau sous Vichy. Mais il fallait qu'un grand avocat juif, arrivé au Barreau après-guerre, aille au bout de sa propre douleur et défende ses aînés humiliés – il fut le disciple de l'un d'eux, Henry Torrès – dont beaucoup sont morts pour une certaine idée de la France, le pays qu'ils avaient choisi et qui les a abandonnés. Robert Badinter, le garde des Sceaux qui fit abolir la peine de mort dans ce pays, ne pouvait pas ne pas faire ce chemin-là, tout déchirant qu'il fût.

EMMANUEL LE ROY LADURIE

« Les avocats juifs sous Vichy, Robert Badinter »

Le Figaro littéraire,
8 mai 1997

À l'heure où les exagérations d'un Goldhagen font l'effet de bombes médiatiques plutôt que de vrais apports scientifiques, fussent-elles éventuellement couronnées par une chaire professorale à Harvard et flanquées quelquefois, du fait de cet auteur, par d'incontestables enquêtes monographiques et archivistiques, en cette conjoncture, donc, il n'est pas mauvais qu'une probe recherche sectorielle s'attache à un cas précis d'antisémitisme, au cœur d'une période cruciale.

C'est ce qu'a voulu réaliser Robert Badinter, jadis avocat, et promu depuis à de plus hauts destins, au sujet précisément de la judéophobie de certains avocats français entre 1940 et 1944; compte tenu aussi du fait que ce racisme n'aurait jamais pu s'exercer si n'avaient eu lieu notre défaite et l'occupation allemande.

Ce travail d'investigation était d'autant plus indiqué que la profession d'avocat depuis Robespierre jusqu'à Mitterrand est inséparable du devenir de la République successive. On parlait même dans le bon vieux temps d'une République des avocats et il semble étrange en conséquence qu'un certain esprit de discrimination raciale ait pu ainsi se faire jour dans un milieu de juristes qui se voulaient pourtant plus souvent qu'à leur tour « libres, égaux et fraternels ».

En fait, dès avant la guerre, une discrète politique du « racialement correct » s'était mise en place au Barreau de Paris. Ce Barreau, d'après une estimation paradoxalement tirée des « statistiques » de Vichy, comptait environ quatre cents avocats juifs pour un effectif total de deux mille cinq cents personnes : or, sur ces quatre cents, lors des années 30, bien peu accédaient au conseil de l'Ordre, et encore moins aux fonctions prestigieuses de Bâtonnier. L'afflux d'immigrés en France de 1929 à 1939, parmi lesquels un certain nombre de Juifs d'Europe centrale pourvus de noms « bizarres » et d'un fort accent linguistique, choquait la xénophobie de l'indigénat hexagonal, offusquée par ce qui nous apparaîtrait aujourd'hui comme simple preuve d'exotisme sympathique et de bon aloi.

Vient le désastre de juin 1940. Et puis, en octobre 1940, le Statut des Juifs, série de dispositions *ad hoc*; elles font penser aux ordonnances analogues qui réglaient déjà la situation des Israélites dans certains pays d'Europe centrale au XIXe siècle, *a fortiori* au XVIIIe. Le statut français d'octobre 1940 était hérissé d'interdictions professionnelles à l'encontre des Juifs ; en principe, ce statut émanait des seules autorités de Vichy sans que les Allemands y fussent pour quelque chose. Il y eut même certains Juifs, profondément français depuis plusieurs générations, qui n'objectèrent pas trop fortement au texte du statut, pour autant qu'ils étaient quelquefois gagnés par la xénophobie ambiante à l'égard d'immigrés de fraîche date.

Aveuglement qui ne sera pas de longue durée.

Les mesures plus spécifiques prises à l'encontre des avocats juifs sont aussi prétextes à portraits, sous la plume de notre auteur ; et d'abord le ministre Alibert, sorte de croisé hérité du Moyen Âge, du temps des beffrois et des gargouilles : sa haine du Juif scandalisait même ses collègues du gouvernement; et puis son directeur de cabinet déclarant d'un ton méphistophélique qu'il allait « secouer le cocotier », on devine malheureusement lequel.

Certaines des mesures prises sont du reste empreintes d'un humour involontaire qui serait comique en d'autres circonstances, mais qui, à l'usage, va se révéler plutôt noir, très noir même : ainsi, à propos des dispositions visant à admettre de 2 % à 3 % de Juifs quand même dans l'effectif total des avocats, on arrondit ce chiffre, par esprit de « bienveillance », à l'unité supérieure ou au zéro supérieur.

Cela dit, Badinter note avec beaucoup de force qu'en 1941 et, semble-t-il, au début de 1942, même un commissaire vichyste aux Questions juives comme était Xavier Vallat « ne pouvait imaginer la Solution finale, c'est-à-dire l'extermination des Juifs décidée par Hitler, mais il [Vallat] connaissait au moins les projets de leur déportation massive ».

La situation se détériore encore avec les premières arrestations de Juifs effectuées à partir de mai 1941 sur ordre des Allemands : emprisonnement d'au moins quarante-deux avocats juifs, et bientôt quelques otages fusillés. Et puis des internements à Drancy. Exposition de propagande allemande aussi, en septembre 1941, où le grand avocat juif Henry Torrès est stigmatisé.

Qui plus est, la double appartenance « race » juive et adhésion ancienne à la franc-maçonnerie pouvait passer aux yeux de Xavier Vallat pour une circonstance aggravante. Ce qui n'empêchait pas le Vallat en question d'être nettement anti-allemand et, à ce titre, indésirable aux autorités d'Occupation. D'où son remplacement en avril 1942 par Darquier de Pellepoix. Darquier, pour sa part, était un fonceur. À la différence de son prédécesseur, il ne s'embarrassait pas d'arguments juridiques et faisait la chasse aux derniers avocats juifs encore en place.

Aggravations ultérieures : en juin 1942, les Allemands (et non pas Vichy) promulguent le port obligatoire de l'étoile jaune, détestée de la population française. L'été et l'automne 1942 voient s'affirmer par contrecoup les protestations pro-israélites des hiérarchies religieuses, huguenotes certes, mais aussi, Badinter insiste sur ce point, épiscopales et catholiques.

L'étonnant dans cette conjoncture, c'est que quelques avocats juifs ont quand même réussi à plaider jusqu'au bout en plein Paris et presque jusqu'aux derniers jours de l'Occupation. Exceptions qui confirmaient la règle de l'exclusion, celle-ci très « dépassée », bien sûr, par le fait beaucoup plus monstrueux du génocide.

L'ouvrage de Robert Badinter est d'abord un compte rendu juridique et statistique extrêmement précieux s'agissant d'une profession à propos de laquelle les études de ce genre étaient jusqu'à présent rarissimes. Ajoutons qu'il y a dans ce beau livre un sens aigu de la vie quotidienne et tout simplement du suspense, compte tenu d'une tragédie de plus en plus nette et criante.

Objectera-t-on cependant à l'auteur (qui affirme avec la grande majorité des historiens que le statut d'octobre 1940 est d'inspiration exclusivement vichyssoise), lui objectera-t-on qu'une telle affirmation pourrait être, sinon déniée, il n'en est pas question, du moins nuancée ? Dès août 1940, en effet, d'après un ouvrage récemment traduit de Michael Bloch, les sieurs Abetz et Ribbentrop envisageaient de « conseiller » au gouvernement de Vichy l'adoption de mesures antisémites. Nous ignorons tout des démarches qui purent ou non s'ensuivre en « vertu » de cette orientation, mais il n'est quand même pas entièrement exclu que des éléments exogènes (nazis) aient pu jouer un rôle, eux aussi, en vue de l'adoption du fameux statut, de triste mémoire.

LAURENT JOFFRIN

« Robert Badinter : un travail d'investigation nuancé »

Libération,
6 mai 1997

Lorsque le gouvernement de Vichy promulgue les lois sur le Statut des Juifs, les avocats ne protestent pas. Pis, ils les appliquent avec zèle à leur profession. Ce jour de 1940 où les avocats ont failli.

C'est un livre qui fait peur. On en connaît la trame : historien implacable de sa propre profession, Robert Badinter raconte comment le Statut des Juifs élaboré par le régime de Vichy fut appliqué chez les avocats. C'est-à-dire comment cette profession symbole prêta sans sourciller la main à une infamie.

Badinter ne plaide pas, sinon par la description retenue des faits. Aucune envolée, aucun effet dramatique : il explique, il détaille, il donne le contexte, recherche les raisons des uns et des autres. Il est même d'une honnêteté intellectuelle qui frise la désincarnation quand il entre, pour ainsi dire, dans les raisons de l'antisémitisme, rappelant ce qu'étaient les préjugés de l'époque, l'idée largement reçue qu'il y avait une « question juive », que la « surreprésentation des Juifs » dans certains métiers posait problème, que les « Israélites » se soumettaient à une « double allégeance », bref, toute la batterie des idioties admises qui tendaient avant la guerre à faire de l'antisémitisme une opinion comme une autre.

En octobre 1940, donc, avant toute demande allemande, et à l'insistance du maréchal Pétain en personne, le régime de Vichy promulgue le « Statut des Juifs », qui transforme les membres de cette vieille communauté française en infra-citoyens. Comment cette loi d'indignité allait-elle être reçue chez les avocats, les hérauts des humbles, qui comptaient en leur sein quelques centaines de Juifs, et parmi ceux-là des vedettes du Barreau, admirés, respectés, adulés par tout le Palais, comme Pierre Masse, Henry Torrès, Gaston Crémieux ou Théodore Valensi ? Là, la honte nous saisit.

Personne ne protesta. Personne.

Pis, le conseil de l'Ordre appliqua les règles d'exclusion sans états d'âme, comptant scrupuleusement le nombre de Juifs selon les critères définis par Vichy, établissant les listes des exclus et celles des dispensés, traitant chaque cas avec la méticulosité du juriste et l'indifférence de l'exécutant. Alors que, face aux mêmes injonctions, le Barreau belge, par exemple, avait hautement protesté.

Chez les Juifs, c'est l'effondrement. Républicains, patriotes, ces avocats installés dans la bonne société ne peuvent pas comprendre comment la France des droits de l'homme, du décret Crémieux, celle qui a réhabilité Dreyfus, sacré Zola et Proust, porté Léon Blum à Matignon, peut soudain se retourner contre ses fils d'une autre religion.

Le 20 octobre 1940, Pierre Masse écrit à Pétain :

> « Monsieur le Maréchal,
>
> J'ai lu le décret qui déclare que les Israélites ne peuvent plus être officiers, même ceux d'ascendance strictement française.
> Je vous serais obligé de me faire dire si je dois aller retirer leurs galons à mon frère, sous-lieutenant au 36e régiment d'infanterie, tué à Douaumont en avril 1916, à mon gendre sous-lieutenant au 14e régiment de dragons portés, tué en Belgique en mai 1940,

> à mon neveu Jean-Pierre Masse, lieutenant au 23e colonial, tué à Rethel en mai 1940.
> Puis-je laisser à mon frère la médaille militaire gagnée à Neuville-Saint-Vaast, avec laquelle je l'ai enseveli ?
> Mon fils Jacques, sous-lieutenant au 62e bataillon de chasseurs alpins, blessé à Soupir en juin 1940, peut-il conserver son galon ? »

Il faudra attendre la fin de 1942, les mesures imposées par les Allemands, le port obligatoire de l'étoile jaune et les déportations massives pour entendre des protestations. Mais alors, il est trop tard. Les mesures françaises ont préparé, facilité les décrets hitlériens. Les listes étaient prêtes, les esprits accoutumés, les policiers habitués. Les grandes rafles, les spoliations, les voyages sans retour, les coups des policiers de Bousquet sur les femmes et les vieillards, les enfants livrés par Laval suivent logiquement l'exclusion pétainiste. La barbarie succède à la demi-barbarie.

Tout cela a bien sûr un écho contemporain, et c'est là que Badinter fait œuvre de pédagogue du présent. Comment ne pas rapprocher les distinctions faites à l'époque de celles qu'on entend aujourd'hui ?

Le caractère « inassimilable » de certaines populations est aujourd'hui couramment avancé, non plus à l'égard des Juifs, mais des Arabes ou des Noirs. La différence entre les familles depuis longtemps établies et les immigrés de fraîche date fait aujourd'hui partie des fausses évidences, comme à l'époque.

La « préférence nationale » était l'une des justifications officielles de Vichy, comme elle l'est pour le Front national, dont le score électoral est supérieur à ce qu'était celui de l'extrême droite avant-guerre. Ce parti prévoit aussi, comme Vichy, de promulguer des lois rétroactives retirant la nationalité française à certaines catégories.

Bien sûr, il faudrait, pour que ces intentions se traduisent en actes, la « divine surprise » d'une catastrophe nationale, comparable à la chute de 1940, qui porterait les successeurs de Pétain au pouvoir. Nous n'en sommes pas là. Mais si c'est le seul obstacle à la renaissance de l'indicible, nous voici à moitié rassurés…

LAURENT LÉGER ET THIBAUT SOLANO

« Au palais de justice de Paris, l'encombrant portrait de l'ex-Bâtonnier collabo »

L'Express,
27 février 2020

Polémique. Sur un mur de l'ancien tribunal de l'île de la Cité, un médaillon de bronze célèbre toujours Jacques Charpentier, le Bâtonnier qui appliqua les lois antijuives de Vichy.

Dans le petit monde des avocats, Jean-Louis Bessis s'est taillé une réputation d'empêcheur de tourner en rond. Le 3 décembre 2019, sur son blog hébergé par *Mediapart*, il l'a encore démontré en jetant aux robes noires un pavé dans la mare, rappelant qu'un symbole dérangeant hante toujours la grande galerie de l'ancien tribunal de Paris : la présence d'un médaillon de bronze à l'effigie de Jacques Charpentier.

Que vaut à cet ancien Bâtonnier de la capitale, mort en 1974, l'insigne honneur de figurer sur l'un des murs de ce bâtiment de l'île de la Cité, symbole de la Justice par excellence ? Élu en 1938 à la tête des avocats de Paris, il est pourtant l'homme qui a exécuté la politique de Vichy en 1940, impliquant la radiation d'avocats juifs et de ceux qui n'étaient pas nés de parents français.

Dans l'ouvrage collectif *La Justice de l'épuration* (2008), l'historien Yves Ozanam rappelle le parcours complexe de Jacques Charpentier : orateur estimé, conservateur assumé, il est resté en fonction sous l'Occupation, du moins jusqu'à septembre 1943. À l'été 1940, relate Ozanam, l'une de ses propositions est plus radicale que la loi de Vichy relative aux avocats : elle « vise à exclure du Barreau les avocats qui ne sont pas nés de parents français, à l'exception de ceux qui ont servi en temps de guerre dans une unité combattante ou se sont particulièrement distingués dans l'exercice de leur profession ».

Charpentier applique les lois de Vichy avec entrain, acceptant contre toute attente la discrimination et la rétroactivité – une « violation du droit sans précédent dans l'histoire du Barreau ». Plusieurs centaines d'avocats juifs et d'origine étrangère seront exclus du Barreau sans que le monde judiciaire proteste un seul instant, la cour d'appel confirmant la décision de l'Ordre sans sourciller.

Charpentier : « Au Barreau, il y a toujours eu une question juive. »

Même si l'intéressé rejoint la clandestinité en 1943, après avoir échappé de peu à une arrestation par la Gestapo, il ne se dédie pas lorsqu'il rédige le récit de son Bâtonnat en 1949 : « Avant la guerre, nous avions été envahis par des naturalisés de fraîche date, presque tous d'origine orientale, dont le langage, commenté par les petits journaux, nous couvrait de ridicule, et qui apportaient, dans la conduite des litiges, les procédés de leur bazar. À cet égard, la politique de Vichy se rencontrait avec nos intérêts professionnels. » Il écrivait aussi dans le même livre que « au Barreau de Paris, il y a toujours eu une question juive [...] aggravée depuis quelques années, avec l'arrivée de réfugiés politiques qui, à la faveur des facilités apportées à la naturalisation, avaient gagné le Barreau. Ils avaient une conception de la justice très différente de la nôtre... »

Dans un billet publié en décembre, Jean-Louis Bessis conclut : « Le moment est peut-être venu de desceller cette effigie. » Une façon pour lui d'aller « au bout d'une démarche » entamée voilà dix ans, alors qu'il siégeait au conseil de l'Ordre, comme il l'explique à *L'Express*. Déjà, à l'époque, il s'était étonné du maintien de ce buste au sein du Palais : « Quand j'ai pris la parole lors d'une réunion, personne n'a réagi. Le Bâtonnier d'alors, Jean Castelain, aurait pu décider du retrait du buste ou bien le sujet aurait pu faire l'objet d'un vote au sein du Conseil. Il n'en a rien été. »

À Bruxelles, le Barreau s'était opposé à l'occupant

Étonnamment, Bessis reste le seul à regretter publiquement la présence de ce curieux hommage au sein de l'ancien tribunal, désormais siège de la cour d'appel de Paris et de la Cour de cassation. « Je ne serais pas contre qu'on le retire du Palais », confie un ancien vice-Bâtonnier, acceptant de s'exprimer uniquement sous le sceau de l'anonymat. Il rappelle que, confronté à l'époque à la même politique antijuifs, le Barreau de Bruxelles s'était opposé à sa mise en œuvre – le Bâtonnier belge fut d'ailleurs arrêté et assassiné.

L'omerta dont ont souffert les institutions françaises sur cette question sensible de la guerre et de l'Occupation ne semble pas s'être évanouie avec le temps : à part Bessis, personne ne se presse pour autant à demander haut et fort que l'effigie soit déboulonnée. Robert Badinter, par exemple, s'est depuis toujours intéressé à cette figure du monde judiciaire. Ayant prêté serment d'avocat en 1951, le futur ministre de François Mitterrand, qui rencontre Charpentier à cette époque – ils n'étaient pas amis, confie-t-il –, est revenu en 1997 sur la question de l'antisémitisme qui régnait alors au Barreau de Paris dans son livre *Un antisémitisme ordinaire. Vichy et les avocats juifs (1940-1944)*, publié par Fayard.

« Jacques Charpentier était un antisémite ordinaire, foncièrement antisémite, mais moins que d'autres, il passait même pour un libéral à côté de certains. Il était l'expression même de l'élite du Barreau. Le milieu judiciaire était antijuif et, avant tout, particulièrement xénophobe », explique-t-il à *L'Express*, rappelant que le premier commissaire aux Questions juives de Vichy, Xavier Vallat, était un avocat parisien. « Il ne faut pas oublier que dans le discours prononcé juste après la victoire de 1945 par le nouveau Bâtonnier, destiné à commémorer les avocats morts pour la France, pas une seule fois le mot "Juif" ne fut prononcé… »

Pour Badinter, le décrochage « serait malvenu »

Jacques Charpentier, qui rêvait de l'Académie française, était « parfaitement méprisant » vis-à-vis de ses confrères mais aussi « talentueux » avocat, précise encore Robert Badinter. Ce dernier ne souhaite pas le déboulonnage du Bâtonnier : « Ce serait malvenu. Je suis médusé de voir qu'on projette sur cette époque des visions d'aujourd'hui qui n'ont rien à voir avec la réalité de la guerre. Charpentier fut aussi un résistant. »

Ce « seigneur du Barreau », selon Badinter, rejoignit la résistance judiciaire dans la seconde partie de l'année 1943 et mériterait donc de rester accroché sur les murs du Palais, aux côtés d'une petite poignée de ses confrères, dont Vincent de Moro-Giafferri, Gaston Monnerville ou encore Pierre Masse.

Bernard Vatier, qui fut Bâtonnier de Paris (1996-1997), confirme cette position « complexe » : « Le livre de Robert Badinter avait provoqué la stupeur au sein du Barreau, c'était un déchirement de savoir que notre Ordre s'était livré à de tels agissements. De jeunes avocats ont exigé que le conseil de l'Ordre demande pardon, mais j'avais considéré que seules les victimes auraient pu le faire. »

Un communiqué fut néanmoins publié à ce moment-là : « Le conseil de l'Ordre, conscient de ses responsabilités au regard de l'histoire du Barreau, s'incline devant la souffrance de ceux qui en ont été victimes. »

« Nous n'avons pas la légitimité pour juger », conclut Vatier, tout comme le Bâtonnier Christian Charrière-Bournazel (2008-2009) : « J'avais été interpellé par une initiative individuelle pour ôter l'effigie de Charpentier, mais j'ai estimé qu'il serait plus légitime que les associations d'avocats déportés ou résistants me saisissent elles-mêmes. Personne ne l'a fait. »

À Drancy pour apporter les certificats de radiation

Rapportée par plusieurs anciens Bâtonniers, une anecdote cristallise l'ambiguïté du personnage : Charpentier, qui venait à Drancy apporter leurs certificats aux avocats internés dont il avait prononcé la radiation, avait un jour traversé les dortoirs pour aller saluer son ami Pierre Masse, qui avait été raflé et interné lui aussi dans les mêmes locaux. Ce dernier, qui fut avocat, sénateur et secrétaire d'État en 1917, mourra à Auschwitz.

« J'avais trouvé invraisemblable qu'on ait accroché en 1974 sur les murs du Palais le médaillon de Charpentier, qui avait exécuté les lois de Vichy contre les Juifs. Du coup, j'ai fait apposer à côté l'effigie de Pierre Masse, qui avait été candidat au Bâtonnat sans avoir été élu, car il était juif. C'est Simone Veil qui dévoila son effigie, au cours d'une cérémonie, et Robert Badinter qui prononça le discours », se souvient Charrière-Bournazel. Hommage est donc rendu à Masse, mais Charpentier reste honoré…

De quoi faire bondir le président du Crif. Pour Francis Kalifat, « équilibrer l'horreur » en installant un déporté à côté de Jacques Charpentier n'a pas de sens. « Il aurait fallu plutôt mettre une plaque qui explique la situation, dit-il à *L'Express*. Regardez le préfet René Bousquet [secrétaire général de la police de Vichy en 1942 et 1943, NDLR]. Il a eu une carrière avant Vichy, et une carrière après. Mais est-ce qu'on trouve aujourd'hui dans une préfecture en France une statue de lui ? J'estime que la vérité historique est faussée. »

Blagues à connotation antisémite

La permanence de ce médaillon pose aussi question à des membres du Barreau, qui s'en prennent au conservatisme forcené de l'institution. Certains voient dans l'immobilisme du corps l'expression d'une ambiance malsaine. Les remugles du passé ne seraient pas si loin, selon quelques voix qui préfèrent s'exprimer anonymement. Dans la boucle WhatsApp des membres du conseil de l'Ordre de 2018, dévoilée en son temps par *Le Parisien*, fusaient des blagues à connotation antisémite. L'un des membres ayant posté des vidéos pornos avait été exclu du groupe. Mais pas l'auteur des saillies sur les Juifs, un avocat réputé. Répondant à la question « Tu as un problème avec les Juifs ? », il avait répondu : « Oui, sur tous les sujets en plus. »

« Cela renvoyait de manière claire à la question d'Israël. Sous couvert de plaisanteries, il a énoncé des propos clairement antisémites », décrypte une avocate qui ne fait pas mystère, au sein de l'Ordre, de son engagement pro-israélien. Une autre de ses phrases faisait bondir cette dernière : « S'ils pouvaient seulement rendre l'argent… » Les élus du Barreau avaient dédramatisé, sur le thème de la boucle « défouloir » où les membres du Conseil se livraient au second degré pour « décompresser » entre eux. Circulez, il n'y a rien à voir.

Sentiment de malaise au Barreau

Parallèlement à l'affaire de la boucle WhatsApp, une succession de mini-événements, mis bout à bout, interroge. Ainsi, la remise en question, par le même avocat dont les messages ont choqué, de l'opportunité d'une motion du conseil de l'Ordre sur Mireille Knoll [l'octogénaire juive assassinée à Paris en mars 2018, NDLR]. La proposition du Barreau de faire « membres d'honneur » deux confrères étrangers, qui auraient été en fait liés à une organisation palestinienne, a heurté également. Une autre fois, lorsque les membres de l'Union des jeunes avocats, qui présentaient lors de leur spectacle annuel des sketchs et chansons revenant sur la Seconde Guerre mondiale, se voient incités à évoquer les avocats « déportés » plutôt que « radiés ». Histoire de ne pas mettre le doigt sur les éventuelles responsabilités du Barreau de l'époque…

La relation difficile avec Israël, où le voyage d'une délégation des avocats parisiens a même dû être reporté deux fois, pourrait, elle aussi, poser question. « L'influence d'avocats évoluant dans la sphère propalestinienne, engagés dans une délégitimation d'Israël, est-elle en train de déstabiliser petit à petit le Barreau de Paris ? » s'interroge un de ces membres. Une série d'épisodes qui laissent une impression de malaise pour nombre d'avocats parisiens. Pendant que le Bâtonnier antisémite (et en même temps… résistant) est toujours honoré par la présence de son médaillon de bronze, au mur de sa galerie du vieux Palais.

TRIBUNES DE ROBERT BADINTER SUR L'ANTISÉMITISME ET LA SHOAH

ROBERT BADINTER

« Pour le jugement des crimes contre l'humanité »

Le Monde,
15 juin 1979

Depuis quelques mois, nous assistons à une singulière entreprise. Des écrivains et des journalistes de qualité critiquent ou dénoncent tout ce qui est susceptible de rappeler aux Français le génocide juif pendant la Seconde Guerre mondiale. Que des protestations s'élèvent de toute part contre les déclarations de Darquier de Pellepoix ; et nos auteurs d'ironiser aussitôt sur ces transports d'indignation à l'égard d'un vieillard impuissant. Qu'*Holocauste* soit diffusé sur les écrans de télévision ; et nos auteurs de craindre que de telles émissions ne fassent renaître l'antisémitisme des cendres des crématoires. Que des poursuites judiciaires soient annoncées à l'encontre de fonctionnaires de la police de Vichy ; et nos auteurs de s'alarmer des passions qui pourraient agiter l'opinion à cette occasion ; et de conclure à la nécessaire prescription des crimes contre l'humanité, c'est-à-dire, en termes moins juridiques, au droit à l'oubli des auteurs ou des complices du génocide juif.

À cet égard, il faut d'abord préciser les limites et la signification des poursuites judiciaires que réclament les victimes de l'Holocauste. Le temps écoulé interdit, en fait, toute condamnation sévère. Entre les crimes évoqués et les hommes âgés qui, près de quarante années plus tard, en répondraient devant la cour d'assises, il n'y a pas d'identification possible. Inévitablement, on aurait l'impression de juger d'autres hommes que ceux qui avaient commis les crimes. Et cette discordance seule suffirait à arrêter toute passion répressive.

Ce ne sont donc pas les châtiments qui importent dans de telles entreprises judiciaires. Mais la satisfaction de cette exigence de justice : que le coupable soit identifié et condamné comme tel, que ses crimes ne demeurent pas des crimes anonymes commis par des criminels inconnus, presque mythiques. Le seul jugement qui importe désormais est celui de l'Histoire. Notre justice doit y contribuer, en établissant aussi clairement que possible, dans le respect absolu des droits de la défense, la responsabilité de chacun des complices français du génocide juif. L'exigence de vérité se confond ici avec l'exigence de justice. Et elle est d'autant plus forte que des faussaires de l'Histoire s'appliquent aujourd'hui à dénier la réalité ou à réduire l'étendue du génocide.

Or, c'est bien à la recherche de l'oubli du génocide juif que sont nos auteurs. Et c'est là le trait le plus révélateur de leur démarche. Laissons de côté l'argument sans cesse ressassé qu'il serait trop facile de dénoncer le massacre des Juifs pendant la dernière guerre, alors que tant d'autres crimes contre l'humanité sont ensevelis dans les ténèbres de l'Histoire ou le silence complice des puissances. Il est vrai que la litanie des crimes contre l'humanité s'égrène au long des temps et sur tous les continents. La publication est souhaitable d'une encyclopédie des massacres des innocents, où seraient analysés et inventoriés tous les martyres que les hommes ont infligés à leurs semblables, afin que l'humanité y découvre son plus cruel visage. Mais s'il faut sans cesse dénoncer tous ces crimes où qu'ils se commettent et quels que soient la nation ou le régime qui les pratique, en quoi l'indifférence trop commune devrait-elle impliquer le silence à l'égard du génocide juif? Alors que ce dernier relève plus qu'aucun autre de notre particulière Histoire!

Car le génocide juif présente ce trait particulier : c'est en Europe occidentale, dans notre temps, qu'a été décidée et entreprise la liquidation systématique, organisée, de millions d'êtres humains, enfants et vieillards compris, simplement parce qu'ils relevaient, estimait-on, d'une race qui devait disparaître de l'humanité.

Sans doute, l'Histoire est souillée, avant et même depuis le génocide juif, de massacres de peuples vaincus. Mais c'est dans le cadre de conflits où un peuple en affrontait un autre, et succombait dans la lutte. Rien de tel dans le génocide juif. Des hommes nés au sein d'une communauté se voyaient dénier par cette communauté même le droit à la vie, tout simplement parce qu'ils étaient nés juifs.

Sans doute aussi, l'Histoire est chargée de persécutions sanglantes de minorités religieuses. Mais, qu'il s'agisse des cathares, des protestants ou des Juifs d'autrefois, le choix leur était toujours donné entre la mort et le reniement de leur foi. S'ils mouraient, c'était par un acte de résistance, un refus de céder à un ordre religieux totalitaire. Ces martyrs payaient ainsi de leur vie une ultime liberté qui leur restituait leur dignité d'homme.

Rien de tel pour les Juifs sous le régime nazi. L'abjuration même ne pouvait les sauver. Ils étaient voués à la mort, simplement parce que, étant nés de parents juifs, ils étaient porteurs du mal absolu. Ils devaient disparaître, voilà tout !

En cela, le génocide juif se distingue des autres crimes racistes que l'Europe occidentale a commis, et sur lesquels en effet nos sociétés, que ces crimes ont enrichies, se montrent bien discrètes. Car il est vrai que les Européens ont déporté aux Amériques des centaines de milliers de Noirs, qui y sont morts en esclavage. Comme il est vrai que des centaines de milliers d'Indiens asservis par les Européens sont morts dans les mines du continent américain.

Même pas des sous-hommes…

Mais ce qui demeure spécifique du génocide juif, c'est que les Juifs sont morts, non parce qu'ils étaient des esclaves, mais parce qu'ils devaient mourir. Les travaux forcés dans les camps n'étaient pour les Juifs qu'une technique d'extermination parmi d'autres, comme la chambre à gaz ou la fusillade. Ce refus même de la condition d'esclave aux Juifs, parce qu'elle leur aurait laissé, jusque dans la plus atroce misère, une sorte d'espérance de survie, est révélateur. Les Juifs, pour les nazis, n'étaient même pas des sous-hommes. Ils n'étaient plus hommes du tout. C'est la négation totale de la qualité d'homme à des êtres humains qu'exprime ainsi le génocide juif.

Par là, ce génocide demeure le plus significatif dans l'histoire des crimes racistes contre l'humanité.

Or, à ce crime-là, il se trouve qu'une partie de la droite française est historiquement liée. Sans doute, l'immense majorité des hommes de droite n'a découvert l'Holocauste qu'en 1945, lors de l'effondrement de l'Allemagne nazie. Et la prise de conscience de ce qui s'était passé, l'horreur ressentie devant les fours et les charniers ont libéré la droite française des passions antisémites qui trop souvent l'agitaient.

Mais il demeure que, historiquement, l'antisémitisme a été, pour une partie de la droite française, à la fois tradition et inspiration. Le slogan « Mort aux Juifs » si souvent clamé dans les réunions, inscrit sur les murs de nos villes avant la guerre, n'était rien d'autre que l'expression d'un souhait que Hitler allait, lui, traduire en actes. Et à ces actes, l'appareil de l'État français devait, pendant l'Occupation, prêter son concours actif à chaque fois qu'il en a été requis. Sans doute, les fonctionnaires français ignoraient la portée finale de leur petite participation à l'entreprise immense de mort poursuivie contre les Juifs. Mais rien ne peut changer cette tragique vérité : l'État français a été antisémite et collaborateur. Et la collaboration dans le domaine de l'antisémitisme s'est traduite par une assistance effective au génocide juif.

On comprend mieux dès lors pourquoi certains, au sein de la nouvelle droite française, s'appliquent, avec intelligence et talent, à donner aux Français – et même aux Juifs français – le goût de l'oubli des crimes passés. La vérité est simple : à juger Leguay ou Bousquet, on jugerait en même temps un système politique avec lequel, à un moment donné de son histoire, une partie de la droite française s'est trop identifiée. Et pour les hérauts de cette nouvelle droite, qui s'affirme résolument démocratique et antiraciste – et pourquoi douterons-nous de leur sincérité ? –, l'évocation publique et la condamnation symbolique des crimes contre l'humanité commis par des hommes de droite, dans le cadre d'un appareil d'État de droite, est une perspective désolante.

Nous comprenons cette attitude. Jeter le manteau de Noé sur les fautes des pères est un geste légitime. Mais nous n'avons pas à l'imiter ni à nous taire. Pourquoi les victimes du plus atroce crime contre l'humanité seraient-elles vouées à l'oubli ? Le temps écoulé met les criminels à l'abri des peines. N'y ajoutons pas le bénéfice du silence. Que la justice des hommes marque Caïn au front du signe sanglant, pour que les hommes se souviennent du crime, et s'en détournent avec horreur dans les temps à venir. C'est la seule réparation que méritent les victimes du génocide.

ROBERT BADINTER

« L'antisémitisme contre la République »

Le Monde,
24 juillet 2014

Français juif ou Juif français, comme on voudra, ces deux qualités étant indissociablement liées en moi, j'assiste avec stupeur et colère à la renaissance d'un antisémitisme proclamé en France.

C'est sur ce sujet-là que j'entends ici m'exprimer. Non sur le conflit au Proche-Orient qui oppose Palestiniens et Israéliens, depuis la création de l'État d'Israël par décision de l'ONU en 1948. Dans ce conflit, qui se déroule à des milliers de kilomètres de la France, notre destin national n'est pas en jeu. Mais une certaine idée de la République se trouve menacée à présent en France par les passions qu'il suscite.

La République française repose sur des principes qui fondent notre pacte national. La République est une, indivisible et laïque. Elle est composée de tous les citoyens français, égaux en droits et devoirs, quels que soient leur sexe, leur origine, leurs convictions religieuses, philosophiques, politiques. Elle n'est pas une juxtaposition, une mosaïque de communautés vivant côte à côte. Elle rassemble en une même unité la totalité de ses citoyens, sans distinction aucune. La laïcité garantit à cet égard la liberté religieuse de chaque Français, dans le respect de celle des autres.

Sur ces quatre piliers, Liberté, Égalité, Fraternité, Laïcité, repose la République française. Et chacun sait qu'il suffit qu'un des piliers cède pour que l'édifice entier puisse s'écrouler.

Or la menace est là, présente dans les cris et les violences qui ont accompagné certains défilés organisés par des associations de soutien au peuple palestinien et hostiles à Israël. Face à l'interdiction de certaines manifestations, suscitée par la menace de troubles graves à l'ordre public, on a invoqué le droit à manifester garanti par la Constitution.

Garantir la paix civile

Il s'agit là d'une liberté fondamentale dont l'importance n'est pas discutable. Encore faut-il rappeler que, comme toute liberté, celle de manifester doit s'exercer dans le cadre de l'État de droit. Or, en matière de liberté de manifestation, la loi prévoit que le gouvernement, dont le devoir est de garantir la paix civile, peut prendre des mesures d'interdiction si la sûreté des personnes et des biens lui paraît menacée.

Il ne s'agit pas là d'un pouvoir régalien qui s'exercerait sans limites ni contrôle. La loi donne aux organisateurs de la manifestation le droit de saisir la justice administrative statuant en référé, c'est-à-dire, sans délai, d'une demande d'annulation de la mesure d'interdiction décidée par le gouvernement. L'audience est publique et contradictoire. Et la décision rendue est immédiatement exécutoire.

Les organisateurs de toute manifestation doivent se conformer aux décisions de justice. Ils ne peuvent se prévaloir d'un droit absolu et discrétionnaire à manifester. Le gouvernement, et particulièrement le ministre de l'Intérieur, a à cet égard scrupuleusement observé les règles de l'État de droit.

Reste l'essentiel : au même moment, dans d'autres grandes capitales européennes, des mouvements identiques manifestaient dans la rue leur soutien aux habitants de Gaza écrasés par les souffrances de la guerre. Nulle part ne s'élevaient, à l'occasion de ces défilés, les cris que l'on a entendus à Paris : « À bas les Juifs, à mort les Juifs ! »

Le voile était déchiré, le masque arraché. Ce qui s'exprimait à nouveau à Paris dans ces manifestations, c'était, au-delà de l'antisionisme, l'antisémitisme, la haine des Juifs.

Déjà, nous avions entendu des néonazis défiler à Paris en février en criant « Les Juifs dehors ! » dans une indifférence quasi générale. Je m'étais indigné du silence devant ces clameurs antisémites qui n'avaient pas retenti depuis l'occupation nazie. Et voici que, à l'occasion du conflit au Proche-Orient, des voyous masqués se dirigent vers des synagogues, mus par le désir de frapper, de casser, de brûler.

« Mort aux Juifs »

Les agressions contre des synagogues jalonnent l'histoire de l'antisémitisme. Voici qu'elles se renouvellent au motif de solidarité avec les Palestiniens de Gaza. Mais les cris de « Mort aux Juifs », c'est à Paris qu'ils résonnent, et aux Juifs de France qu'ils s'adressent. Et, au-delà d'eux, c'est la République tout entière qu'ils défient. Au soir de ma vie, je retrouve, hurlés par des fanatiques, les mêmes mots que je voyais, enfant, inscrits à la craie sur les murs de mon lycée parisien, avant la guerre : « Mort aux Juifs », avec alors l'adjonction de « Mort à Blum ».

Lors de la commémoration annuelle de la grande rafle du Vél' d'Hiv, à Paris ce 20 juillet, le Premier ministre prononça des paroles fortes et simples contre l'antisémitisme. Il dénonça sa renaissance et la menace qu'il impliquait pour la France. C'était un beau discours, consolateur et rassurant à la fois.

Mais je m'interrogeais : soixante-dix ans se sont écoulés depuis la nuit de l'Occupation, les crimes des nazis et de leurs complices de Vichy. Le temps de l'Histoire a succédé au temps de la Mémoire. Les derniers témoins vont disparaître à leur tour. Et l'antisémitisme est toujours vivant.

Certes, les protagonistes et les circonstances ont radicalement changé. Mais la haine des Juifs, elle, n'a pas disparu. Je la revois à l'œuvre chez ces jeunes gens masqués, l'invective à la bouche et la pierre à la main, animés par les mêmes passions antisémites que leurs prédécesseurs des temps passés pourtant si différents.

Comment éradiquer cette violence, dissiper leur ignorance, les ramener à la République ? La tâche est immense et l'enjeu considérable. Car il en va de l'antisémitisme comme du racisme. Ce sont des poisons de la République. À une certaine dose, elle en meurt.

ROBERT BADINTER

« Ne tolérons plus l'antisémitisme, soixante-douze ans après l'Occupation »

Le Monde,
12 février 2015

Je suis souvent venu à Lyon pour commémorer la rafle de la rue Sainte-Catherine le 9 février 1943, en des lieux pour moi si chargés de souvenirs douloureux. J'y suis venu seul ou avec des membres de ma famille. J'ai assisté aux cérémonies. Mais je n'ai jamais voulu y prendre la parole. Les enfants des déportés disparus dans la nuit des camps d'extermination sont comme amputés des êtres chéris. La vie cicatrise la blessure. Mais, par moments, la douleur revient, indicible, là où il n'y a plus que le vide. Je craignais l'émotion et préférais faire œuvre parmi vous de piété filiale et de fidélité à la Mémoire. Mais aujourd'hui, le moment est venu de rompre le silence.

Pourquoi sont-ils morts ceux qui, ici même, sont tombés dans la souricière tendue par Klaus Barbie ? Ils ont été arrêtés au 2e étage, dans les locaux de l'Union générale des Israélites de France, l'UGIF, où l'on s'employait à fournir aux enfants juifs des refuges clandestins. Ils ont descendu les marches de l'escalier dans le fracas des bottes des SS. Ils ont été jetés dans des camions qui les attendaient au bout de la rue et menés à la prison de Montluc. C'était la première station du chemin de douleur qui les conduirait de Lyon à Drancy, puis aux camps d'extermination en Pologne, Auschwitz.

Ainsi sont-ils morts en martyrs parce que la haine des Juifs, l'antisémitisme forcené des nazis les avaient condamnés. Ils sont morts parce qu'ils étaient juifs et pour cette seule raison. Hommes et femmes, enfants et vieillards, tous avaient été voués à mourir par la décision de Hitler et de ses complices. Le reste, l'extermination de six millions de Juifs sur le continent européen, n'était plus qu'affaire d'exécution par tous les moyens, y compris les plus atroces. La paix revint, pas les déportés. La vie ordinaire reprit son cours, sans eux. On pouvait croire que l'antisémitisme de violence avait été étouffé dans le torrent de sang versé pendant la Shoah.

Lèpre de l'humanité

C'était un leurre, nous le savons à présent. À l'antisémitisme religieux du temps de l'Inquisition, à l'antisémitisme nationaliste du temps de l'affaire Dreyfus, a succédé l'antisémitisme racial du XXe siècle, le pire de tous. Puis au XXIe siècle, un antisémitisme nouveau s'est développé, dissimulé sous le terme d'« antisionisme », nourri par le conflit israélo-palestinien, à trois mille kilomètres de la France. Nous croyons au principe d'une paix juste entre les peuples israélien et palestinien, sur la base de frontières sûres et reconnues. Mais en quoi la difficile réalisation de cette paix durable et la persistance du conflit justifieraient ici, sur la terre de France, la commission de crimes atroces inspirés par la plus fanatique idéologie d'islamistes radicaux ?

Or qu'avons-nous vu en France, au long des derniers mois ? Le vieux cri de haine « Mort aux Juifs » a retenti pour la première fois depuis l'Occupation dans les rues de Paris. Des synagogues ont été attaquées, des Juifs insultés et molestés sur la voie publique. Ilan Halimi a été séquestré et torturé jusqu'à la mort par des brutes pour extorquer à sa famille une rançon puisque, selon le préjugé millénaire, tous les

Juifs seraient riches. Un jeune couple a été battu chez lui à Créteil, son domicile vandalisé et, ignominie absolue, la jeune femme violée pour savoir où ils cachaient une fortune imaginaire. Pire encore, à Toulouse, des enfants juifs ont été tués dans un lycée, massacre renouvelé des innocents.

Et ces derniers jours, nous avons vécu, après la tuerie des journalistes de *Charlie Hebdo* et le meurtre de deux policiers, la prise de Juifs en otages dans un supermarché casher. Quatre d'entre eux ont été abattus de sang-froid après que l'assassin se soit assuré qu'ils étaient juifs. À Nice, cette semaine, un djihadiste français frappait à coups de couteau des militaires qui gardaient un centre culturel juif. Interrogé, il n'a exprimé que sa haine pour la France, ses soldats et les Juifs.

Quand Merah poursuit une petite fille de 7 ans et lui loge une balle dans la tête, il réitère les gestes des SS

Ainsi, survivants des années noires de l'Occupation, nous avons vu réapparaître avec horreur en France le visage sanglant de l'antisémitisme. Car quand Mohammed Merah, dans le lycée juif de Toulouse, poursuit une petite fille de 7 ans qui tente de s'enfuir, l'empoigne par les cheveux et lui loge à bout portant une balle dans la tête, il réitère les gestes des SS des *Einsatzgruppen* liquidant les Juifs dans les ghettos de l'Europe occupée. Quand on tue ainsi un enfant, parce qu'il est né juif, qu'est-ce donc, sinon le pire des crimes antisémites? En réalisant leurs forfaits, ces assassins commettent aussi la pire offense à la religion musulmane dont ils osent se réclamer et qui est selon les théologiens musulmans source de paix.

La vérité est simple : ce sont des barbares comme leurs prédécesseurs nazis qui opéraient ici il y a soixante-douze ans, animés de la même haine antisémite, et qui ont assassiné des millions de Juifs, parmi lesquels ceux dont les noms sont inscrits sur cette plaque. Pour nous, le chagrin et la pitié ne sont pas sélectifs. Nous ne pleurons pas que nos morts. Nous saluons aussi les journalistes de *Charlie Hebdo,* qui sont morts pour la liberté de la presse. Notre compassion va à leurs familles, si éprouvées, comme aux parents des policiers abattus dans l'exercice de leur mission de sécurité.

Pour notre part, citoyens juifs de France, attachés indéfectiblement aux valeurs de la République, au nom de tous nos martyrs, nous lutterons sans trêve et par tous les moyens que la loi nous donne contre le racisme et l'antisémitisme, cette lèpre de l'humanité, qui demeure toujours et partout, l'expression de la barbarie.

ROBERT BADINTER

« Table ronde sur la prévention de l'antisémitisme »

Discours d'introduction

Unesco,
6 décembre 2016

[Une version écrite de cette intervention est parue dans *Le Courrier de l'Unesco* en novembre 2017. C'est cette version qui est reproduite ici. Outre des modifications stylistiques, elle présente quelques corrections, notamment sur la situation française à l'époque, et de rares précisions historiques, comme le numéro d'une résolution des Nations unies ou les fonctions occupées par Goebbels. Robert Badinter a également ajouté des intertitres.]

L'antisémitisme n'est pas un phénomène contemporain. C'est un mal multiséculaire. Depuis la prise de Jérusalem par Titus en 70, depuis la dispersion des Juifs notamment à travers tout le bassin méditerranéen, vendus comme esclaves en si grand nombre que les cours du marché (si l'on utilisait un terme économique moderne) s'étaient effondrés dans l'Empire romain, la condition des Juifs à travers deux millénaires, et notamment en Europe, n'a jamais cessé d'être exclusion, souffrance, persécution.

De l'antisémitisme, depuis cette lointaine époque romaine, je dirai qu'on connaît quatre formes, qui parfois se confondent.

De l'antisémitisme religieux à l'antisémitisme national et racial

La première forme, c'est l'antisémitisme religieux. Depuis l'édit de Constantin, reconnaissant le christianisme comme religion officielle, en 313, l'antisémitisme s'est toujours nourri de la haine du « peuple déicide », celui qui avait tué Jésus-Christ. À travers les persécutions et les massacres, la possibilité était souvent – pas toujours – offerte aux Juifs d'échapper à la mort ou à l'exil par une conversion forcée, quitte à redevenir juif quand les temps seraient moins cruels. La longue histoire, culturellement si riche, des marranes, notamment dans les États ibériques, en est une illustration.

Avec la naissance des nations modernes, l'antisémitisme devint essentiellement national. Les Juifs, même originaires du pays où ils se trouvaient, étaient toujours des étrangers, des étrangers suspects dans la nation où ils vivaient. Le fait que les Juifs aient assumé tout naturellement des responsabilités, en dépit des ostracismes qui les frappaient, qu'ils aient occupé des fonctions éminentes dans le domaine politique, économique ou financier, faisait d'eux, à la moindre difficulté nationale, des traîtres en puissance, toujours au service d'une mythique « Internationale juive », un complot juif imaginé par les antisémites.

Ce fut notamment le cas, en France, et je n'ai pas besoin de rappeler la signification à cet égard de l'affaire Dreyfus, car si on avait bien voulu regarder un instant avec lucidité, il n'y avait aucune raison que Dreyfus, Juif alsacien fortuné qui détestait l'Allemagne et voulait d'abord servir la France, soit un traître.

À la fin du XIXe siècle, les esprits avaient évolué, l'antisémitisme se voulait scientifique, à l'image des meilleures disciplines modernes. Il est devenu racial, les Juifs étant définis comme une « race » d'origine orientale un peu mystérieuse, inassimilables pour les peuples au milieu desquels ils s'établissaient, et notamment au sein des nations où l'on voulait être originaire de la race aryenne supérieure, menacée de dégénérescence par la présence en son sein de Juifs porteurs de multiples tares.

Reconnaissance de la citoyenneté des Juifs

Ainsi, sous la forme d'interdictions, d'assignations dans les ghettos, de marquages sur les vêtements, comme des animaux dangereux, les Juifs apparaissent, dans la longue histoire de l'humanité, comme une espèce maudite. D'où, l'importance extrême que nous devons toujours attacher à la Révolution française qui, pour la première fois dans l'Histoire, en 1791, a proclamé que les Juifs vivant en France seraient considérés comme des citoyens français à part entière.

Petite anecdote : le jour où fut votée, à la fin de l'Assemblée constituante, cette citoyenneté des Juifs, Madame, sœur de Louis XVI, écrivait à une cousine de la famille Habsbourg, à Vienne, ces simples mots : « L'Assemblée a mis le comble à ses folies. Elle a fait des Juifs des citoyens. »

Si je souligne cela, c'est parce que, difficilement acquise dans les travaux parlementaires, cette volonté de faire des Juifs des citoyens à part entière est exactement ce que les nazis détestaient le plus, c'est-à-dire les droits de l'homme et la philosophie des Lumières. Selon l'expression même qui se trouve dans *Mein Kampf* d'Adolf Hitler, les Juifs devaient être absolument exclus de la communauté du peuple allemand. Cet antisémitisme forcené est à l'origine des lois raciales du IIIe Reich adoptées dès 1935 à Nuremberg, et dont la finalité, je le rappelle, était « la protection du sang allemand et de l'honneur allemand », que souillait, bien entendu, la présence des Juifs.

Je laisse de côté l'impossibilité à laquelle s'est heurtée la théorie raciale de trouver des critères scientifiques. Les savants du IIIe Reich ont beaucoup cherché et, bien entendu, rien trouvé. On s'est donc reporté sur leur appartenance à la religion juive. Les critères retenus par les lois de Nuremberg interdisaient toute possibilité pour les Juifs de quitter par une conversion, quelle qu'elle soit, le troupeau de ces êtres malfaisants auquel ils appartenaient par naissance.

Un paradoxe déroutant

Je ne reprendrai pas ici la longue liste des persécutions toujours croissantes subies par les Juifs, dans le IIIe Reich d'abord, puis dans l'ensemble des territoires occupés par l'armée allemande. Aujourd'hui, d'innombrables études ont dévoilé l'ampleur et l'horreur du génocide juif par les nazis. Je ne reviendrai pas non plus sur les ouvrages philosophiques si remarquables qui ont traité de ce phénomène.

Je voudrais souligner ce qui me paraît le plus riche d'avertissement et de sens : il est tout à fait remarquable et difficilement compréhensible qu'un grand peuple chrétien, cultivé entre tous les peuples d'Europe, d'où étaient issus un grand nombre de génies dans l'art, la pensée, la recherche scientifique, que ce peuple-là fut le porteur, l'animateur et le réalisateur des plus terribles persécutions contre les Juifs qui aient jamais désolé l'histoire de l'Europe. Il est essentiel de s'en souvenir, car il n'y avait pas en Europe de pays où l'amour de la culture, la passion de l'art, notamment musical, et la recherche scientifique fussent portés plus haut qu'en Allemagne à la fin de la République de Weimar.

C'est pour l'Unesco, précisément, l'occasion d'y réfléchir. Car s'il est un pays qui brillait par sa philosophie, c'est bien l'Allemagne, l'Allemagne d'avant Hitler. Et c'est ce pays qui, cédant à toutes les fureurs de l'antisémitisme et du racisme, a conduit à l'encontre des Juifs la plus cruelle tragédie qu'ils aient connue.

La leçon – et c'est pourquoi j'insiste là-dessus –, c'est qu'en soi, la culture, le savoir et l'amour des arts ne suffisent pas à constituer des obstacles insurmontables contre l'antisémitisme, puisque c'est là qu'il s'est établi avec la plus terrible horreur.

Qu'on me comprenne bien : en aucun cas il ne s'agit pour nous, disciples des Lumières qui croyons, à travers toutes les épreuves, au progrès de l'humanité par les bienfaits d'une éducation éclairée et de justes institutions fondées sur la philosophie des droits de l'homme, de renoncer à lutter pour un progrès toujours nécessaire. Mais il s'agit seulement de prendre la mesure du fait que ni l'éducation en soi, ni l'art en soi, ni la culture au sens le plus large du terme ne constituent, par nature, des défenses suffisantes contre les fureurs du racisme et de l'antisémitisme. Nous devons en tirer les enseignements.

L'antisionisme

Le IIIe Reich s'est effondré, son fondateur s'est suicidé, les principaux membres de son état-major ont été pendus ou ont disparu, et on a découvert l'immensité du génocide juif en Europe. Cela a suscité aux Nations unies, nouvellement créées, un puissant mouvement en faveur de la création d'un État juif, comme les Alliés s'y étaient engagés d'ailleurs dès 1914-18.

La création d'un État juif en Palestine, qui découle – je le rappelle – d'une décision des Nations unies, la résolution 181, n'a pas été acceptée par tous, et le résultat a été la guerre, la guerre lancée par les armées des États arabes voisins. Ils envahirent la Palestine, le conflit a tourné à l'avantage des Juifs, on connaît la suite : le conflit israélo-palestinien n'a, en fait, jamais cessé depuis la création de l'État d'Israël.

Je ne vais pas discuter ici de la légitimité des droits des uns et des autres, ni de la meilleure solution pour parvenir à la fin de ce conflit, c'est en d'autres enceintes qu'il faut en débattre. Mais le fait est là. Ce qui est certain, c'est qu'à la faveur du conflit israélo-palestinien, l'antisémitisme s'est à nouveau largement déployé sous la dénomination d'antisionisme.

Il faut avoir la lucidité de reconnaître que, sous cette dénomination qui renvoie au sionisme, ce sont bien les Juifs, et les Juifs partout dans le monde, qui sont visés. Et je dirai que l'antisionisme n'est en profondeur rien d'autre que l'expression contemporaine de l'antisémitisme, c'est-à-dire de la haine des Juifs.

À l'ère du numérique

L'antisémitisme d'aujourd'hui, évidemment, ne se présente pas sous les mêmes traits que celui qui remonte à Constantin. Il utilise largement, et avec succès, les réseaux sociaux, les discours et les vidéos diffusés sur certains sites internet reposant sur une rhétorique particulièrement perverse. Je me suis beaucoup interrogé sur ce qui aurait pu advenir dans l'Europe d'avant 1939 si le docteur Goebbels (alors ministre du IIIe Reich à l'Éducation du peuple et à la Propagande) avait eu à sa disposition les mêmes moyens techniques que nous voyons aujourd'hui se développer à l'ère du numérique. C'est là le nouveau champ de bataille en ce qui concerne la lutte contre l'antisémitisme.

Je dirais simplement ma conviction d'homme âgé maintenant, et qui n'a jamais vu l'antisémitisme céder prise, qu'aussi longtemps que se poursuivra le conflit israélo-palestinien, il est pour moi évident que la haine des Juifs, bien au-delà du Proche-Orient, continuera à enflammer certains musulmans, et particulièrement les plus jeunes, nourris par internet et la propagande aiguë des images violentes que nous connaissons.

Amalgame criminel

D'où les attentats atroces qui surviennent dans tout l'Occident, notamment en France, comme au Proche-Orient, où l'amalgame « Juifs égale sionistes » nourrit la haine antisémite. Il suffit, à cet égard, de prendre la liste des victimes des crimes commis depuis quelques années.

Une image récente hante mon esprit : un homme, poursuivant dans un lycée juif des enfants juifs, une petite fille qui s'enfuit, et parce qu'elle s'enfuit, cet homme l'empoigne par les cheveux et l'abat à bout portant. Qu'est-ce que ce crime, sinon la réplique du geste des SS ? Horrible expression de l'antisémitisme, cette image traverse le temps, elle nous rappelle les *Einsatzgruppen* lâchés dans les ghettos de l'Europe orientale.

Je tiens enfin à dire, et à marquer fermement, une chose concernant l'action pour la paix civile. C'est l'importance du rôle – et je dirais, pour certains, fraternel – des représentants de la communauté musulmane qui dénoncent ces crimes. L'amalgame ici est un autre piège que nous tend le terrorisme, et nous ne devons certainement pas y céder. Je rappelle toujours, ce qui est le fruit des études des think tanks, que 80 % des victimes du terrorisme dans le monde sont des musulmans. Je tiens à le faire remarquer, parce que l'amalgame ici serait criminel.

Mon message n'est pas d'un grand optimisme, je le sais, mais je crois que la complaisance nourrit le préjugé, et le préjugé nourrit la mort, parce qu'il engendre la haine. Si nous pouvons faire triompher dans les esprits des jeunes générations les principes des Lumières et des droits de l'homme, nous aurons servi la bonne cause, celle de la paix entre les peuples.

TRIBUNE ET ENTRETIENS AVEC ROBERT BADINTER SUR ISRAËL

ROBERT BADINTER

« L'angoisse et la paix »

Le Monde,
20 août 2001

Ils s'appelaient Raya, Itzhak et Hemda. Ils avaient 14 ans, 4 ans, 2 ans. Ils sont morts avec leur père, Moti, et leur mère, Tsira. Tous les cinq ont été tués par la bombe qui a explosé dans la pizzeria *Sbarro* au cœur de Jérusalem, à l'heure du déjeuner. Leur grand-père, un vieux Juif hollandais rescapé d'Auschwitz, était venu en Israël parce qu'il ne pouvait plus supporter de vivre en Europe. Il ne lui reste que les souvenirs et la mort comme horizon.

Une bombe n'explose pas toute seule. Il faut la main des hommes pour la fabriquer et déclencher l'explosion. À Jérusalem, le tueur portait sur lui la ceinture d'explosifs. Il s'était transformé en bombe vivante. Le suicide de l'assassin n'efface rien à l'horreur du crime. Qu'il s'anéantisse avec eux donne la mesure de son fanatisme.

J'entends la réponse : les enfants palestiniens meurent aussi. Point n'est besoin de kamikaze pour tuer. Les balles perdues et les missiles aveugles suffisent. La haute technologie n'empêchera jamais la mort de frapper au-delà de la cible. Tous les Palestiniens se sont reconnus dans le petit garçon terrorisé, blotti contre son père, le long d'un mur à Gaza, qui va mourir frappé d'une balle perdue israélienne. Cette image-là a fait le tour du monde. Celle des corps déchiquetés de Raya, Itzhak et

Hemda n'a pas connu pareille diffusion. Mais pour les Israéliens, ces enfants assassinés incarnent le malheur d'Israël.

Nul ne saurait demeurer indifférent aux morts et aux souffrances du peuple palestinien. Pour ma part, je souhaite depuis longtemps qu'il connaisse une vie paisible dans un État indépendant. Juif du XXe siècle ayant traversé, jeune adolescent, les ténèbres de la guerre et de l'Occupation, j'ai vu naître, au travers d'épreuves inouïes, l'État d'Israël. Il en va des peuples comme des humains. Les premiers jours de leur vie et ceux qui précèdent leur naissance sont lourds de conséquences pour leur sensibilité et leur avenir.

Or Israël est le fruit de la plus tragique histoire. Les peuples arabes rappellent avec raison qu'ils ne portent pas la responsabilité de la Shoah. Ce crime sans pareil contre l'humanité s'inscrit en lettres de sang dans l'histoire européenne. Dès l'origine, le projet sioniste a pris corps parce que, dans les premières décennies du XXe siècle, l'antisémitisme n'avait cessé de régner en Europe jusqu'à l'apocalypse nazie. Les vagues d'immigrants en Palestine depuis le début du XXe siècle succèdent aux persécutions. Le « foyer juif » promis par lord Balfour pendant la Première Guerre mondiale répond à cette aspiration d'un peuple si éprouvé à trouver, sur la terre dont les Écritures disent qu'elle lui fut promise, un refuge, un lieu de paix et d'enracinement.

On sait ce qu'il advint de cette promesse d'un « foyer juif » du temps du mandat britannique. Sur la terre de Palestine, les immigrants en petit nombre rencontrèrent l'hostilité de ceux qui s'y étaient établis avant eux. À croire que seuls les Juifs n'avaient pas le droit de vivre en Terre sainte ! Après la guerre, lorsque les survivants de la Shoah se comptèrent, l'élan fut irrésistible qui poussa les plus engagés d'entre eux vers la Palestine. Si les autorités anglaises s'y opposèrent, c'est d'abord parce que les peuples arabes de la région ne voulaient pas d'un État hébreu parmi eux. On a trop oublié dans quelles conditions fut arrachée la reconnaissance de l'État d'Israël, là où d'ailleurs n'avait jamais existé d'État palestinien. Cet État hébreu était l'expression non pas de l'impérialisme colonial, comme certains le disent aujourd'hui, mais de la tragique condition qu'avait souffert à travers les siècles un peuple dispersé et toujours persécuté. Israël est né de la Shoah. Il ne faut jamais l'oublier. Non parce que les Israéliens ou les Juifs seraient devenus des créanciers moraux du monde jusqu'à la fin des temps. Mais parce qu'on ne peut rien comprendre à l'Israël d'aujourd'hui si on ne prend pas en compte cette vérité : Israël est né d'une angoisse de mort comme aucun peuple n'en a connu à ses origines.

Or cette angoisse-là, elle ne l'a jamais quitté. Il faut rappeler à ceux qui aujourd'hui mettent l'accent sur les exactions et les crimes commis par les activistes sionistes lors de la guerre de 1948 que, dès la proclamation de l'État d'Israël, toutes les puissances arabes, ses voisins, ont proclamé la guerre sainte et juré sa destruction. Si le sort des armes n'en avait pas décidé autrement, si les Israéliens avaient succombé sous le nombre et le poids de leurs ennemis coalisés, il n'y aurait jamais eu d'État d'Israël.

Après un demi-siècle écoulé et tant de campagnes victorieuses, les Israéliens demeurent convaincus en majorité que les peuples arabes autour d'eux veulent en définitive l'anéantissement de l'État d'Israël. Sentiment absurde, disent les esprits raisonnables. *Tsahal* est la première armée de la région. Israël jouit de l'appui inconditionnel des États-Unis, superpuissance du monde et gardien ultime de l'ordre international. Aucune menace sérieuse ne pèse donc sur l'avenir d'Israël, hormis son impuissance à résoudre le problème palestinien. Mais là est précisément le cœur du problème. La plupart des Israéliens sont prêts aux plus importantes concessions pour obtenir une paix réelle pour eux et leurs enfants. Mais la paix n'est acquise réellement que lorsque les adversaires ont renoncé en eux-mêmes à la volonté d'abattre l'autre. La seule paix durable, c'est celle du cœur et de l'esprit. À défaut, il n'y a que des armistices entre deux guerres.

Or cette paix-là, cette paix spirituelle sans laquelle rien ne sera acquis au Proche-Orient, nombre d'Israéliens aujourd'hui demeurent convaincus qu'elle est hors de leur portée. À lire les manuels d'histoire palestiniens, à écouter les discours à usage interne des leaders, à entendre les cris de haine des plus violents d'entre eux, les Israéliens ressentent que c'est bien la destruction d'Israël que leurs adversaires veulent. Rien ne leur paraît, à cet égard, avoir changé depuis l'époque où les chefs des États arabes s'unissaient pour envahir et détruire le minuscule État qui venait de naître. À ce sentiment-là, chaque attentat terroriste donne une intensité nouvelle. La mort des victimes, au-delà de la souffrance des parents, résonne dans tout Israël comme le glas de l'espérance de paix. Elle fait renaître cette angoisse existentielle qui n'a jamais cessé depuis la naissance d'Israël, enfant des pogroms et de la Shoah.

À quoi bon rendre les territoires, abandonner les colonies de peuplement, reconnaître à Jérusalem-Est le statut de capitale de l'État palestinien, indemniser les réfugiés palestiniens, à quoi bon tant de concessions et de renoncements si l'on n'atteint pas le but : la paix, la vraie paix, celle des âmes. Le recours à la force qui assure le *statu quo* permet au moins de rassurer pour un moment les esprits. Jusqu'au prochain attentat, jusqu'au prochain mort. La douleur renaît alors, et la colère, et la fureur. Et la riposte vient qui sème à son tour la mort de l'autre côté, en attendant la prochaine bombe de kamikaze qui lui fera écho.

Devant pareil désastre, les hommes de paix s'interrogent sur les moyens de mettre un terme à cette violence toujours sanglante, toujours stérile. Mais tous les efforts demeureront vains s'ils ne prennent pas en compte cette donnée psychologique essentielle : le sentiment angoissé des Israéliens qu'en définitive, pour leurs ennemis, tout accord n'est qu'une étape vers la réalisation de leur objectif ultime : la destruction d'Israël. Sans doute il incombe aux Israéliens de mettre un terme, sans différer, aux souffrances et aux humiliations subies par les Palestiniens.

Mais il appartient à ceux-ci et à leurs alliés de mesurer enfin que, aussi longtemps que demeurera vivante au cœur des Israéliens la conviction que leurs adversaires veulent la mort de l'État hébreu, rien ne sera possible.

Au moment décisif, l'homme d'État sait que c'est à l'imagination et au cœur qu'il faut s'adresser pour donner à l'Histoire un cours nouveau. Le génie de Sadate fut de l'avoir un jour compris. Son exemple, hélas, paraît aujourd'hui oublié.

« Robert Badinter à Ariel Sharon : des mots “outrageants pour la République” »

Le Monde,
22 juillet 2004

Propos recueillis par Philippe Bernard et Jean-Baptiste de Montvalon, relus et amendés par Robert Badinter.

Qu'avez-vous ressenti en entendant Ariel Sharon appeler les Juifs de France à se rendre en Israël pour fuir un « antisémitisme déchaîné » ?

Le Premier ministre israélien ainsi que des membres de son gouvernement ont déjà tenu des propos de cet ordre. Mais la forme est, cette fois, particulièrement blessante, à trois égards. Parler d'« antisémitisme déchaîné » revient à évoquer l'avant-guerre en Europe, et plus particulièrement l'Allemagne des années 30. C'est outrageant pour la France et la République. Ces propos mettent en cause des millions de Français musulmans auxquels sont prêtées des passions antisémites. Ils sont également blessants pour les Juifs français, appelés à quitter leur pays, la France. À défaut, au regard de la description de Sharon, ils seraient des inconscients ou préféreraient leur confort à leur dignité.

Pourquoi le Premier ministre israélien a-t-il tenu de tels propos ?

Sharon cherche à déclencher ou à renforcer un courant d'émigration en direction d'Israël, dont la situation démographique est préoccupante. Les précédents appels de ce genre n'ont guère rencontré de succès. Les propos de Sharon traduisent également son exaspération devant la visite qu'a rendue le ministre français des Affaires étrangères à Yasser Arafat, son ennemi de toujours.

Les déclarations de M. Sharon ne risquent-elles pas de ternir l'image d'Israël auprès des Juifs de France ?

Les Juifs de France font la distinction entre Israël, au destin duquel ils sont légitimement attachés, et ses hommes politiques. Qu'ils se préoccupent du sort d'Israël, qu'ils s'y intéressent pour des raisons religieuses, familiales, ou de conviction sioniste, cela va de soi. Ce n'est pas pour autant que les Juifs de France se considèrent comme des Israéliens.

Nicolas Sarkozy a récemment accusé le gouvernement de Lionel Jospin d'avoir donné de la France « l'image d'un pays antisémite ». Comment jugez-vous l'action des pouvoirs publics français ?

Tous les gouvernements, depuis la fin de la Seconde Guerre mondiale, ont toujours été soucieux de lutter contre toute forme d'antisémitisme. L'actuel gouvernement conduit son action avec la fermeté qui convient. Mais accuser le gouvernement Jospin serait lui faire un mauvais procès. Il a toujours agi avec conviction contre les violences antisémites. Il n'a pas souhaité donner une dimension médiatique importante aux incidents qui se sont multipliés après le déclenchement de la deuxième Intifada, en septembre 2000, redoutant de susciter plus de contagion que de rejet. Et il faut rappeler tout ce qu'il a fait pour la communauté juive, qu'il s'agisse de la mémoire de la Shoah ou de l'indemnisation des victimes.

Comment percevez-vous l'état d'esprit des Juifs de France face à la résurgence de l'antisémitisme ?

La France n'est pas un pays antisémite. Mais il y a des actes antisémites commis en France. Le nombre des violences s'est accru, et la virulence des propos s'est accentuée. Je pense que c'est extrêmement douloureux pour les Juifs de France. Pour certains, qui vivent dans des banlieues défavorisées, il s'agit d'une inquiétude physique. Le chagrin des autres est lié à cette extraordinaire alliance qui s'est forgée entre les Juifs de France et la République. Historiquement, c'est la Révolution qui a fait des Juifs de France des citoyens.

Alors que les persécutions se poursuivaient ailleurs, l'universalisme des valeurs républicaines était pour les Juifs une promesse de libération et d'accession à la dignité. Dans les ghettos d'Europe orientale, on disait : « Heureux comme un Juif en France. » Le sionisme n'a pris le relais que lorsque Theodor Herzl a constaté, lors de l'affaire Dreyfus, la permanence de l'antisémitisme à Paris : s'il pouvait s'ancrer en France, pays des droits de l'homme, il n'y avait plus à ses yeux d'autre espoir que la création d'un État juif.

Ce passé est profondément enraciné chez les Juifs de France, qui sont viscéralement, culturellement et politiquement républicains. Cela explique que la résurgence d'actes antisémites en France, accompagnée d'une sorte de libération de la parole antijuive, soit ressentie comme une blessure. Comment accepter qu'on arrache des étoiles de David et que l'on profère quotidiennement des insultes dans les cours de récréation de certaines écoles ou dans les rues de certains quartiers ? Comment imaginer que l'on ne puisse plus enseigner la Shoah dans des écoles de la République sans déclencher des réactions hostiles ? Cela réveille des échos si profonds, si douloureux... Je n'aurais pas cru cela possible.

Quelles sont les raisons de cette flambée de violence ?

Même s'il subsiste à l'extrême droite, l'antisémitisme traditionnel s'est réduit, à cause de l'horreur de la Shoah et aussi grâce au changement d'attitude de l'Église catholique. On a désormais affaire à de l'antisionisme, devenu antisémitisme, nourri par l'islamisme radical. Il est saisissant de voir que les vieux mythes antisémites européens traditionnels, comme *Les Protocoles des sages de Sion*, ce faux fabriqué par la police tsariste et utilisé par Goebbels, ont été récupérés par cette judéophobie d'origine islamiste.

Comment expliquez-vous que ces mythes ressortent chez des jeunes issus de l'immigration, comme justification de leur propre exclusion ?

On retrouve là le discours antisémite européen qui prévalait avant-guerre dans les milieux défavorisés. Des petits commerçants et artisans expliquaient alors leurs malheurs économiques par l'omnipotence juive. Aujourd'hui, les islamistes utilisent les mêmes affabulations pour répandre l'idée d'un complot juif mondial acharné à humilier le monde arabe.

Les références au décret Crémieux, qui, en 1870, a donné la pleine citoyenneté française aux Juifs d'Algérie, sont aussi utilisées à l'appui de l'idée selon laquelle les Juifs ont toujours bénéficié d'un privilège sur les musulmans. Qu'en pensez-vous ?

C'est une curieuse façon de tordre l'Histoire : il faut rappeler que le décret Crémieux n'a nullement été un instrument de domination des musulmans par les Juifs d'Algérie, mais un moyen de libération de ces derniers, les plus opprimés des opprimés. La vraie question concerne le sort que la France a réservé aux indigènes algériens pendant le colonialisme.

La France continue-t-elle de subir les retombées du conflit israélo-palestinien ?

La prolongation de ce cruel conflit a engendré, chez certains jeunes issus de l'immigration maghrébine, une identification et une radicalisation. Quelle aberration, car le conflit israélo-palestinien ne saurait être transposé en France. Il n'y a pas ici de jeunes musulmans en quête d'un État, d'une citoyenneté, ou qui demandent la fin d'une occupation étrangère.

Sur quel terrain faut-il désormais agir ?

La nécessité de la fermeté va de soi. Pas seulement en ce qui concerne les violences exercées contre les Juifs : toute forme de violence raciste est insupportable. L'arsenal législatif me paraît suffisant. Face à la montée du communautarisme, qui menace de faire éclater la République, l'école doit enseigner ce qui rassemble, et combattre ce qui divise. Parallèlement, il convient de favoriser l'émergence de jeunes issus de l'immigration, qui n'occupent pas une place suffisante dans la société française.

Quelles sanctions prendre dans le milieu scolaire ?

L'école républicaine n'est pas compatible avec la violence raciste. On ne peut admettre de tels actes. En cas de réitération, il ne faut pas hésiter à aller jusqu'à l'exclusion. Une société démocratique ne peut survivre sans de tels interdits, dont le respect s'impose en premier lieu à l'école.

ROBERT BADINTER

« Israël doit refuser la peine de mort »

The Times of Israel,
14 janvier 2018

Propos recueillis par Pierre-Simon Assouline.

La première étape d'un projet de loi en faveur de la peine de mort pour les terroristes a été franchie le 3 janvier dernier au Parlement israélien, à une très courte majorité (cinquante-deux voix pour, quarante-neuf contre).

Pour Robert Badinter, l'homme qui porta le projet d'abolition de la peine de mort devant l'Assemblée nationale en septembre 1981 face à une France qui n'en voulait guère, ce texte est « indigne d'Israël », mais surtout « incitatif à commettre plus d'attentats ». [...]

Le texte doit encore faire l'objet de trois lectures avant son adoption définitive. Il stipule que les tribunaux militaires, constitués de trois juges, pourront décréter à la majorité simple la peine de mort pour les « crimes terroristes ». À ce jour, l'unanimité des trois juges est requise.

L'État d'Israël, qui n'a pas aboli la peine de mort, ne l'a cependant appliquée qu'une seule fois, à la suite de la condamnation d'Adolf Eichmann, à l'origine de la Solution finale qui a vu l'extermination de six millions de Juifs pendant la Shoah.

Comprenez-vous le sentiment d'Israéliens soutenant l'application de la peine de mort pour les terroristes ?

Que la vue des victimes innocentes du terrorisme suscite chez leurs proches douleur et fureur, rien de plus naturel. Que le désir de vengeance se lève en leur cœur bouleversé, rien de plus compréhensible.

Mais la justice ne se confond pas avec la vengeance. Elle la transcende. Il est d'autres moyens de punir le coupable que de le mettre à mort.

Qu'est-ce que ce débat dit de la société israélienne ?

C'est une évidence que la société israélienne a beaucoup changé, surtout depuis l'avènement d'une nouvelle génération. Mais peu importe le passé. Les valeurs fondamentales de la démocratie et du judaïsme doivent toujours inspirer le peuple juif, en Israël comme dans la diaspora.

Et je ne souhaite pas, moi qui n'oublie pas la dette des Européens à l'égard du peuple américain, que, culturellement, l'*American Way of Life* devienne aussi celui des Israéliens, et qu'Israël apparaisse aux yeux du monde comme le cinquante et unième État des États-Unis !

Mais je me rassure en pensant que, là où il y a deux Juifs, il y a au moins trois opinions ! Et je fais confiance à l'amour de la justice et de la raison du peuple d'Israël.

Que vous inspire ce projet de loi ?

Ce projet suscite en moi une profonde indignation. La peine de mort, disait le grand poète français Victor Hugo, est « le signe spécial et éternel de la barbarie ».

Les pères fondateurs de l'État d'Israël doivent se retourner dans leur tombe. Pour ces grands hommes, le sionisme ne se concevait que dans le cadre d'une société où règneraient les valeurs humanistes, parmi lesquelles l'abolition de la peine de mort conserve une dimension symbolique incomparable.

Que l'État d'Israël, ouvert à tous les Juifs de la diaspora qui avaient enduré tant de violences mortelles, refuse de recourir à la peine de mort, repousse le meurtre légal et considère la vie de tout être humain comme sacrée, voilà le message moral qu'ils nous ont laissé. C'est lui que trahit, pour des motifs purement politiques, le gouvernement de M. Netanyahu.

Je le dis avec toute la force de mon cœur et de mon expérience d'homme et de Juif qui vécut adolescent dans la France occupée par les nazis : Israël doit refuser la peine de mort, cet outrage au premier des droits de l'homme, le « droit à la vie ».

Laissons aux fascistes de tout temps et de tous les pays la proclamation délirante d'un général franquiste pendant la guerre civile en Espagne : « *Viva la muerte.* » C'est « Vive la vie » que les Israéliens qui ont foi en la démocratie doivent crier.

Comment répondre à des personnes qui ont perdu leurs proches dans des attentats, et qui craignent que les assassins soient livrés dans le cadre d'échanges de prisonniers, comme cela a déjà été le cas, notamment lors de l'accord Gilad Shalit où mille vingt-sept prisonniers ont été échangés contre le soldat israélien ?

Cet argument est l'un des principaux employés par le camp de la réhabilitation de la peine de mort. Je comprends leur douleur. Mais ces échanges relèvent au cas par cas de décisions souveraines du gouvernement israélien en place lors de la décision. Je ne saurai prendre position à l'égard d'un choix qui ne relève que de leur conscience et de leurs responsabilités devant le peuple israélien.

Quelles conséquences, selon vous, un tel vote pourrait avoir ?

Je relève que, aujourd'hui, même les partisans les plus acharnés de la peine de mort se gardent de soutenir que celle-ci puisse avoir la moindre vertu dissuasive à l'encontre des terroristes. Pour une raison évidente : les terroristes n'ont pas peur de la mort. Au contraire, elle les fascine. Ils entretiennent avec la mort des rapports ténébreux. Ceux qui se font exploser au milieu de victimes innocentes proclament le nom sacré pour eux d'Allah.

Pire encore, non seulement la perspective de la peine de mort prononcée contre eux au terme d'un procès qui leur servirait de tribune, loin de les dissuader, ne peut que les stimuler. Et surtout, l'éventuelle exécution au terme de ce procès et de la décision du Président d'Israël de refuser sa grâce ferait de ce terroriste sanglant le héros de sa cause. Le lendemain, des commandos de jeunes fanatiques se créeraient pour venger ce « martyr » [*shahid*]. Loin d'être dissuasif à l'égard de ces militants, le recours à la peine de mort serait dans ce cas incitatif à leur faire commettre encore plus d'attentats terroristes.

La peine de mort dans ce cas n'est pas seulement un manquement à nos valeurs : ce serait une faute dans la lutte contre le terrorisme. Les dirigeants d'Israël qui l'ont toujours refusée le savent bien. Je me refuse à croire que ce projet puisse aller au terme de son parcours et devenir la loi de l'État d'Israël. Ce serait pour lui quitter le camp des démocraties occidentales qui ont toutes aboli la peine de mort, hormis les États-Unis. Encore doit-on souligner que la peine de mort y est en constante régression, qu'il s'agisse du nombre des exécutions (tombé de quatre-vingt-dix-huit en 1999 à vingt-trois en 2017) ou du nombre des États abolitionnistes (dix-neuf États sur cinquante, dont sept au cours des dix dernières années). […]

HENRY TORRÈS ET LA CAUSE DES JUIFS : UNE INFLUENCE PROFONDE SUR ROBERT BADINTER

HENRY TORRÈS
« Le procès Schwartzbard* »

Plaidoirie

Octobre 1927

Messieurs de la Cour,
Messieurs les jurés,
[…]

[Portrait de Schwartzbard.]

Je tiens à souligner dès maintenant qu'il ne s'agit pas de transformer Schwartzbard en « héros national »; il n'y a jamais de héros dans la tragédie de nos Assises, parce que c'est toujours un grand malheur que de tuer, même légitimement, un homme, et parce que, je le dis à la partie civile non pas simplement pour la remercier de sa modération mais parce qu'elle sait que c'est notre sentiment sincère : ce qu'il y a toujours de douloureux dans les manifestations de la justice collective comme de la justice individuelle se substituant à la justice collective défaillante, c'est qu'elle frappe toujours des innocents en la personne des femmes et en celle des enfants.

---

*Henry Torrès, *Le Procès des pogromes* [*sic*], éditions de France, 1928 (fac-similé paru aux éditions Ressouvenances, 2010).

Pas d'apothéose pour celui qu'une implacable obsession a légitimement porté à frapper l'assassin de tant de Juifs en Ukraine, et, non plus, pas de héros « national ». Car il n'y a ni pour Schwartzbard, ni pour moi, ni pour d'autres, de « nationalité » juive, car Schwartzbard ne se connaît qu'une nation : la France qu'il a servie, pour laquelle il s'est battu, et parce qu'il n'a songé qu'aux Juifs malheureux, ses frères par la race, aux Juifs qui sont, dans le monde, exposés à l'horreur des pogroms, demain peut-être comme hier.

Ce sont ceux-là qu'il a défendus, et je veux, Messieurs les jurés, vous dire très simplement et très sobrement, au terme de ces trop longs débats, même abrégés par notre commun effort, pourquoi et dans quelles conditions.

Schwartzbard, Messieurs les jurés, est de Smolensk, mais il a été élevé presque toute sa vie d'enfant et d'adolescent à Balta, où il est revenu encore plus tard, à la fin de la guerre. Et je ne cherche pas dans la géographie des symboles qui seraient, en vérité, trop faciles, mais il se trouve que Balta est une ville qui a toujours été décimée par les pogroms, de ces pogroms dont je vous ai parlé tout à l'heure : pogrom de 1882, pogrom abominable de 1905 au sujet duquel, sur les bancs d'un parti monarchiste de la Douma, un grand honnête homme, le prince Oroussov, se levait pour dénoncer la responsabilité du tsarisme, malgré un alibi trop facile et dérisoire qu'avait pris le tsarisme en imprimant des proclamations restées sans effet et en faisant quelques distributions de secours à des communautés juives auxquelles on avait tout enlevé, par le plus vaste et le plus prémédité des pillages.

En 1882, pogrom à Balta.

En 1905, Balta est encore décimée.

En 1917, à Balta, nouveau pogrom.

Et en 1919, encore pogrom à Balta, mais par trois fois, et particulièrement violent dans le premier semestre de l'année où s'est, en quelque sorte, concentrée l'activité pogromiste des troupes de l'*ataman* général Petlioura.

Et de même que la petite ville de Podolie a été hantée du spectre des massacres et des pogroms, Schwartzbard a vécu sous l'obsession de ces pogroms. En 1905, Schwartzbard, qui est jeune, bon ouvrier, participe comme tout ce qu'il y avait de noble et de généreux en Russie à cette espèce de mouvement général contre le tsarisme oppresseur. Mais après la défaite populaire, ce fut une répression impitoyable, dont furent victimes surtout les Juifs, contre lesquels s'acharna l'implacable vengeance du tsarisme et dont beaucoup furent contraints de fuir à l'étranger.

Ah! des papiers, des papiers d'identité! Qui donc leur en donnerait? Le tsarisme les leur refuse. À travers l'Europe ils errent, proscrits. Les polices de la monarchie habsbourgeoise et de la monarchie des Hohenzollern, solidaires de la police tsariste, de l'Okhrana, les traquent sans merci. Il faut aller de ville en ville, de pays en pays.

[...] Ses idées? J'y arrive. On m'a dit tantôt *bolchevik*, et tantôt, et on me l'a reproché, anarchiste, ce qui est incompatible, car les deux termes représentent les pôles les plus opposés de l'activité politique en Russie. La preuve nous en vient de Russie même, où, hélas!, par des exécutions d'anarchistes et toutes les représailles d'anarchistes contre les *bolcheviks*, cette opposition est cruellement marquée. Que l'on choisisse donc, mais à cette contradiction, je réponds, et c'est la vérité : anarchiste.

Oui, anarchiste, mais anarchiste théorique, idéaliste, idéologique, voire plutôt tolstoïen. Qui donc, à 20 ans, disait Maurice Barrès, qui lui-même l'avait été, qui donc n'est pas un peu anarchiste? Qui n'a pas été plus ou moins anarchiste? On est parfois aussi socialiste; il en est qui quittent l'anarchie comme d'aucuns ont quitté le socialisme. Anarchiste donc, mais non pas anarchiste terroriste, anarchiste d'action directe.

Au contraire, la vie la plus calme, la plus paisible. Cet homme devenu, vous le savez, d'ouvrier petit artisan, puis petit commerçant, a des relations avec tout ce qui compte dans son quartier. Cela est établi par des documents que je vous communiquerai tout à l'heure, Messieurs les jurés, notamment par une émouvante pétition signée de près de deux mille de ses voisins, habitants du quartier de Ménilmontant qui ne sont pas des Juifs, signée de braves gens de chez nous, qui rendent hommage à la probité et à la vertu de cet homme unanimement honoré.

Et lorsqu'on l'arrête, Messieurs les jurés, que trouve-t-on sur lui ? Une carte de la Ligue des droits de l'homme, qui n'est pas, je suppose, un repaire d'anarchistes, mais une grande organisation démocratique toujours prête à élever, au-dessus des bagarres de justice et du tumulte des partis, la grande voix de la justice profonde de notre peuple.

Et lorsque la police fait ses enquêtes, lorsqu'elle constate que ni de près, ni de loin il n'appartient à un parti politique, qu'on ne le voit fréquenter aucun groupement, qu'il n'est assidu d'aucune réunion publique, alors, Messieurs les jurés, que découvre-t-on ? On s'aperçoit qu'en dehors de la Ligue des droits de l'homme, il est membre, et ce n'est pas assez dire, membre assidu, fervent, passionné, d'une association où il va tous les jours, dont il est pour plusieurs questions rapporteur.

Quelle association ? Le Comité de secours aux victimes des pogroms, où il rencontre, à côté d'hommes appartenant aux partis les plus modérés de la démocratie, un homme comme M. Sliosberg, le grand avocat russe que vous avez entendu avant-hier, adversaire notoire du régime bolcheviste et représentant, dans la vie politique russe, la droite du parti cadet (constitutionnel-démocrate).

Voilà ses relations, voilà sa vie. J'ajoute, Messieurs les jurés, qu'il était un époux admirable, un ami toujours sûr, un camarade toujours dévoué et nous aurions pu faire entendre à cet égard les témoins les plus variés, ses patrons, ses voisins, ses compagnons de travail, qui auraient tous dit quel brave et honnête homme vous avez en face de vous. […]

Et puis, Messieurs les jurés, qu'arrive-t-il à cet homme d'idéologie avancée ? En 1914, il sera parmi la colonie juive russe de Paris le premier à donner l'exemple de l'engagement volontaire. Personne ne l'oblige à se battre, il se battra. Personne ne l'oblige à opter pour l'infanterie, c'est pour l'infanterie qu'il optera. Il servira d'abord dans la Légion étrangère.

[...] Après avoir combattu dans les rangs de la Légion étrangère, il se trouvera que, par une accession plus directe à la dignité française, par une participation plus intime à la vie de notre armée, par une assimilation plus complète du petit Juif russe au génie douloureux de la France, assimilation réalisée dans les premières lignes des tranchées, c'est dans un régiment de ligne, au 363e, qu'il sera versé. Il ne se battra plus à côté de ses frères juifs d'autrefois ; il se battra à côté de ses frères français d'aujourd'hui, dont il est devenu l'égal en vaillance et en sacrifice. [...]

[Portrait de Petlioura.]

Assez parlé de vous, Schwartzbard. Il me faut parler de la victime, de Simon Petlioura.

Était-il responsable ? À cette question, faut-il vraiment que je réponde, dans une affaire où j'ai renoncé à tous les témoins que la défense devait faire entendre parce que les témoins de l'accusation eux-mêmes avaient fait ma démonstration ?

Certes, je n'incriminerai pas systématiquement la mémoire d'un homme ; je ne douterai pas de la générosité qui a animé Petlioura lorsqu'en 1917 la Révolution parcourut la Russie comme un grand souffle libérateur. Mais, peut-être, promu trop rapidement à des destinées trop hautes pour sa taille, Petlioura se trouva-t-il enfermé dans un dilemme historique épouvantable, qu'il a résolu par la pire des démagogies, par les pogroms, c'est-à-dire par la démagogie de l'assassinat.

Des explications ? J'en cherche, car Petlioura démocrate et Petlioura pogromiste, quelle terrible et impressionnante antinomie ! Pour la résoudre, peut-être pourrait-on se borner à répondre que si Petlioura était un mauvais démocrate, il était un bon pogromiste ? Mais ce que je crois qu'il faut marquer, parce qu'il faut, surtout à la place où je suis, dans une affaire de cette importance et de cette ampleur, le nécessaire effort d'objectivité, ce que je crois, c'est que ce qui amena Petlioura à tolérer les pogroms, à en prendre la responsabilité, à y attacher directement son nom par les *atamans* dépendant directement de sa puissance et par l'armée régulière soumise directement à son autorité, et je ne sache pas qu'on puisse encore de nouveau, à cette heure tardive, tenter une discrimination entre la responsabilité active et la responsabilité passive du chef : le chef est là pour répondre de ses soldats, de leurs exploits comme de leurs crimes ; étymologiquement, chef vient de *caput*, « tête », c'est-à-dire à la fois ce que l'on couronne et ce que l'on frappe. Eh bien ! je crois que Petlioura fut porté à tolérer et à encourager les pogroms, à leur assurer une impunité qui était un véritable encouragement direct à recommencer parce qu'il était dans l'impossibilité de réaliser sa propre politique.

Il y a ici, Messieurs les jurés, quelque chose qu'il faut indiquer d'un mot. J'ai vécu pendant quelques années, non pas en Ukraine, mais en Bessarabie, dans la Bessarabie aujourd'hui roumaine, avec de braves gens de paysans qui participent de la psychologie des Juifs et de la mentalité des Ukrainiens. Je ne vous parlerai pas du peuple ukrainien, de ses traditions et aspirations, mais il faut dire que le mouvement nationaliste ukrainien était, depuis 1905, d'inspiration germanique. Vous vous souvenez de la phrase de Simon Petlioura que je vous ai lue hier, dans laquelle, le 3 mai 1918, il remerciait les puissances amies et alliées, c'est-à-dire l'Autriche et l'Allemagne, d'avoir permis à l'Ukraine de réaliser ses destinées nationales.

S'il rendait ainsi hommage à la grandeur de l'organisation allemande et à la culture germanique, il restait fidèle à la tradition du mouvement nationaliste ukrainien qui avait fourni à l'Allemagne, pour pénétrer la première dans Kiev, à la tête des troupes austro-allemandes, une division effectivement commandée par l'*ataman* Petlioura. La preuve, c'est que le jour où, après l'armistice, l'Allemagne fut obligée d'évacuer l'Ukraine parce que les frères français, catholiques, protestants et juifs de Schwartzbard avaient, par la victoire sur le front français, achevé la déroute de l'Allemagne et de l'Autriche-Hongrie, le jour où l'Allemagne fut défaite, le mouvement national ukrainien fut vaincu et, incapable de réaliser autrement ses destinées historiques, acculé à je ne sais quel artifice permanent pour maintenir son pouvoir.

Petlioura et aussi, car je ne parle pas seulement de Petlioura, les autres chefs du mouvement nationaliste ukrainien, qui n'avaient plus leur raison d'être, furent conduits, pour payer leurs soldats, à admettre et à encourager les pogroms, à tel point qu'un témoin, l'éminent avocat M. Goldstein, vous disait hier avec éloquence, parlant des pogroms d'autrefois, même du fameux pogrom de Kichinev, sous le tsar : « C'étaient alors de célèbres pogroms mais, depuis Petlioura, ils apparaissent comme de petits pogroms. »

Eh bien, si je voulais définir, dans le style militaire, ces pogroms systématiques et toujours impunis, je dirais qu'ils étaient le moyen commode que l'on avait trouvé de vivre, non pas sur l'habitant, mais sur l'assassinat et la mort de l'habitant juif. Rappelez-vous ces cinquante mille morts, chiffre vérifié, dont sont responsables les troupes régulières de Petlioura ; à Jitomir trois pogroms, *ataman* Palienko, chef régulier de l'armée régulière de Petlioura ; à Proskourov, *ataman* Semessenko, fusillé pour autre chose un an et demi après, chef régulier des troupes de l'*ataman* Petlioura et arborant, en lettres de feu et de sang, le nom de Petlioura au frontispice des proclamations qui exhortaient les cosaques à l'assassinat des « youpins ». Partout le lien direct et sanglant entre le crime et celui qui le commande, entre les assassins et Petlioura, président du Directoire, *ataman* en chef, la « figure centrale », notre drapeau, notre « petit-père », nous ont dit des témoins. Singulier « petit-père » que celui dont l'évocation terrifiait les enfants juifs dans leurs berceaux!

Petit-père, *ataman* général, exerçant sur l'armée son autorité et son prestige, maître et chef de l'Ukraine : voilà qui suffit à condamner Petlioura.

[...] Voilà mon procès, Messieurs les jurés. Ah! les partisans et amis de l'*ataman* Petlioura me disent : il faut choisir, était-ce un bourreau ou était-ce un chef? Je vous réponds : il était le chef des bourreaux; ou il était le bourreau en chef, comme vous voudrez. Et nous sommes dans un pays où l'on comprend que c'est à la tête qu'il faut frapper et que les chefs sont les responsables.

J'ai surabondamment, Messieurs, au cours de ces audiences, démontré ces responsabilités, et j'en aurai fini quand je vous aurai demandé de répondre, par un verdict que je souhaite, pour l'honneur de notre justice, unanime : Non, à la seule question qui compte, la première, la question de non-culpabilité. [...]

ROBERT BADINTER

Jean Nainchrik, *Les Vengeurs : un même geste désespéré*[*]

Préface

Le propre du créateur littéraire ou cinématographique est de fondre au creuset de son imagination des blocs de réalité et de les transformer en une œuvre originale. Ainsi, Jean Nainchrik a construit ce récit à partir de personnages et de faits qui ont marqué la justice et le sort des Juifs pendant l'entre-deux-guerres. Par l'exercice de sa liberté artistique, Jean Nainchrik a redonné vie à des héros singuliers dont les destins, croisés par lui, se révèlent, autant que leurs personnalités, si proches et si dissemblables.

Samuel Schwartzbard, Herschel Grynszpan : prononcez ces noms et, hormis dans les cercles yiddishisants – si réduits aujourd'hui – ou ceux des historiens spécialisés, ils suscitent, chez l'interlocuteur, interrogation plutôt qu'émotion. Ajoutez, cependant, aux patronymes, un mot. Dites : « l'affaire Schwartzbard », « l'affaire Grynszpan », et le cercle des initiés s'élargit.

« Schwartzbard » ? Eh oui, le petit Juif russe qui tua, à Paris, l'*ataman* Petlioura, le responsable des pogroms en Ukraine, où les cosaques contre-révolutionnaires massacrèrent des milliers de Juifs. Schwartzbard fut acquitté par les jurés de la cour d'assises de Paris, en 1928, au terme

*Fayard, 2004.

d'un procès spectaculaire, « le procès des pogroms », qui secoua tout le monde juif de l'époque, et où s'illustra le grand Henry Torrès, une des voix les plus puissantes qui aient jamais résonné dans un prétoire.

Dites « l'affaire Grynszpan », et votre interlocuteur, s'il connaît l'histoire du nazisme, dira : « Ah oui, le jeune Juif d'Allemagne, réfugié à Paris, le meurtrier de von Rath, le diplomate allemand à Paris, à l'automne 1938 ! » Et il évoquera, le visage assombri, la « Nuit de cristal », les assassinats, les violences sauvages, l'incendie des synagogues déclenché contre les Juifs dans toute l'Allemagne par les nazis, qui n'attendaient que le prétexte que leur fournit le meurtre de von Rath. Grynszpan, lui, ne fut jamais jugé. L'instruction de son affaire n'était pas achevée quand la guerre éclata. Retenu à la prison de Fresnes, évacué lors de la débâcle, Grynszpan fut livré aux nazis dès l'armistice, au mépris absolu du droit des gens. Goebbels voulait le faire juger à Berlin dans un procès à grand spectacle destiné à établir l'existence du « complot juif » contre le IIIe Reich, dont le meurtre de von Rath, à Paris, aurait été la preuve. Or, Grynszpan fit état, devant la Gestapo, de relations homosexuelles qu'il aurait entretenues avec le diplomate nazi. Objectivement, rien n'a jamais étayé cette thèse. Mais Goebbels recula devant la perspective du scandale qu'aurait suscité l'évocation de cette liaison entre l'héritier d'une grande famille aristocratique allemande ralliée au nazisme et un petit Juif polonais de 17 ans ayant fui le Reich, où il avait grandi, pour vivre sans papiers en France. Grynszpan disparut dans la nuit des prisons nazies, probablement exécuté sans jugement. Mais l'obscurité qui enveloppe sa fin a nourri les hypothèses les plus diverses, y compris sa libération et son retour en France sous une fausse identité.

À rapprocher ces deux destins, les similitudes sont saisissantes. Tous deux Juifs, tous deux victimes des fureurs antisémites, ils ont voulu venger leurs parents en tuant les responsables de leurs souffrances. Ces deux destins, un lien particulier les a fait acquitter et les unit. Tous deux ont eu Henry Torrès, mon maître, comme avocat. Il a défendu Schwartzbard et n'a pu plaider pour Grynszpan. Je sais que, pour lui, ce fut plus qu'une frustration : une sorte de blessure secrète de n'avoir pu clamer, de sa voix de bronze, aux jurés parisiens, ce qu'était le martyre des Juifs d'Allemagne.

Henry Torrès réapparaît dans ces pages et permet, dans une invention romanesque, aux deux héros de se connaître et de se rencontrer. Plus que l'exactitude historique importe la fidélité à la vérité humaine. Jean Nainchrik a voulu faire revivre, pour le lecteur d'aujourd'hui, la tragique vérité des années noires de l'Europe du siècle dernier et des massacres de Juifs. Remercions-le pour cette œuvre de piété et d'humanité.

HENRY TORRÈS

« Le procès Eichmann »

Le Monde juif,
Janvier 1961/1, numéro 24-25

Une vive controverse s'est élevée entre juristes sur la question de savoir si Israël pouvait juger un homme n'ayant pas commis de crimes sur son territoire national.

Me Raymond de Geouffre de La Pradelle, avocat à la cour d'appel de Paris et ancien vice-président de la branche française de l'*International Law Association* s'est, dans *Le Figaro*, vigoureusement prononcé pour la négative.

Voici son argumentation :

> « Le statut de Londres du 8 août 1945 a créé le Tribunal militaire international pour juger les criminels de guerre ayant agi pour le compte des pays européens de l'Axe. Ce statut a été promulgué par les Alliés après qu'ils eurent reçu, le 8 mai 1945, par la reddition sans conditions du gouvernement du Reich, l'exercice de la souveraineté allemande.
>
> Aucun texte ne permet de donner compétence à l'État d'Israël qui n'existait pas en 1945. État souverain, il peut s'attribuer la compétence juridictionnelle qu'il voudra, par une loi particulière, mais cette loi viole les principes généraux du droit.
>
> L'Allemagne ayant retrouvé sa souveraineté, les tribunaux allemands sont seuls compétents pour juger Eichmann. Une grave

atteinte à l'individu pourrait résulter d'une compétence exorbitante laissée à l'État entendant réprimer un crime qui n'a pas été commis sur son territoire. »

M. Eugène Aroneanu, ancien conseiller juridique du ministère public français au procès de Nuremberg et conseiller juridique de la Fédération des droits de l'homme, a contredit l'opinion de Me Raymond de Geouffre de La Pradelle.

Il a fait valoir que les crimes reprochés à Eichmann ont la qualification de « crimes contre l'humanité » et se distinguent des « crimes de guerre » pour avoir été commis dès le temps de paix ou en dehors des hostilités en temps de guerre. Fruits de l'exercice criminel de la souveraineté du IIIe Reich, les crimes contre l'humanité ont été commis en violation de la loi internationale. Ce sont des crimes internationaux.

Depuis la « Déclaration de Moscou » du 30 octobre 1943 (déclaration interalliée), les tribunaux nationaux ont reçu compétence pour l'application de la loi pénale internationale réprimant les crimes contre l'humanité. C'est en vertu de cette compétence que furent réprimés la plupart de ces crimes, au lendemain de la Seconde Guerre mondiale

Parmi les criminels contre l'humanité, de nombreux étrangers ont été ainsi jugés par les tribunaux français, pour leurs crimes commis à l'étranger. Il en fut de même pour tous les autres États victimes de l'Allemagne nazie.

Il est vrai que la Déclaration de Moscou ne pouvait distribuer de compétence à l'État d'Israël qui n'existait pas alors. Mais l'énumération des pays visés était précédée par les mots : « Dans chacun de ces pays et particulièrement dans les territoires envahis. » D'ailleurs, si l'État d'Israël n'existait pas, l'Allemagne fédérale n'existait pas davantage. La Déclaration reste muette sur toute compétence des tribunaux allemands, ce qui, quand il s'agit de criminels allemands, contient implicitement un dessaisissement de compétence.

Il est certain, affirmaient les signataires de la Déclaration de Moscou, que nous poursuivrons les criminels contre l'humanité jusqu'au bout de la Terre, et les remettrons aux mains de leurs accusateurs pour que la justice soit faite.

L'État d'Israël tient aujourd'hui la parole des autres. Il faudrait donc inverser l'équation et se demander en vertu de quels textes on pourrait lui dénier le droit de juger un criminel contre l'humanité.

Il n'était pas douteux que, devant le Conseil de sécurité de l'ONU, l'Argentine obtiendrait gain de cause, en raison de la violation de souveraineté dont elle fut victime… mais je dois rappeler que les États américains, dans une déclaration commune faite en mars 1945, à la conférence de Mexico (à laquelle j'ai personnellement assisté), se sont associés aux résolutions des Alliés, prises dès octobre 1943, contre les criminels de guerre. Or, que de criminels de guerre et que de criminels contre l'humanité ont trouvé refuge en Argentine, traités même en amis par l'un des prédécesseurs de M. Frondizi !

Si le droit d'asile pour les proscrits politiques honore les gouvernements et les pays qui le respectent, le droit d'asile en faveur des professionnels du génocide est un attentat contre la communauté internationale.

ROBERT BADINTER

« Le procès Eichmann »

L'Express,
6 avril 1961

[Robert Badinter a raconté à plusieurs reprises que Françoise Giroud, qui devait couvrir l'événement, avait préféré le festival de Cannes. Et que l'hebdomadaire dont il était l'avocat lui avait demandé de remplacer au pied levé la journaliste.]

Mardi, s'ouvrira à Jérusalem, devant le monde attentif, le procès exceptionnel d'Adolf Eichmann.

L'accusation a retenu, contre l'ancien *Hauptsturmführer* SS, le crime contre l'humanité. Le génocide a trouvé ainsi, en notre temps, qui en demeure marqué, son expression juridique. Crime contre l'humanité, parce qu'au-delà des victimes, il atteint tous les hommes en déniant à certains d'entre eux le droit le plus élémentaire : le droit de vivre.

Six millions de morts juifs anonymes donnent à ce procès sa terrible dimension. Mais, au-delà du réflexe d'horreur, qui appelle le châtiment immédiat, le cas d'Eichmann requiert le plus difficile effort de lucidité sans lequel cette entreprise de justice se révélerait sans portée.

Il est facile, en effet, d'écrire qu'Eichmann a assassiné six millions de Juifs. En portant à son compte ce massacre, les hommes s'en trouveraient libérés. Eichmann exécuté, le monde, aux mains lavées, pourrait poursuivre commodément son train. Cette foule immense de misérables et d'enfants dans les chambres à gaz ne serait plus qu'un fait divers, plus horrible sans doute que ceux quotidiennement relatés, mais, par le châtiment du coupable, voué comme eux à l'oubli des bonnes consciences. S'il devait en être ainsi, l'entreprise de justice poursuivie à Jérusalem se révélerait sans portée. Mieux aurait valu alors l'exécution sommaire dans la nuit argentine, mettant un terme au défi d'une existence criminelle plus longtemps poursuivie. Ce que l'on est en droit, au contraire, d'attendre du procès, c'est que, dégageant le rôle exact d'Eichmann dans ce complexe de haine et de mort, les hommes prennent enfin conscience de l'immensité du crime lui-même à travers, mais au-delà de la culpabilité du criminel.

Ingénieur infatigable

Cet ingénieur de l'extermination, ce pourvoyeur des fours crématoires qui parcourait, infatigable, l'Europe occupée, de capitales en camps de concentration, comme un voyageur de commerce, ainsi qu'il se plaisait à le dire ; cet Eichmann de la Solution finale n'est pas, en effet, jailli en 1942 tout armé de la volonté de ses chefs : Himmler et Heydrich. Avant le colonel SS qui « traitait » en Hongrie, selon son propos, un demi-million de Juifs convoyés à Auschwitz par trains de mort ou marche forcée, un fonctionnaire minutieux avait vécu tous les moments de cette entreprise monstrueuse, mais dont la logique est déjà inscrite tout entière dans le choix initial de l'antisémite.

Eichmann avait choisi de servir l'antisémitisme, raison d'État du IIIe Reich. Pas à pas, dès lors, la carrière d'Eichmann devait suivre la Passion des Juifs.

Le maître avait décidé que les Juifs devaient être éliminés de la communauté allemande. Les lois de Nuremberg de 1935 ont codifié, en conséquence, l'éviction des Juifs de toutes les activités du Reich. Eichmann se consacra à leur bonne exécution. L'étoile jaune vint marquer à la poitrine chaque Juif d'Allemagne. C'est Eichmann qui présida à la distribution des étoffes. L'Autriche est annexée, l'expulsion des Juifs autrichiens, dépouillés au préalable de leurs biens, est ordonnée : Eichmann, installé à Vienne, au palais Rothschild, l'organise, avant de la poursuivre en Allemagne puis en Bohême et Moravie. Sur l'*Exodus*, errant avec sa cargaison de misérables, flotte en réalité le pavillon noir d'Eichmann.

Les ordres reçus

La guerre, qui enferma le Reich dans ses conquêtes, interdit l'émigration forcée vers l'étranger d'hier, devenu l'ennemi. Mais le but demeure l'élimination des Juifs de tout l'empire du Reich. La logique commandait dès lors la Solution finale. Le vieux slogan de tous les antisémites du monde, « Mort aux Juifs », devenait réalité. Les Juifs allaient mourir. Par milliers, de tous les pays d'Europe, les trains s'ébranlèrent à la nuit. Par millions, les Juifs d'Europe marchaient à la chambre à gaz. Penché sur ses statistiques, Eichmann, attentif, veillait à ce que le rythme des convois s'accélérât. Parfois, en visite à Auschwitz chez son ami le commandant du camp, Hoess, qui l'accueillait avec sa femme et ses enfants dans sa maison meublée de bois clair, style SS, située dans l'enceinte même du camp, Eichmann contemplait le visage apocalyptique de la Solution finale. Le lendemain, il repartait vers Budapest ou Paris, partout où l'appelaient ses devoirs dans l'Europe de la croix gammée.

Dans la carrière d'Eichmann s'inscrit ainsi l'antisémitisme en action. De l'étude des lois qui mettent les Juifs hors la loi au règlement des convois qui aboutissent à la chambre à gaz, pas de discontinuité. Il s'agit toujours d'éliminer les Juifs de la communauté. Eichmann, serviteur modèle de l'antisémitisme, devait, de la mise au point des textes raciaux, aboutir au génocide. La voie était tracée qu'ouvrait le choix initial. Pour la parcourir, il suffisait d'obéir aux ordres reçus.

Bourreau volontaire

De cette obéissance même, Eichmann va sans doute, pour sa défense, se réclamer. Comme la nation allemande en sa quasi-unanimité, Eichmann ne décidait pas : il exécutait. Et la passion qu'il a mise à accomplir les ordres reçus, loin de l'accabler, marque selon lui le sens rigoureux de ses devoirs. Où donc serait le crime pour le citoyen serviteur d'un État fondé sur le racisme ?

Et, pourtant, le crime d'Eichmann est éclatant. Nombreux sans doute, et plus qu'ils ne veulent l'avouer, sont les Allemands qui ont connu la Solution finale, tandis qu'elle déroulait ses convois. Mais le crime individuel se manifeste au sein du crime collectif quand l'individu, en connaissance de cause, choisit d'en assumer la responsabilité directe en devenant, parmi tous les autres, l'exécuteur efficace. Le bourreau volontaire d'un massacre exercé par vocation pour le compte d'une société criminelle. Eichmann, fonctionnaire du crime, qui l'a recherché, goûté, accompli, doit aujourd'hui en rendre compte aux hommes.

« Je n'ai pas voulu cela »

Mais cette délégation criminelle d'une société à un individu ne doit pas faire oublier le crime collectif. L'horreur des camps d'extermination, ces enfants consumés avec ces vieillards, un peuple entier marchant dans le martyre vers la mort, que l'antisémite ait enfin le courage de regarder en face la vision de l'homme que son choix implique. Devant ces vies évanouies dans la forêt polonaise, que l'antisémite ne dise pas : « Je n'ai pas voulu cela. » Car cela, c'est-à-dire l'abjection de la souffrance, la mort des innocents, l'antisémite l'a accepté d'abord, dès qu'il dénie au Juif la simple qualité d'être, comme lui-même, un homme. Simplement, dans l'Histoire, l'antisémite s'en est remis à quelques Eichmann du soin monstrueux d'exécuter la besogne. Qu'Eichmann en réponde, c'est justice. Mais invisible et présent à ses côtés, qu'en comparaisse devant les hommes le racisme tout ruisselant d'orgueil et de sang. Que le monde prenne conscience qu'on juge là, au-delà du bourreau, le crime originel qui l'animait et dont il ne fut que l'instrument. Telle est la raison d'être de ce procès et pourquoi il fallait qu'il eût lieu.

Pour la première fois dans l'Histoire, le racisme enfin est, à Jérusalem, au banc des accusés. Le peuple juif, délégataire au long des siècles de tant de souffrances et d'injustice, doit maintenant assumer la responsabilité de la Justice. L'antisémitisme, aujourd'hui apparemment apaisé et comme repu par le carnage récent, n'est qu'un des aspects du crime fondamental de racisme. En lui, l'antisémitisme se perd comme les millions de Juifs assassinés se fondant dans la masse immense des crimes du racisme qui déroulent leur procession tragique dans l'Histoire. Par le Noir lynché en Afrique du Sud, le « Raton » torturé dans les douars, le Blanc assassiné au Congo, la chaîne des tortures se tend à travers ces jours que nous vivons et se lie à celles des ghettos martyrisés. C'est pourquoi, au-delà du crime contre le peuple juif, Eichmann répond du crime contre l'humanité. Car, en chaque Juif assassiné, mourait, comme en chaque victime du racisme, l'homme qui est chacun de nous.

Et parce que le crime est à la mesure du monde, il eût été préférable que des hommes de toutes les confessions, issus de tous les pays ravagés par le racisme, soient appelés comme jurés à ce procès exceptionnel. Qu'enfin ce soit la conscience du monde, prise en la personne de tels juges, qui prononce la condamnation. Mais puisque se dérobe encore l'organisation judiciaire internationale, pourtant indispensable, il est bon, il est juste que ce procès s'ouvre à Jérusalem.

« Accusé Eichmann, levez-vous. » L'heure est venue où le délégué du racisme, ramené de l'autre côté du monde à ses juges après quinze ans révolus, va répondre, devant les hommes, du crime millénaire, plus chargé encore en notre temps de larmes et de sang.

ARTICLES DE ROBERT BADINTER
SUR LE DROIT VICHYSTE ET SA PRATIQUE

ROBERT BADINTER

« Juger après Vichy »

Histoire de la justice,
numéro 29, 2019/1

J'ai gardé des souvenirs précis de l'époque de Vichy. J'avais 14 ans et je vivais à Lyon. C'était le temps de la honte. L'atmosphère était insupportable. Le culte du maréchal Pétain, ce vieillard chevrotant à la radio, symbole d'un passé de gloire et de grandeur pour les Français, se manifestait partout. L'institution judiciaire n'a pas fait exception.

En 1939, la justice française jouissait d'un grand crédit international. Le français était la langue éminente des institutions internationales et de tous les États de l'Europe centrale et orientale. L'influence de la culture française s'étendait bien au-delà des frontières de l'Empire colonial, notamment dans le bassin méditerranéen et en Afrique. Surtout, les magistrats s'étaient forgé au long des années une culture républicaine. À cet égard, la Cour de cassation avait conservé une aura particulière tirée de l'arrêt de réhabilitation du 12 juillet 1906 dans lequel elle avait proclamé l'innocence de Dreyfus. Même si elle était volontiers brocardée par les intellectuels ou les écrivains, la justice française était l'un des piliers de la République.

Or, avec le « naufrage de la France » en 1940 et l'accession au pouvoir du maréchal Pétain, elle s'altéra profondément.

D'abord dans son indépendance. Car les juges acceptèrent de prêter serment à la personne du chef de l'État. À l'exception d'un seul, Paul Didier, qui fut révoqué pour cette marque de désobéissance, la quasi-totalité des magistrats prêta allégeance et fidélité au maréchal Pétain. La magistrature acceptait ainsi sans protester le joug du régime de Vichy, semblable il est vrai en cela à la quasi-totalité de la haute administration française.

Dans les principes ensuite. Les magistrats appliquèrent ainsi les législations d'exception qui transformaient les Juifs en citoyens de second ordre en France. Un siècle et demi après la Révolution française qui avait fait des Juifs des citoyens français comme les autres, ils n'étaient plus que des sujets aux droits réduits, frappés d'indignité, d'interdictions et d'incapacités de toutes sortes, que la magistrature a, sans état d'âme apparent, mises en œuvre.

Dès 1940, le maréchal Pétain avait décidé qu'aucun Juif ne pourrait rendre la justice aux Français. Les magistrats juifs furent éliminés sans délai à tous les niveaux de l'institution judiciaire. Que pouvaient ressentir ceux qui perdaient ainsi le droit d'exercer leur fonction, sans jamais avoir démérité ? Pourtant, parmi les magistrats qui avaient fait carrière sous la République, aucun ne paraît avoir élevé de protestation publique ou s'être dérobé à la mise en œuvre de cette exclusion.

Les avocats juifs furent, eux aussi, soumis à des dispositions restrictives ordonnées par le gouvernement de Vichy. Alibert, ancien directeur de cabinet du maréchal Pétain et farouche antisémite, était devenu garde des Sceaux à l'automne 1941. Il fit préparer par le Conseil d'État (déjà épuré de dix-sept membres juifs), un texte fixant le *numerus clausus* à 2 % des avocats non juifs.

Au-delà même de ces dispositions visant les magistrats et les avocats juifs, contraires à tous les principes de la législation française depuis 1791, Vichy organisa la spoliation des biens juifs. La magistrature appliqua sans jamais les critiquer ces mesures confiscatoires contraires au principe d'égalité devant la loi. Un « droit antisémite » prit corps, avec sa jurisprudence et sa doctrine.

Le pire devait advenir dans le domaine de la justice pénale. Le 14 août 1941, le gouvernement du maréchal Pétain créa les Sections spéciales des cours d'appel. Il s'agissait de juger les infractions pénales « commises dans une intention d'activité communiste ou anarchiste ». En réalité, Vichy engageait la collaboration judiciaire avec les Allemands. Par une répression française des « terroristes », le gouvernement avait l'espoir de limiter le nombre des exécutions d'otages. Il trouva des magistrats pour composer ces Sections spéciales et même prononcer la peine de mort.

Pourtant, ces « juridictions » d'exception, élaborées sous l'autorité du garde des Sceaux Barthélemy, ancien doyen de la faculté de droit de Paris, bafouaient tous les principes du droit. La loi s'appliquait aux faits commis antérieurement à son entrée en vigueur. Les affaires devaient être jugées dans l'urgence, les avocats ne pouvant avoir connaissance du dossier qu'au tout dernier moment. Aucun recours, pas même le pourvoi en cassation, n'était ouvert contre les jugements des Sections spéciales qui étaient exécutoires immédiatement. Les circonstances atténuantes et le sursis étaient exclus. Ces procès n'étaient que d'odieuses parodies. En y participant, ces magistrats ont accepté de mettre en œuvre l'inacceptable au nom de la raison d'État.

La création des cours martiales en janvier marqua l'apogée de la collaboration judiciaire. Des procureurs furent officiellement mandatés pour sélectionner les dossiers à transmettre aux « juridictions » placées sous l'autorité du secrétaire général au Maintien de l'ordre, Joseph Darnand. Ces « cours » ont condamné à mort et fait exécuter environ deux cents résistants, avec la collaboration directe de magistrats… La soumission de l'institution judiciaire à l'égard de l'exécutif s'avérait éclatante.

À la Libération, l'Épuration s'imposait. Après les épreuves de l'Occupation, il s'agissait d'un impératif moral. Malheureusement, l'Épuration fut marquée par le recours à des juridictions d'exception. Après avoir prêté serment au maréchal Pétain, ce furent les mêmes magistrats qui participèrent, quatre ans plus tard, aux tribunaux de l'Épuration. Ceux qui avaient servi Pétain et l'État français servaient désormais la République. L'idéologie du positivisme juridique triomphait : le juge est fait pour appliquer la loi, quelle qu'elle soit et quel que soit le régime politique dont elle est l'expression. La longue tradition judiciaire du XIXe siècle où les magistrats avaient prêté serment à tant de régimes successifs se poursuivait.

À cet égard, le cas du procureur général André Mornet est saisissant : président de chambre honoraire à la Cour de cassation, il avait réclamé à siéger à la cour suprême de justice à Riom avant de reprendre du service à sa demande dès septembre 1940 pour présider l'une des trois sous-sections de l'indigne Commission de révision des naturalisations. À la Libération, il fut appelé à siéger à la Commission d'épuration de la magistrature avant d'être nommé procureur général près la Haute Cour de justice en novembre 1944 ! C'est en cette qualité qu'il requit sans faiblir la peine de mort contre le maréchal Pétain et Pierre Laval.

La participation des magistrats à la collaboration judiciaire ne fut pas toujours condamnée. Seules des pratiques professionnelles caractérisées par le zèle, l'excès de sévérité contre les résistants ou la soumission aux Allemands furent en pratique sanctionnées.

Plus de soixante-dix ans se sont écoulés depuis la fin du régime de Vichy. De nouvelles générations de magistrats, notamment issus de l'École nationale de la magistrature, ont vu le jour. Les errements de la justice française de la période de Vichy seraient-ils concevables aujourd'hui ?

Je ne le crois pas. Depuis la fin de la Seconde Guerre mondiale, les garanties juridiques des droits de l'homme se sont multipliées, que ce soit dans notre Constitution ou dans les conventions internationales ratifiées par la France. Il faut se féliciter de ces progrès essentiels pour notre État de droit.

L'influence de la jurisprudence de la Cour européenne des droits de l'homme a grandement favorisé l'essor des libertés. En levant, le

6 octobre 1981, selon la décision du président Mitterrand, les réserves qui interdisaient aux justiciables français de saisir la Cour de Strasbourg, je savais que nous ouvrions la voie à un progrès considérable des droits fondamentaux dans le domaine judiciaire. Notre attente n'a pas été déçue. Cette évolution est assurément la plus significative de notre justice au cours des dernières décennies.

Tout aussi remarquable est l'essor du contrôle de constitutionnalité. Comme l'affirmait déjà Tocqueville, ce contrôle est l'une des plus puissantes défenses des libertés dans les démocraties modernes. Les regrettés présidents Pierre Drai et Marceau Long et moi-même avons beaucoup œuvré pour que le Conseil constitutionnel puisse déclarer inconstitutionnelle une disposition législative portant atteinte aux droits et libertés garantis par la Constitution. Le projet de loi instituant l'exception d'inconstitutionnalité fut voté en 1990 par l'Assemblée nationale. En vain, face à l'opposition du Sénat. Il a fallu attendre 2008 pour que, à l'initiative du président Sarkozy, le contrôle de constitutionnalité de la loi après son entrée en vigueur soit ouvert au justiciable français, par la voie de la question prioritaire de constitutionnalité.

Au-delà des garanties institutionnelles, la qualité d'une justice repose avant tout sur la compétence et l'intégrité de ceux qui la servent. À cet égard, la magistrature française est exemplaire. Le temps d'une justice plus soucieuse d'assurer l'ordre établi que de garantir les libertés individuelles paraît aujourd'hui révolu. Une nouvelle éthique judiciaire s'est progressivement imposée à toute l'institution judiciaire.

Surtout, le respect du droit et de la dignité humaine est mieux enraciné dans la conscience collective. L'impératif éthique en matière de justice est aujourd'hui bien différent des représentations qui prévalaient à l'époque du gouvernement de Vichy. Plus que tout autre, le juge est devenu le garant des grands principes du droit et un rempart contre les atteintes aux libertés fondamentales. Cette exigence doit toujours l'inspirer dans sa grande mission au service non seulement de l'État, mais de l'État de droit dans une grande démocratie.

ROBERT BADINTER

« Le bagne de Guyane, un crime contre l'humanité »

Le Monde,
24 novembre 2017

J'ai souvent entendu proclamer dans les discours officiels « la France, pays des droits de l'homme ». La formule est belle. Mais au regard de notre dramatique histoire, elle n'a pas toujours été respectée dans la réalité, notamment dans notre système pénitentiaire.

On connaît l'inhumanité du régime des bagnes français d'outre-mer. En revanche, on sait peu que, dans cette tragique histoire, la période du gouvernement de Vichy est la plus sinistre : entre 1940 et 1943, les relégués ont subi, en Guyane, une véritable hécatombe mise en lumière par les travaux historiques les plus récents, notamment les ouvrages de Michel Pierre, Danielle Donet-Vincent et Jean-Lucien Sanchez.

La Guyane avait été choisie en 1852 pour éloigner de la métropole les criminels condamnés aux travaux forcés et les opposants politiques condamnés à la déportation. Influencé par l'exemple du gouvernement britannique, qui avait envoyé des milliers de *convicts* en Australie dès 1717, Napoléon III entendait débarrasser la société française de ses éléments les plus dangereux, tout en développant cette lointaine colonie grâce au travail des forçats.

L'échec fut total. Sur vingt et un mille six cent vingt condamnés envoyés en Guyane à partir de 1852, il n'en restait plus que sept mille quatre cent soixante-six en 1866. Devant l'effroyable taux de mortalité, dû notamment aux épidémies de fièvre jaune et de fièvre paludéenne, le bagne fut transféré à partir de 1867 en Nouvelle-Calédonie, où le climat était plus favorable.

Petits « délinquants d'habitude »

La IIIe République ne fit rien pour améliorer la condition des bagnards, au contraire. Le développement de la récidive exaspérait les populations, notamment dans les campagnes. Les Républicains « opportunistes », réunis autour de Léon Gambetta et de Jules Ferry, avaient compris l'avantage politique qu'ils tireraient en proclamant leur volonté de réprimer sévèrement les petits « délinquants d'habitude ».

Après leur victoire aux élections de 1881, un projet de loi en ce sens fut présenté par le gouvernement de Jules Ferry, président du Conseil. À la Chambre des députés, un vif débat opposa Pierre Waldeck-Rousseau, ministre de l'Intérieur, champion de la sécurité, à Georges Clemenceau, défenseur d'une justice soucieuse d'humanité. La loi du 27 mai 1885 sur les récidivistes fut votée à une large majorité, dont une grande partie des voix de gauche.

Cette loi, une des plus répressives de l'histoire judiciaire française, entendait éliminer de la société la partie la plus visible de la délinquance. Elle instituait la relégation, définie comme l'« internement perpétuel sur le territoire des colonies ou possessions françaises ». Il suffisait d'avoir été condamné à plusieurs peines de prison de plus de trois mois pour encourir la relégation à vie hors de la métropole à la sortie de prison. La République ajoutait ainsi aux forçats transportés et aux déportés politiques une nouvelle catégorie de bagnards : les relégués.

Les Républicains ne s'en tinrent pas là : à partir de 1887, le gouvernement décida d'envoyer à nouveau en Guyane les condamnés à la transportation et à la relégation. Ses membres ne pouvaient ignorer l'échec cruel du bagne en Guyane pendant le Second Empire et les avertissements des autorités sanitaires de la marine, rappelant que ce territoire était « un vaste marais où les Européens ne peuvent ni travailler ni vivre ». C'est donc en connaissance de cause qu'ils choisirent en priorité la Guyane pour éloigner les multirécidivistes.

« Guillotine verte »

Le bilan fut désastreux. Les relégués qui ne pouvaient subvenir à leurs besoins avaient l'obligation de travailler au service du bagne alors qu'ils n'avaient pas été condamnés aux travaux forcés. Et, paradoxalement, ces délinquants considérés comme « incorrigibles » furent plus cruellement traités au bagne que les dangereux criminels. La « guillotine verte » fonctionna à plein régime…

Les reportages du journaliste Albert Londres en 1923, les campagnes de la Ligue des droits de l'homme et l'action de Gaston Monnerville, député de la Guyane, mobilisèrent l'opinion publique et amenèrent le gouvernement, après la victoire du Front populaire, à supprimer en 1938 la transportation en Guyane des criminels condamnés aux travaux forcés. Mais rien ne fut changé concernant le sort des petits délinquants relégués.

La situation s'aggrava encore pendant la Seconde Guerre mondiale, sous le régime de Vichy. À partir de 1941, le taux de mortalité des relégués atteignit des niveaux inégalés : de 4 % en 1939 et 6 % en 1940, il bondit en 1941 à plus de 12 %. En 1942, près de 50 % des relégués moururent dans l'année, soit cinq cent treize décès sur un effectif total de mille soixante-huit ! Et en 1943, le taux de mortalité était de 36 %.

Ces niveaux sont proches de ceux atteints dans les camps de concentration nazis. Cette brusque hausse de la mortalité ne s'explique par aucune épidémie particulière. Seules les conditions de détention apparaissent à l'origine de cette hécatombe des relégués.

« Régime de terreur »

La discipline, déjà très rigoureuse, fut sévèrement renforcée dès l'automne 1940 par peur des évasions. Car les autorités guyanaises fidèles au maréchal Pétain craignaient que les bagnards qui s'évaderaient rejoignent les forces de la France libre. En février 1941 en effet, environ soixante-dix relégués répondirent à l'appel du capitaine Claude Chandon, représentant du général de Gaulle. Quelques jours après ces évasions, le gouverneur de Guyane décida de rétablir la peine du « pain sec » un jour sur trois, qui avait été abolie en 1925. À la discipline de fer s'ajouta une diminution drastique de l'ensemble des rations alimentaires.

Parallèlement, en 1942, la journée de travail passa de six à huit heures quotidiennes malgré les terribles conditions climatiques et on limita les possibilités de travailler « à la tâche », qui avaient été encouragées en 1938. Selon un responsable de l'Armée du Salut expulsé de Guyane début 1942, l'administration pénitentiaire, « saisie d'une véritable folie, déclencha un régime de terreur d'une brutalité inouïe : privation de nourriture, travail à coups de trique, de nerf de bœuf. Qu'ils marchent ou qu'ils crèvent ! ».

Ce régime eut immédiatement des conséquences dramatiques sur la santé des relégués. Un fonctionnaire de l'administration pénitentiaire témoigne qu'en 1943 « les relégués n'étaient plus des hommes : c'étaient des squelettes. [...] Le spectacle était horrifiant. L'on se demandait comment certains d'entre eux pouvaient encore se tenir debout. Après l'inspection de leurs effets, ils durent se rhabiller. Alors, ce fut une scène navrante ! La plupart de ceux qui tentèrent de se baisser pour ramasser leurs hardes s'effondrèrent, l'un après l'autre, comme soufflés. Ils ne purent se redresser seuls. On dut faire appel à des porte-clés qui les transportèrent à dos jusqu'au local, sous le clocher du camp. Ceux qui se trouvaient adossés à l'arbre rejoignirent la case en se traînant sur le sol comme des culs-de-jatte ».

Quarante morts par mois

Mais, pour le gouverneur de Guyane René Veber, dévoué au maréchal Pétain, cette situation était d'abord due à la « mentalité » des relégués. Il écrivit en 1943 que « les relégués ne prennent aucun soin des conditions sanitaires des sols marécageux qu'ils doivent traverser, de la qualité de l'eau qu'ils boivent alors, ni aucune mesure d'hygiène et c'est à ce moment surtout qu'ils contractent les affections qui inquiètent ».

Rejetant l'idée d'améliorer la ration alimentaire ou de diminuer leur labeur quotidien, il ordonna au contraire une répression accrue et l'interdiction de toute activité lucrative en dehors des heures de travail. Il se livrait également, fin 1942, à des prévisions sinistres prenant en compte une moyenne de quarante morts par mois. Mais, plutôt que d'organiser rapidement le transfert des relégués encore en vie et de les sauver, il retarda leur transfert jusqu'à la fin de l'année 1943. Le gouverneur Veber s'accommodait ainsi de la mort prévisible de près de trois cents relégués.

En mars 1943, la Guyane rallia la France libre. Le nouveau gouverneur, Jean Rapenne, mit très vite un terme à la mortalité effrayante des relégués. Et le terrible pénitencier de Saint Jean-du-Maroni fut définitivement supprimé en septembre 1943.

Cet épisode méconnu est un des plus sinistres de l'histoire pénitentiaire française. En 1945, l'article 6 du statut du tribunal de Nuremberg qualifiait de crime contre l'humanité « l'assassinat, l'extermination, la réduction en esclavage, la déportation, et tout autre acte inhumain commis contre toutes populations civiles, avant ou pendant la guerre ».

À la lumière de cette définition, c'est bien un crime contre l'humanité qui a été commis entre 1941 et 1943 contre les relégués, en Guyane, sous l'autorité du gouvernement de Vichy. Mais aucun de ses responsables n'a jamais été poursuivi ni sanctionné pour ces agissements.

ROBERT BADINTER,
LES ÉLÈVES JUIFS ET JANSON

« Saisissez la chance quand elle passe ![*] »

Robert Badinter de retour à Janson,
soixante-quinze ans après,
9 décembre 2019

C'était le 9 décembre 2019. Devant un public d'élèves de troisième nombreux, attentifs, silencieux, Robert Badinter a pris la parole. Les questions, loin de le surprendre, lui ont permis de partager avec ce public, réuni à l'initiative de Corinne Guillen, professeur d'histoire-géographie au collège Janson-de-Sailly, une belle leçon d'éducation civique, de politique et d'humanisme.

Que garde-t-il de sa scolarité à Janson ?

Robert Badinter prévient : il évoque peu ses souvenirs personnels. En effet la mémoire est, selon lui, une reconstruction subjective de ce qui fut. Néanmoins, il rappelle qu'il est arrivé au lycée en 1936 et qu'il l'a quitté en décembre 1940 pour ne plus y revenir. Sa mère voulait que ses deux fils, Claude et Robert, soient premiers de leur classe et c'est ce qu'ils furent comme en témoignent les bulletins scolaires retrouvés. Ce seront les seuls souvenirs personnels livrés à son auditoire.

*Texte rédigé par Marielle Vichot et mis en ligne sur le site des Jansoniens, l'association des anciens élèves.

Les élèves de Janson n'étaient ni plus ni moins politisés que les lycéens des autres lycées parisiens entre 1936 et 1940. Des signes de révolte sont griffonnés à la craie, signes qui reflétaient les tensions ambiantes d'alors comme « Mort à Blum » ou encore « Mort aux Juifs ». Léon Blum, rappelle-t-il, a suscité une haine comme peu d'hommes ont suscité. Dans les classes supérieures, la politique était plus présente, en particulier l'antisémitisme agitait les esprits.

Après un séjour à Nantes, au moment de la débâcle, toute la famille de Robert Badinter revient à Paris. Il retrouve le lycée, le quartier dont l'atmosphère avait changé : des oriflammes immenses, des troupes allemandes fraîches, fières de leur victoire défilent quotidiennement avenue Henri-Martin. Cette armée d'occupation donne l'image d'un pays sûr de lui, jeune et dynamique. Robert Badinter ajoute qu'il a retrouvé ces mêmes troupes en 1943 à Lyon puis en 1944, qui renvoyaient alors une image moins brillante, les Allemands ayant enregistré leurs premières défaites. Au lycée, Robert Badinter se souvient surtout du froid omniprésent et de l'obsession du ravitaillement. Les trois hivers de la guerre ont tous été très froids et les Parisiens cherchaient à se réchauffer partout où ils pouvaient. Si, d'ailleurs, les salles de cinéma étaient si remplies pendant cette période, ce n'était pas parce que les films étaient remarquables mais parce que les salles étaient chauffées !

De cette période troublée, il garde en mémoire le souvenir de cette haine que de nombreux Français partageaient contre les Juifs qui, s'ils ne représentaient que 1 % de la population française, semblaient représenter un danger incommensurable, « une horde » qui allait s'abattre sur le pays. Contre la volonté de sa mère, il visite l'exposition Berlitz*

*L'exposition Berlitz se tient à Paris du 5 septembre 1941 au 5 janvier 1942. Elle est intitulée « Le Juif et la France » et se tient au palais Berlitz dans le IIe arrondissement de Paris, près de l'Opéra. Cette exposition a un but pédagogique pour ses auteurs. Il s'agit d'« aider les Français à reconnaître les Juifs par leurs

et sort profondément marqué par « cette littérature de déments » qui y est exposée.

Un entretien *a posteriori* avec un camarade de classe lui permet d'évoquer le port de l'étoile jaune. Ce camarade lui a raconté qu'après le décret qui imposait le port de l'étoile jaune pour tous les Juifs de France, il avait fait le trajet de Maisons-Laffitte au lycée Condorcet, où il avait cours, et que, dans le wagon de ce train de banlieue, régnait un silence de mort. Le professeur principal attendait les élèves à l'entrée du lycée et, dans sa classe, tint un grand discours républicain. Il rappela que les trois élèves qui portaient cet insigne n'avaient rien demandé, que le lycée restait un lieu où le principe de laïcité s'appliquait et qu'il ne supporterait pas que quiconque fasse une allusion à ce qu'il considérait comme une stigmatisation. Robert Badinter n'a jamais oublié cette référence à la laïcité.

Il a perçu deux ans plus tard la même attitude de la part de son professeur de français, latin et grec. Ce dernier était sans doute un milicien, mais un milicien maurrassien, pense-t-il. Pendant deux ans, tous les deux ont vécu un face-à-face tendu, car ce professeur se doutait qu'il était juif mais il ne l'a jamais dénoncé. Robert Badinter ajoute qu'à la Libération ce professeur fut jugé comme milicien, condamné puis gracié. C'était « un remarquable professeur de grec ».

Conformément au décret pris par Pierre Laval, le père de Robert Badinter déclarait sa famille au commissariat du XVIe arrondissement.

Quels ont été ses rapports avec le monde de la justice?

Robert Badinter voulait être professeur de droit mais pour passer l'agrégation de droit, il fallait avoir 25 ans. Or, licencié de droit à 21 ans, il ne pouvait se permettre d'attendre quatre ans. Il devient donc avocat « par hasard », ce qui ne l'empêche pas par la suite de passer l'agrégation de droit, de la réussir et de l'enseigner. La vie, ajoute-t-il, est

---

caractéristiques physiques » et de démontrer l'« emprise corruptrice générale » que ces derniers exerceraient sur le pays.

faite de chances à ne pas laisser passer. Il invite les élèves à saisir cette chance, sans hésiter, quand elle se présente.

Qu'est-ce qui a motivé son engagement en politique?

Il n'est jamais devenu membre du parti communiste tant il a été stupéfait par l'attitude des dirigeants vis-à-vis des adhérents. Il a vu au cours d'une réunion une fille et un garçon, qui étaient ses amis, obligés de se séparer publiquement car les cadres du parti n'acceptaient pas une histoire d'amour et exigeaient de ses adhérents un comportement vertueux. Il a certes vendu *L'Humanité*, mais c'était uniquement pour faire plaisir à la directrice du *pool* des dactylos!

La manifestation des lycéens parisiens le 11 novembre 1940 à l'Étoile?

Il n'avait que 12 ans. Le noyau de résistants au lycée se trouvait dans les classes terminales. Il était inconcevable vu les dangers qui existaient de faire participer des élèves de son âge.

Son action la plus forte?

Sans conteste d'avoir fait abolir la peine de mort en France. Ses convictions se sont forgées lors du procès de Patrick Henry qu'il défendait. Il se souvient des regards de rage dans le prétoire lors des plaidoiries. Il a reçu des courriers de menace, une bombe a explosé chez lui.

Les Français étaient alors à 60 % pour le maintien de la peine de mort. Mais le candidat François Mitterrand avait inscrit l'abolition de la peine de mort dans son programme. Le texte de loi, soutenu par Robert Badinter dans une intervention historique, est adopté par le Parlement en septembre 1981. La France est le trente-cinquième État à abolir cette peine, le dernier en Europe.

Aujourd'hui, cent États sur cent quatre-vingt-dix-huit ont aboli la peine de mort, et Robert Badinter milite toujours pour une abolition universelle de ce châtiment.

Que pense-t-il de l'affaire Dreyfus? (Question liée à la récente sortie du film *J'accuse*, de Roman Polanski.)

C'est, à ses yeux, le titre de la plus révoltante injustice, l'expression la plus spectaculaire de l'antisémitisme qui existait à cette époque en France. Il cite Maurice Barrès, traditionaliste et antisémite : « Sa culpabilité [celle du capitaine Alfred Dreyfus], je la déduis de sa race, coupable parce que Juif et seul Juif de l'état-major. »

Robert Badinter souligne que personne ne se pose la question de savoir pourquoi Alfred Dreyfus aurait trahi au profit de l'Allemagne. Or la famille de ce militaire avait quitté l'Alsace pour ne pas être allemande, sa femme avait du bien et la France était le pays chéri d'adoption. Toutes ces raisons prouvent que le capitaine Dreyfus n'avait aucun intérêt à trahir. Cette condamnation était l'expression de l'antisémitisme ordinaire qui régnait en cette fin du XIXe siècle.

Deux interprétations de l'affaire Dreyfus sont possibles : Theodor Herzl justifie ainsi la nécessité de créer un État juif en Palestine puisque même dans le pays des droits de l'homme, les Juifs sont malvenus. Emmanuel Levinas pour sa part évoqua la Lituanie, son pays natal, le pays où il fallait aller [*sic*] puisque ce fut le seul pays où la moitié de la population se leva pour défendre l'honneur du capitaine Dreyfus. Et ainsi l'affaire Dreyfus devint le symbole du combat des « intellectuels ».

Pour clore ce douloureux chapitre, Robert Badinter distille une anecdote qui constitue un savoureux pied de nez à l'Histoire. Le capitaine Dreyfus, devenu lieutenant-colonel en 1918, meurt le 12 juillet 1935. Le rite juif demande que l'enterrement soit célébré dans les deux jours qui suivent le décès, soit le 14 juillet. Au matin du 14 juillet, le cercueil revêtu du drapeau tricolore décoré de la Légion d'honneur quitte le domicile, descend par le boulevard Malesherbes puis se dirige vers la Madeleine en direction du cimetière Montparnasse. Place de la Concorde, le cortège est arrêté par le détachement militaire qui assure la sécurité du traditionnel défilé militaire.

Le colonel commandant le détachement, averti qu'il s'agit du cortège funèbre d'un officier, lui ouvre le passage et ordonne à ses troupes de saluer la dépouille de ce militaire dont il ignore le nom. Et c'est ainsi que le lieutenant-colonel Alfred Dreyfus fut salué par ses pairs, à l'insu de leur plein gré, sur le chemin de sa dernière demeure!

Quittant la salle Clermont sous des applaudissements nourris, Robert Badinter est invité à se diriger vers la nouvelle salle de réunion du collège. L'occasion de lui montrer une aile rénovée du lycée. L'occasion, pour Marielle Vichot, secrétaire générale des Jansoniens et professeur d'histoire, de lui remettre des copies d'extraits de son dossier scolaire et quelques autres souvenirs de son passage au lycée Janson. Cette salle porte désormais le nom de « salle Robert Badinter ».

Une cérémonie en hommage à Robert Badinter*,

ancien élève de Janson-de-Sailly, s'est tenue jeudi 23 mai 2024 dans la cour d'honneur, en présence de son épouse Élisabeth Badinter. Des élèves et étudiants ont lu des textes et préparé une exposition sur la vie et le parcours de Robert Badinter. La cérémonie s'est clôturée par *la Marseillaise* chantée par notre chorale et par la signature du livre d'or.

---

* *Idem.*

SERGE KLARSFELD

« Présentation du Mémorial des élèves juifs déportés de 1942 à 1944* »

3 mars 2020

[…] En 2005 était déjà dévoilée une plaque commémorative portant les noms de vingt élèves juifs déportés, et ce à l'initiative de la communauté éducative de Janson. Notre amie, Annie Badower, professeure à Janson, avait prononcé une émouvante allocution.

Quinze ans plus tard, une relève a vu le jour, a voulu aller plus loin dans les recherches et n'oublier aucun élève. Sous l'impulsion d'Alexandre Bande, professeur d'histoire, une équipe constituée d'enseignants, d'élèves, de la documentaliste du lycée, des familles des élèves contactées ainsi que de l'association de l'AMEJD du XVIe arrondissement a découvert dans les archives familiales ainsi que dans celles de Janson de nouveaux noms. Ce groupe d'enseignants et d'élèves a également voulu restituer à chacune de ces jeunes victimes son parcours familial, ses résultats scolaires, sa personnalité et son visage.

---

*Texte disponible sur le site des Jansoniens et sur celui de Serge Klarsfeld et de son association : http://Klarsfeld-ffdjf.org/revue-presse/LES-CONFERENCES-EN-FRANCE-ET-AILLEURS.pdf
Cette allocution a été prononcée à l'occasion de l'inauguration d'une nouvelle plaque commémorative et figure en préface du *Mémorial* publié en 2020 par le lycée et les éditions Glyphe.

Ce collectif a pu se référer aux différents ouvrages que j'ai écrits et publiés avec l'association des Fils et des Filles des Déportés Juifs de France, que j'ai créée avec mon épouse Beate en 1979, en particulier le *Mémorial des enfants juifs déportés de France.*

Y figurent plus de cinq mille visages des onze mille quatre cents déportés de moins de 18 ans envoyés à la mort. Presque tous les visages des élèves qui figurent dans le Mémorial de Janson proviennent de ces recherches et ont permis d'enrichir plusieurs des chapitres qui leur sont consacrés.

Le résultat de ces longues recherches dans des archives qui auraient pu rester mortes est de rendre à vingt-sept enfants une vie posthume qui les arrache à l'oubli, qui laisse d'eux une trace indélébile, qui fait d'eux des sujets d'histoire, surtout en une période où la fascination pour leurs bourreaux est telle que des fortunes sont dépensées pour les aquarelles ou le chapeau de Hitler, ou bien pour la voiture de Goering ou un autographe de Heydrich.

Dans une France où l'extrême droite rêve d'une victoire électorale qui permettrait de réhabiliter Pétain et d'en finir avec toutes ces plaques commémoratives, elles soulignent que le paroxysme de la collaboration a été de lancer les forces de police de Vichy contre les familles juives.

Cette nouvelle plaque s'ajoute à des milliers d'autres qui ont essaimé sur le territoire de France. Derrière tous ces noms inscrits sur ces plaques, ce sont des milliers d'enfants qui avaient le droit de vivre et que la judéophobie a fait disparaître.

Non, ils n'ont pas disparu :

– Robert Benarrosch, 7 ans, de Casablanca, du Petit Janson*;

– André, Jean et Claude Bernheim, une fratrie parisienne annihilée à Sobibór et à Auschwitz;

*Prénommé « Roger » sur la plaque commémorative, il y précède son frère aîné, Claude, 10 ans. N. d. É.

– Étienne Bruchfeld, né à Francfort, arrêté lors de la rafle du Vél' d'Hiv, mis à mort à 13 ans ;

– Claude Brunschwig, premier prix au concours général de mathématiques en 1941, reçu à Polytechnique en 1943, arrêté par le SS Brunner, déporté dans le même convoi que Simone Veil ;

– Richard Fligelman, immigrant exemplaire de l'intégration ; à peine arrivé de Varsovie, il remporte à 16 ans le premier prix du Concours général de version latine en 1942 ; il habitait en 1940 le même immeuble que celui où je vivais, venant de Bucarest ; nos destins se sont croisés, il est cher à mon cœur, il a péri à Sobibór ;

– Jacques Frydman, 16 ans, déporté de Toulouse à Buchenwald, un des deux seuls survivants parmi les déportés de Janson ;

– Une autre fratrie, les Guggenheim, Bernard, Marcel et René, 17, 16 et 8 ans ;

– Gilles Haarbleicher, élève brillant à Janson de la sixième à la classe préparatoire à Polytechnique, arrêté en pleine classe et qui périt à 17 ans avec ses parents ;

– Henri Kantor, 15 ans, parisien, qui n'a pas voulu se séparer de sa mère polonaise ;

– Georges-André Kohn, 13 ans, dont j'ai fait connaître le terrifiant destin à son frère Philippe, puisqu'il fut sélectionné comme cobaye et pendu à la veille de la libération du camp de Neuengamme ;

– Lionel Lambert, fils du dirigeant de l'UGIF, Raymond-Raoul, qui ne voulut pas mettre sa famille à l'abri pour qu'elle partageât le sort de tous les autres Juifs ; lui, son épouse et ses quatre enfants périrent ;

– Robert et Pierre Lehmann, de la rue de l'Assomption, déportés avec leur mère ;

– Jean Lévy, 8 ans, dont le père était prisonnier de guerre, arrêté sur la ligne de démarcation et déporté avec sa mère ;

– Jacques Lévy Maduro, 18 ans, résistant, arrêté pour avoir caché son étoile jaune ;

– Éric Marxheimer, Allemand de Karlsruhe, victime de la rafle du Vél' d'Hiv à 13 ans ;

– Pierre Nelson, 12 ans, déporté à Bergen-Belsen où les conditions de survie étaient meilleures qu'à Auschwitz et où sa mère s'est dévouée pour ses trois enfants ;

– Klaus Rotter, 10 ans, venu de Prague pour mourir en juillet 1942 dans le camp de Beaune-la-Rolande tandis que son frère Heinz a péri en août à Auschwitz avec leur mère ;

– Thomas Schiff, lui aussi de Francfort, parti comme moi de la porte de Saint-Cloud à Nice, puis arrêté par les SS avec ses parents ;

– Nathan Szprajregen, de Varsovie, 17 ans, naturalisé français, élève de première, demeurant avenue Henri-Martin ;

– Roger Zerbib, Parisien de 17 ans, de la rue de la Tour où son père était encadreur. [...]

« Promotion Robert Badinter* »

16 novembre 2024

Les Jansoniens ont remis leur prix annuel aux meilleurs de la promotion Robert Badinter. Le nom de cette promotion a été choisi par les membres du CVL élus par les lycéens.

Ce choix de nom a été apprécié par les Jansoniens car cet ancien élève aimait Janson. En 2019, celles et ceux qui étaient présents au collège se souviennent peut-être de cette silhouette au chapeau en train de dévoiler la plaque devant la salle éponyme.

Très ému, il avait alors évoqué quelques souvenirs de son passé jansonien : ses études, car la mère de Claude et de Robert exigeait qu'ils fussent premiers de classe, l'atmosphère mitigée du Janson glacial en 1940-1942 lorsque l'administration essayait de limiter les actes antisémites en en sanctionnant les auteurs. Il avait aussi évoqué sa passion pour le droit, cette discipline qui l'a habité toute sa vie. Enfin, lors de cette visite, il avait invité les élèves à ne jamais laisser passer leur chance et à la saisir dès qu'elle se présentait.

Aussi le choix du CVL conduit non seulement à entretenir la mémoire de ce grand serviteur de la République mais aussi à rester fidèle à ses convictions.

---

*Texte également mis en ligne sur le site des Jansoniens.

La carrière de Robert Badinter a été marquée par son engagement pour les droits de l'homme et la dignité humaine. Ses combats acharnés pour l'abolition de la peine de mort ou encore celui pour la dépénalisation de l'homosexualité ont non seulement marqué un tournant historique dans notre pays, mais ont également inspiré des générations entières dans leur lutte pour un monde plus juste. Dans tous ses combats, le souci d'une pleine justice a orienté et a déterminé son action publique dans une République qu'il souhaitait apaisée.

Pour cela, il fallait aussi qu'hommes et femmes soient au cœur de l'institution judiciaire. C'est pourquoi il a nommé deux femmes aux plus hautes fonctions de l'institution judiciaire : Simone Rozès, comme première présidente de la Cour de cassation, et Myriam Ezratty, comme directrice de l'administration pénitentiaire. Cette reconnaissance des talents féminins ouvre aux étudiantes en droit de belles perspectives de carrière au sein de la magistrature !

Robert Badinter a su aussi dépasser ses ressentiments lorsqu'il fut confronté à son passé en 1983 quand il s'est agi de juger en France Klaus Barbie, cet homme qui avait signé de sa main l'ordre de déportation de Simon Badinter, son père. Il aurait pu céder à un légitime instinct de vengeance, il ne l'a pas fait car, selon lui, rien ne peut faire dévier l'homme de droit de sa trajectoire. Même les pires assassins ont droit à un procès et à une défense.

Les bacheliers de cette promotion, devenus décideurs, se rappelleront que dans chaque homme et dans chaque femme, il y a des aspects qu'il importe de faire valoir. Cela ne sera pas toujours une tâche aisée mais la formation humaniste reçue à Janson les aidera.

Enfin, pour tous ceux et toutes celles qui n'ont pas d'appétence pour la rigueur juridique, Robert Badinter a montré une autre voie, celle d'auteur, quand à la fin de sa vie il écrivit une pièce de théâtre sur le procès d'Oscar Wilde accusé d'homosexualité, mise en scène en 1995 par Jorge Lavelli au théâtre de la Colline, ou ce livret d'opéra, inspiré d'un roman de Victor Hugo, qui raconte l'horreur de l'enfermement au XIXe siècle dans la prison de Clairvaux, « une centrale qui, comme un monstre, broie les hommes, les tue ».

La vie de Robert Badinter est un résumé de l'histoire de France du XXe siècle, une légende vivante, un esprit qui s'est battu pour que le droit triomphe, un homme qui a fait prévaloir l'intérêt supérieur de ses convictions sur la petite politique de calculs.

Il laisse en héritage cette passion de vie, cette force de convaincre, cette foi inébranlable dans la justice et le triomphe du Droit, avec un D majuscule.

Que ces nouveaux bacheliers en soient les fidèles interprètes. Alors ils et elles réussiront non seulement leur vie professionnelle, mais aussi leur vie d'homme et de femme habités par les valeurs humanistes.

REMERCIEMENTS

Sans Élisabeth Badinter, ce livre n'aurait jamais vu le jour. Qu'elle trouve ici l'expression de notre reconnaissance émue pour sa confiance plusieurs fois renouvelée, son implication et sa bienveillance.

Christian Charrière-Bournazel s'est mis au service de ce livre avec une extrême générosité. Sa maxime aurait pu être : « Tout pour Robert Badinter. » Il ne nous a pas seulement accordé plusieurs entretiens, mais aussi l'autorisation de reproduire plusieurs de ses textes et interventions, nous gratifiant également de nombreux conseils pratiques.

Emmanuel Levine nous a très longuement éclairés sur la table ronde de l'ENS et confié une photo exceptionnelle, ainsi que deux documents importants.

Marc Crépon et Éliette Abécassis n'ont pas ménagé leur temps pour répondre à nos questions. Cette dernière nous a également permis de reproduire un extrait de son roman *Alyah*.

Serge Klarsfeld, sitôt contacté, a immédiatement accepté que figure en annexe de notre ouvrage son *Mémorial des enfants juifs déportés de Janson*.

Marielle Vichot, présidente de l'association Les Jansoniens, nous a autorisés à reproduire différents textes parus sur son site. Quant à Corinne Guillen, alors professeur d'histoire-géographie au collège Janson, elle nous a raconté les circonstances du retour de Robert Badinter dans son ancien lycée et nous a fait parvenir vidéos et photos de l'événement.

Agnès Wojciechowski, archiviste au Barreau de Paris, nous a permis de visionner la vidéo de l'hommage à Pierre Masse du 19 mai 2009 et s'est lancée à la recherche de photographies de cette cérémonie.

Merci également à Marc Knobel pour son article essentiel, à Maria de França (*La Règle du jeu*), à Laurence Garnerie (Lextenso), à Émilie Picaudé (*Universalis*), à Bénédicte Dumont (*Libération*), à Eleonora Pizzi (*Le Monde*), à Anne Flageul Créhan (*Le Figaro* et *L'Express*), à Stéphanie Bitan (*The Times of Israel*), à Jean-Louis Paul (éditions Ressouvenances), ainsi qu'à Élise Lellouche et à Maud Lesage (Mémorial de la Shoah).

CRÉDITS DES TEXTES

Pour l'extrait d'*Alyah* d'Éliette Abécassis ; © Albin Michel

Pour l'entretien avec Pierre-Simon Assouline dans *The Times of Israel*; © *The Times of Israel* (édition française)

Pour l'article de Marc-Olivier Baruch dans l'*Encyclopædia Universalis*; © *Encyclopædia Universalis*

Pour l'entretien avec Philippe Bernard et Jean-Baptiste de Montvallon dans *Le Monde*; © *Le Monde*

Pour les textes et les interventions de Christian Charrière-Bournazel ; © Christian Charrière-Bournazel

Pour l'article d'Eric Conan dans *L'Express*; © *L'Express*

Pour l'article de Laurent Joffrin dans *Libération*; © *Libération*

Pour le discours de Serge Klarsfeld ; © Serge Klarsfeld

Pour l'article de Marc Knobel dans *La Règle du jeu*; © *La Règle du jeu*

Pour l'article de Laurent Léger et de Thibaut Solano dans *L'Express*; © *L'Express*

Pour l'article d'Emmanuel Le Roy Ladurie dans *Le Figaro*; © *Le Figaro*

Pour l'article de Jean-Gaston Moore dans *La Gazette du Palais*; © Lextenso

TABLE DES MATIÈRES

Pour plus d'information :

www.lisez.com

Imprimé sur du papier issu de forêts gérées durablement.

Achevé d'imprimer par
Normandie Roto Impression s.a.s. à Lonrai
N° d'impression : 2503320

Imprimé en France